Diogenes Taschenbuch 22592

W0054243

ISSETIBBEHA'S

TALLAHATCHIE RIVER

Hunting & fishing camp where Wash Jones killed Sutpen. Later owned by Major De Spain.

GO DOWN, MOSES
McCaslin Edmonds

WASH
THE BEAR
A JUSTICE
RED LEAVES

Sutpen's Hundred

John Sartoris' Railroad

WAS

CHICKASAW
ABSALOM, ABSALOM!

Where by 1820 his people had learned to call it "The Plantation" just like the white men did

THE UNVANQUISHED

PATENT

Sartoris
RAID
AN ODOR OF VERBENA
A ROSE FOR EMILY

SANCTUARY
Where Lee Goodwin was jailed tried & lynched

THE SOUND AND THE FURY

Grierson
Burden

PERCY GRIMM

Compson's Mile
for which Jason I swapped Ikkemotubbe a race horse & the last fragment of which Jason IV sold in order to become free

LIGHT IN AUGUST

Airport

THAT EVENING SUN

DEATH DRAG

JEFFERSON
and
YOKNAPATAWPHA
COUNTY
Mississippi
1945

SPOTTED HORSES

THE HAMLET
Varner's Crossroads

Old Frenchman Place where Popeye murdered Tommy

YOKNAPATAWPHA RIVER

OLD MAN
Here was born the convict & grew a man & sinned & was transported for the rest of his life to pay for it

Surveyed & mapped for this volume by
WILLIAM FAULKNER

William Faulkner

Meister-erzählungen

Aus dem
Amerikanischen übersetzt,
ausgewählt und
mit einem Nachwort von
Elisabeth Schnack

Diogenes

Nachweis am Ende des Bandes
Lizenzausgabe mit freundlicher Genehmigung des
Fretz & Wasmuth Verlages, Zürich
Copyright © 1962, 1964, 1965, 1966 by
Fretz & Wasmuth Verlag AG Zürich
Frontispiz:
›Jefferson and Yoknapatawpha County‹
Kartenskizze von William Faulkner
Aus: ›The Portable Faulkner‹
© 1946 by The Viking Press, Inc., New York
Umschlagillustration: George Catlin,
›Saint Louis from the River Below‹,
1832/33 (Ausschnitt)

Alle deutschen Rechte vorbehalten
Copyright © 1993
Diogenes Verlag AG Zürich
60/93/36/1
ISBN 3 257 22592 X

Inhalt

Rotes Laub

I

Zwei Indianer gingen quer durch die Pflanzung auf die Negerquartiere zu. Sauber getüncht standen die Hütten aus getrockneten Adobe-Ziegeln, in denen die dem Stamm gehörenden Sklaven wohnten, in zwei Reihen einander gegenüber, durch den lichten Schatten des Pfades getrennt, den die Abdrücke nackter Füße wie mit einem Muster gezeichnet hatten und auf dem ein paar selbstgemachte Spielsachen stumm im Staub herumlagen. Nirgends war eine Spur von Leben zu entdecken.

»Ich weiß, was wir finden werden«, sagte der eine Indianer.

»Was wir nicht finden werden«, sagte der andre. Trotz der Mittagsstunde lag der Pfad verlassen da, die Türöffnungen waren still und leer, kein Herdrauch stieg aus den geborstenen und verputzten Schornsteinen.

»Ja, genauso war es damals, als der Vater von dem starb, der jetzt der Mann ist.«

»Du meinst, von dem, der der Mann war.«

»Ja.«

Der erste Indianer hieß Three Basket. Er war vielleicht sechzig. Beide waren untersetzt, ein wenig gedrungen und altväterisch, dickbäuchig, mit schweren Köpfen und großen, breiten, erdfarbenen Gesichtern von einer Art verwaschener Gelassenheit, wie bei den Skulpturen auf einer zerbröckelnden Tempelmauer in Siam oder Sumatra, die aus dem Dunst auftauchen. Die Sonne hatte es bewirkt: starker Sonnenschein und starker Schatten. Ihr Haar glich versengtem Riedgras nach einem Steppenbrand. Three Basket trug eine am Ohrläppchen befestigte emaillierte Tabakdose.

»Ich habe schon immer gesagt, daß es nicht das rechte Verfahren ist. In den alten Zeiten gab es keine Sklavenhütten und keine Neger. Damals war ein Mann noch Herr über seine Zeit. Er hatte Zeit. Heutzutage muß er sie fast gänzlich daranwenden, um Arbeit für Leute zu finden, die gern schwitzen.«

»Sie gleichen den Pferden und den Hunden.«

»Sie gleichen keinem vernünftigen Geschöpf. Nichts befriedigt sie, nur das Schwitzen. Sie sind schlimmer als die Weißen.«

»Es ist aber gar nicht so, als wäre der Mann verpflichtet, Arbeit für sie zu finden.«

»Du sagst es. Ich bin nicht für die Sklaverei. Es ist nicht das rechte Verfahren. In den alten Zeiten hatte man noch das rechte Verfahren, aber jetzt nicht mehr.«

»Du erinnerst dich auch nicht an das rechte Verfahren!«

»Ich habe denen gelauscht, die sich daran erinnern. Und ich habe das neue Verfahren ausprobiert. Der Mensch wurde nicht erschaffen, um zu schwitzen.«

»Richtig! Sieh doch, was es ihrem Fleisch angetan hat!«

»Ja. Es ist schwarz. Und es schmeckt bitter.«

»Hast du davon gegessen?«

»Früher. Damals war ich jung und hatte einen besseren Appetit als heute. Das hat sich jetzt bei mir geändert.«

»Ja. Sie sind jetzt zu wertvoll, um gegessen zu werden.«

»Das Fleisch hat einen bitteren Geschmack, den ich nicht mag.«

»Überhaupt sind sie zu wertvoll zum Essen, da die Weißen sie gegen Pferde eintauschen.«

Sie betraten den Pfad. Die stummen, armseligen Spielsachen – fetischartige Dinge aus Holz und Lumpen und Federn – lagen im Staub vor den ausgetretenen Türschwellen zwischen Knochen und zerbrochenen Kürbisgefäßen. Doch aus keiner Hütte drang ein Laut hervor, kein Gesicht zeigte sich in einer Türöffnung, schon seit gestern nicht, als

Issetibbeha gestorben war. Aber sie wußten schon, was sie vorfinden würden.

In der mittelsten Hütte war es, einem Haus, das ein wenig größer als die beiden andern war und in dem sich bei bestimmten Mondphasen die Neger versammelten, um mit ihren Zeremonien zu beginnen, ehe sie nach dem Anbruch der Nacht zum Bachgrund hinunterzogen, wo die Trommeln verwahrt wurden. In dem Raum hier verwahrten sie das weniger wichtige Zubehör, die geheimen Geräte und die Ritualurkunden: Stäbchen mit Symbolen, die mit rotem Lehm bemalt waren. In der Mitte des Fußbodens, genau unter dem Loch im Dach, war eine Feuerstelle mit etwas kalter Holzasche und einem aufgehängten Eisenkessel. Die Fensterläden waren geschlossen; als die beiden Indianer eintraten, konnten sie nach dem erbarmungslosen Sonnenschein nur eine Bewegung, einen Schatten erkennen, in dem es wie lauter Augen rollte, als wäre die Hütte voller Neger. Die beiden Indianer blieben bei der Tür stehen.

»Yao«, sagte Three Basket. »Ich hab's ja gesagt, daß es nicht das rechte Verfahren ist!«

»Ich wäre lieber nicht hier«, sagte der zweite Indianer.

»Was du riechst, ist die Furcht des schwarzen Mannes. Sie riecht nicht wie unsre Furcht.«

»Ich wäre lieber nicht hier.«

»Deine Furcht hat auch einen Geruch.«

»Vielleicht ist es Issetibbeha, den wir riechen.«

»Yao. Er weiß es. Er weiß, was wir hier vorfinden. Als er starb, wußte er schon, was wir heute hier vorfinden würden.« Aus dem dumpfigen Zwielicht drangen der Geruch und die rollenden Augen von Negern auf sie ein. »Ich bin Three Basket, den ihr kennt!« rief Three Basket in die Hütte hinein. »Wir sind vom Mann hergekommen. Ist der, den wir suchen, fortgelaufen?« Die Neger antworteten nicht. Ihr Geruch, die Ausdünstung ihrer Körper schien in Wellen durch die stille, heiße Luft zu fluten. Sie schienen alle

zugleich über etwas Ungreifbares, Unerforschliches nachzu-
grübeln. Sie waren wie die Fangarme eines riesigen Kraken,
wie die Wurzeln eines mächtigen Baumes, die nackend dalagen, nachdem die Erde über dem sich krümmenden, dicken
stinkigen Gewirr ihres lichtlosen und geschändeten Daseins
für einen kurzen Augenblick auseinandergeborsten war.
»Sprecht!« sagte Basket. »Ihr kennt unsern Auftrag. Ist er
fortgelaufen, den wir suchen?«

»Sie denken über etwas nach«, sagte der zweite Indianer.
»Ich wäre lieber nicht hier.«

»Meinst du, sie haben ihn versteckt?«

»Nein. Er ist fortgelaufen. Seit gestern abend ist er weg.
Genauso ist es schon einmal geschehen, als der Großvater
von dem starb, der jetzt der Mann ist. Wir brauchten drei
Tage, um ihn zu fangen. Drei Tage lang lag Doom über der
Erde und sprach: ›Ich sehe mein Pferd und meinen Hund.
Aber meinen Sklaven sehe ich nicht. Was habt ihr mit ihm
getan, warum laßt ihr mich nicht in Frieden ruhn?‹«

»Sie wollen nicht sterben.«

»Yao. Sie klammern sich an. Immer machen sie uns
Schwierigkeiten. Leute ohne Ehre und ohne Würde. Immer
nur Schwierigkeiten!«

»Mir behagt es hier nicht.«

»Mir auch nicht. Aber schließlich sind es Wilde; man
kann nicht von ihnen erwarten, daß sie die Bräuche beach-
ten. Deshalb sage ich, daß das Verfahren ein schlechtes
Verfahren ist.«

»Yao. Sie klammern sich an. Sie würden sogar lieber in
der Sonne arbeiten als mit einem Häuptling in die Erde
einkehren. Jedenfalls ist er weg.«

Die Neger hatten nichts gesagt, hatten keinen Laut von
sich gegeben. Aufgeregt und verängstigt rollten sie ihre weißen Augäpfel; ihr Geruch war scharf und durchdringend.
»Ja, sie fürchten sich«, sagte der zweite Indianer. »Was
sollen wir jetzt tun?«

»Wir wollen zum Mann gehn und mit ihm sprechen.«

»Wird Moketubbe zuhören?«

»Was bleibt ihm anders übrig? Er wird es nicht gern tun. Aber er ist jetzt der Mann.«

»Yao. Er ist der Mann. Er kann jetzt jederzeit die Schuhe mit den roten Absätzen tragen.« Sie drehten sich um und gingen. Im Türrahmen war keine Tür. In keiner einzigen Hütte war eine Tür.

»Das hat er ohnehin getan«, sagte Basket.

»Hinter Issetibbehas Rücken. Doch jetzt sind es seine Schuhe, da er der Mann ist.«

»Yao. Issetibbeha hat es nicht gern gesehen. Ich hörte es. Ich weiß, daß er zu Moketubbe sagte: ›Wenn du der Mann bist, gehören die Schuhe dir. Aber bis dahin sind es meine Schuhe.‹ Doch jetzt ist Moketubbe der Mann; er kann sie tragen.«

»Yao«, sagte der zweite Indianer. »Er ist jetzt der Mann. Er trug die Schuhe oft hinter Issetibbehas Rücken, und es wurde nicht bekannt, ob Issetibbeha darum wußte oder nicht. Und nun ist Issetibbeha tot, er, der nicht alt war, und die Schuhe gehören Moketubbe, der jetzt der Mann ist. Was meinst du dazu?«

»Nichts«, sagte Basket. »Und du?«

»Ich auch nicht«, sagte der zweite Indianer.

»Gut«, sagte Basket. »Du bist weise.«

II

Das Haus lag auf einem Hügel und war von Eichen umgeben. Der vordere Teil war ein Stockwerk hoch und bestand aus dem Kabinendeck eines Dampfschiffs, das Doom, Issetibbehas Vater, mit Hilfe seiner Sklaven zerlegt und über Land auf Zypressenwalzen die zwölf Meilen bis nach Hause transportiert hatte. Sie brauchten dazu fünf

Monate. Damals bestand die Hausfront aus einer Ziegelwand. Doom stellte das Dampfschiff mit der Breitseite vor die Wand, und dort wölbten sich jetzt die Rokokoleisten mit ihrer rissigen und abblätternden Vergoldung in verblichener Pracht über den Goldbuchstaben der Kabinennamen auf den Sprossentüren.

Doom war von Geburt nur ein Unterhäuptling, ein Mingo, denn er war eins von drei Kindern der Familie mütterlicherseits. In einem Kielboot fuhr er – damals ein junger Mann, und New Orleans war noch eine Europäerstadt – von Nord-Mississippi nach New Orleans, wo er den Chevalier Sœur-Blonde de Vitry kennenlernte, einen Mann, dessen gesellschaftliche Stellung anscheinend ebenso unsicher war wie Dooms eigene. In New Orleans galt Doom, beschützt von seinem Gönner, bei den Falschspielern und Halsabschneidern des Hafenviertels als der Häuptling, als der Mann, der erbberechtigte Eigentümer der Ländereien, die dem männlichen Zweig der Familie gehören. Der Chevalier de Vitry nannte ihn *du homme,* woraus dann Doom entstand.

Man sah sie überall zusammen – den Indianer, einen untersetzten Mann mit kühnem, undurchdringlichem und unfeinem Gesicht, und den Pariser, den Emigranten, der, wie es hieß, ein Freund von Carondelet und der Vertraute des Generals Wilkinson war. Dann verschwanden die beiden, wurden nicht mehr in ihren alten, fragwürdigen Schlupfwinkeln gesehen und hinterließen nur sagenhafte Gerüchte von den Unsummen, die Doom angeblich gewonnen hatte, und die Geschichte von einem jungen Mädchen, der Tochter einer recht wohlhabenden westindischen Familie, deren Sohn und Bruder, mit einer Pistole bewaffnet, noch einige Zeit nach Dooms Verschwinden in seinen alten Schlupfwinkeln nach ihm suchte.

Ein halbes Jahr darauf verschwand auch die junge Dame und ging an Bord des St.-Louis-Postdampfers, der eines Abends an einer Holzverladestelle auf dem nördlichen Mississippi-Ufer anlegte, wo die Dame, begleitet von einer Negersklavin, das Schiff verließ. Vier Indianer mit Pferd und Wagen holten sie ab, und drei Tage lang fuhr sie gemächlich, da sie schon hochschwanger war, zu der Pflanzung, wo sie entdeckte, daß Doom jetzt der Häuptling war. Er erzählte ihr nie, wie er es bewerkstelligt hatte, sondern nur, daß sein Onkel und sein Vetter plötzlich gestorben waren. Damals bestand das Haus nur aus einer von ungeschickten Sklaven errichteten Ziegelwand mit angebautem, strohgedecktem Schuppen, der in ein paar mit Knochen und Abfall übersäte Kammern unterteilt war. Es lag im Mittelpunkt eines zehntausend Acker großen, unvergleichlichen, parkartigen Waldes, wo Hirsche und Rehe wie Haustiere ästen. Dort wurden Doom und die junge Frau kurze Zeit, bevor Issetibbeha zur Welt kam, von einem herumziehenden Prediger und Sklavenhändler getraut, der auf einem Maultier ritt, an dessen Sattel ein baumwollner Schirm und eine drei Gallonen fassende Korbflasche mit Whisky befestigt waren. Danach begann Doom noch mehr Sklaven zu erwerben und einen Teil seines Landes so zu bestellen, wie es die Weißen machten. Doch nie hatte er genug Arbeit für die Neger. In grenzenloser Faulheit führten die meisten von ihnen ein Leben, das unmittelbar aus dem afrikanischen Dschungel hierherverpflanzt schien, abgesehen von den Anlässen, wenn Doom sie, um seine Gäste zu amüsieren, mit Hunden hetzte.

Als Doom starb, war sein Sohn Issetibbeha neunzehn Jahre alt. Er wurde Eigentümer der Ländereien und der auf das Fünffache angewachsenen Herde von Schwarzen, für die er keine Verwendung hatte. Obwohl der Titel ›Der Mann‹ bei ihm verblieb, wurde der Stamm von einer Hierarchie von Vettern und Onkeln beherrscht, die sich schließlich versammelten und, auf dem Boden hockend, eine Beratung über die Negerfrage abhielten: in tiefem Nachsinnen hockten sie unter den goldenen Namen auf den Türen des Dampfschiffes.

»Wir können sie nicht essen«, sagte der eine.

»Warum nicht?«

»Es sind zu viele.«

»Das ist wahr«, sagte ein dritter. »Wenn wir erst einmal anfangen, müssen wir alle essen. Und so viel Fleischnahrung ist nicht gut für den Menschen.«

»Vielleicht schmecken sie wie Rehfleisch? Das schadet einem nicht.«

»Wir könnten einige töten, ohne sie zu essen«, schlug Issetibbeha vor.

Sie blickten ihn eine Weile an. »Wozu?« fragte einer.

»Das ist wahr«, sagte ein zweiter. »So etwas können wir nicht tun. Sie sind zu wertvoll. Denkt bloß an all die Mühe, die sie uns verursacht haben, als wir Beschäftigung für sie suchten! Wir müssen es so machen wie die Weißen.«

»Wie denn?« fragte Issetibbeha.

»Mehr Neger züchten und mehr Land roden, um mehr Mais anzubauen, womit man sie füttert, bis man sie verkaufen kann. Wir werden also das Land roden und Futter anpflanzen und Neger züchten und sie den weißen Männern gegen Geld verkaufen.«

»Aber was sollen wir mit dem Geld tun?« fragte ein dritter. Sie dachten ein Weilchen nach.

»Das sehen wir dann schon«, sagte der erste. Sie hockten da, in Gedanken versunken und ernst.

»Es bedeutet Arbeit«, sagte der dritte.

»Überlaßt sie den Negern«, sagte der erste.

»Yao. Die sollen es tun. Schwitzen ist ungesund. Es macht die Haut feucht. Es öffnet die Poren.«

»Und dann dringt die Nachtluft ein.«

»Yao. Überlaßt die Arbeit den Negern. Anscheinend arbeiten sie gern.«

Mit Hilfe der Neger rodeten sie also das Land und bepflanzten es mit Getreide. Bis dahin hatten die Sklaven in einem riesigen Pferch gelebt, mit einem schrägen Dach über der einen Ecke, ähnlich einem Schweinepferch. Doch jetzt begann man Wohnungen zu bauen, Hütten, in denen man die jungen Neger paarweise unterbrachte, damit sie Nachkommen zeugten. Fünf Jahre später verkaufte Issetibbeha vierzig Stück an einen Händler aus Memphis, und das Geld nahm er und machte damit unter der Anleitung seines Onkels mütterlicherseits aus New Orleans eine Reise ins Ausland. Zu jener Zeit lebte der Chevalier Sœur-Blonde de Vitry in Paris, ein Greis mit Perücke und Korsett, und sein mißtrauisches, zahnloses altes Gesicht war zu einer spöttischen und zutiefst tragischen Fratze erstarrt. Er lieh sich dreihundert Dollar von Issetibbeha und führte ihn dafür in gewisse Kreise ein. Nach Ablauf eines Jahres kehrte Issetibbeha heim und brachte ein vergoldetes Bett und zwei Leuchter mit – bei deren Licht sich die Pompadour angeblich ihr Haar frisierte, während Louis über ihre gepuderte Schulter hinweg im Spiegel seinem Gesicht zugrinste – und ein Paar Pantoffeln mit roten Absätzen. Sie waren ihm zu klein, da er nie Schuhe getragen hatte, ehe er auf dem Weg ins Ausland New Orleans erreichte.

Er brachte die Pantoffeln, in Seidenpapier eingewickelt, nach Hause, verwahrte sie in einer mit Zedernspänen gefüllten Satteltasche, die von einem Paar noch übriggeblieben war, und holte sie nur gelegentlich für seinen Sohn Moketubbe hervor, der damit spielen durfte. Mit drei Jahren hatte Moketubbe ein breites, plattes, mongolisches Gesicht, das in einer völligen und unergründlichen Lethargie hinzudämmern schien, bis er die Pantoffeln sah.

Moketubbes Mutter war ein hübsches Mädchen, das Issetibbeha eines Tages gesehen hatte, als sie im Hemd auf dem Maisfeld arbeitete. Er war stehengeblieben und hatte sie ein Weilchen betrachtet: die breiten, kräftigen Schenkel, den geraden Rücken und das heitere Gesicht. An jenem Tag hatte er im Bach fischen wollen, doch er ging nicht weiter; vielleicht dachte er, während er dastand und das nichtsahnende

Mädchen beobachtete, an seine eigene Mutter, die aus der Stadt geflohene Dame mit ihren Fächern und Spitzen und ihrem Negerblut, und an all die aufgetakelte Armseligkeit jener betrüblichen Geschichte. Im Laufe des gleichen Jahres wurde Moketubbe geboren; selbst als Dreijähriger konnte er seine Füße nicht in die Pantoffeln hineinzwängen. Issetibbeha lachte leise vor sich hin, wenn er Moketubbe an den stillen, heißen Nachmittagen beobachtete, wie er mit einer Art widernatürlicher Mißachtung der Tatsachen die Pantoffeln anzuziehen versuchte. Jahrelang lachte er über Moketubbe und die Schuhe, denn Moketubbe gab es nicht auf und versuchte immer wieder, in die Schuhe hineinzukommen – bis er sechzehn war. Dann ließ er es sein. Oder vielmehr, Issetibbeha glaubte es. Doch er hatte nur aufgehört, es in Issetibbehas Gegenwart zu versuchen. Issetibbehas neueste Frau erzählte ihm, daß Moketubbe die Schuhe gestohlen und versteckt habe. Diesmal lachte Issetibbeha nicht mehr; er schickte die Frau fort, um allein zu sein. »Yao«, sagte er, »auch ich möchte gern am Leben bleiben, wie mir scheint.« Er ließ Moketubbe kommen. »Ich schenke sie dir«, sagte er.

Moketubbe war damals fünfundzwanzig Jahre alt und noch nicht verheiratet. Issetibbeha war nicht groß, und doch war er sechs Zoll größer als sein Sohn und wog fast hundert Pfund weniger. Moketubbe litt bereits an Fettsucht und hatte ein breites, bleiches, ausdrucksloses Gesicht und geschwollene Hände und Füße. »Jetzt gehören sie dir«, sagte Issetibbeha und beobachtete ihn dabei. Moketubbe hatte ihm, als er eintrat, einen einzigen Blick zugeworfen, einen kurzen, vorsichtigen, verschleierten Blick.

»Danke«, sagte er.

Issetibbeha blickte ihn an. Er konnte nie mit Sicherheit sagen, ob Moketubbe etwas anblickte, etwas betrachtete. »Warum ist es für dich nicht das gleiche, wenn ich dir die Schuhe schenke?«

»Danke«, sagte Moketubbe abermals. Issetibbeha gebrauchte damals Schnupftabak. Ein Weißer hatte ihm gezeigt, wie man das Pulver hinter die Lippe stecken und mit einem Span Amber oder Zuckerrohr auf den Zähnen verreiben mußte.

»Ach«, sagte er, »man kann nicht ewig leben.« Er betrachtete seinen Sohn, dann trat auch in seine Augen ein leerer, abwesender Ausdruck, und er sann eine Weile nach. Niemand hätte sagen können, was er dachte, wenn er nicht halblaut vor sich hingemurmelt hätte: »Yao. Aber Dooms Onkel hatte keine Schuhe mit roten Absätzen.« Wieder sah er seinen fetten, trägen Sohn an. »Hinter so viel Fett könnte ein Mensch wohl alles mögliche planen, und es würde erst bekannt, wenn es zu spät wäre.« Er saß auf einem Lattensessel mit einem Sitz aus geflochtenen Hirschlederstreifen. »Er kann sie nicht einmal anziehen; er und ich sind beide gleichermaßen Opfer der Fleischmassen, die er zu tragen hat. Aber ist das meine Schuld?«

Er lebte noch fünf Jahre länger, und dann starb er. Eines Nachts wurde er krank, und obwohl der Medizinmann in einer Weste aus Skunkfellen kam und Stäbchen verbrannte, starb er noch vor dem nächsten Mittag.

Das war gestern gewesen; das Grab wurde ausgehoben, und seit zwölf Stunden war das Volk auf Wagen und Karren und zu Pferde und zu Fuß herbeigeströmt, um gebackenen Hund und *succotash* und in der Asche gebratene Yamswurzeln zu essen und an der Beerdigung teilzunehmen.

III

»Es wird drei Tage dauern«, sagte Basket, als er und der andere Indianer zum Haus zurückkehrten. »Drei Tage wird es dauern, und das Essen wird nicht reichen; ich habe es schon einmal erlebt.«

Der zweite Indianer hieß Louis Berry. »Er wird auch zu riechen anfangen – bei dem Wetter.«

»Yao. Sie machen einem nichts als Sorge und Mühe.«

»Vielleicht dauert es keine drei Tage.«

»Sie laufen weit. Yao. Wir werden den Mann riechen, ehe er in die Erde einkehrt. Gib acht, ob ich nicht recht habe!«

Sie näherten sich dem Haus.

»Jetzt kann er die Schuhe tragen«, sagte Berry. »Er kann sie jetzt vor aller Augen tragen.«

»Ein Weilchen kann er sie noch nicht tragen«, sagte Basket. Berry sah ihn an. »Er muß die Suche anführen.«

»Moketubbe?« fragte Berry. »Glaubst du, daß er es tun wird? Ein Mann, dem schon das Sprechen Mühe macht?«

»Was bleibt ihm andres übrig? Es ist doch sein eigener Vater, der bald anfangen wird zu riechen.«

»Das stimmt«, sagte Berry. »Das ist sogar noch ein Preis, den er für die Schuhe zahlen muß. Yao. Er hat sie wirklich gekauft. Was meinst du dazu?«

»Was meinst du?«

»Was meinst du?«

»Ich meine nichts.«

»Ich auch nicht. Issetibbeha kann die Schuhe jetzt nicht gebrauchen. Soll sie also Moketubbe haben; Issetibbeha wird es einerlei sein.«

»Yao. Jeder Mensch muß einmal sterben.«

»Yao. Soll er. Der Mann ist immer da.«

Hoch über der ehemaligen Offizierskabine des Dampfschiffs ruhte ein Verandadach aus Baumrinde auf geschälten Zypressenpfählen und beschattete auch einen ungedielten Vorraum mit gestampftem Lehmboden, wo bei schlechtem Wetter die Maultiere und Pferde angepflockt standen. Auf der Buggalerie des Dampfschiffs saßen ein alter Mann und zwei Frauen. Die eine Frau rupfte ein Huhn, die andre palte Mais aus. Der alte Mann redete. Er war barfuß und trug einen langen Gehrock aus Leinen und einen Zylinder.

»Unsre Welt geht vor die Hunde«, sagte er. »Die weißen Männer zerstören sie. Viele, viele Jahre ist es uns gut ergangen, ehe die weißen Männer uns ihre Neger aufhalsten. Ehemals saßen die alten Männer im Schatten und aßen gedämpftes Rehfleisch und Mais; sie rauchten Tabak und sprachen miteinander über die Ehre und andre ernste Dinge; doch was tun wir heute? Selbst die Alten arbeiten sich tot in ihrer Fürsorge für Leute, die gern schwitzen.« Als Basket und Berry über das Deck gingen, hörte er auf zu sprechen und sah sie an. Seine Triefaugen blickten verdrossen drein; sein Gesicht war ein Netz aus winzigen Fältchen. »Er ist auch geflohen«, sagte er.

»Ja«, antwortete Berry. »Er ist weg.«

»Ich wußte es. Ich hab's ihnen gleich gesagt. Es wird drei Wochen dauern, wie damals, als Doom starb. Ihr werdet es sehn.«

»Damals dauerte es drei Tage – nicht drei Wochen«, entgegnete Berry.

»Warst du dabei?«

»Nein«, erwiderte Berry. »Aber ich habe es gehört.«

»Und ich war dabei«, sagte der alte Mann. »Drei ganze Wochen, durch Sümpfe und Dorngestrüpp.« Sie ließen ihn reden und gingen weiter.

Der ehemalige Salon des Dampfschiffs war jetzt nur noch eine langsam verfaulende Ruine; das Schnitzwerk auf dem polierten Mahagoniholz glitzerte manchmal auf und verblaßte unter dem Schimmelbelag zu kabbalistischen, rätselhaften Figuren; die leeren Fensterhöhlen glichen starblinden Augen. Ein paar Säcke mit Samen oder Getreide standen herum, sowie das Vordergestell einer Kalesche, auf dessen Achse zwei anmutig geschwungene, verrostende Federn ruhten, die nichts trugen. In der einen Ecke lief ein Fuchsjunges unentwegt und unhörbar in seinem Weidenkäfig hin und her; drei ausgemergelte Kampfhähne stelzten durch den Staub, und der Boden war mit ihrem eingetrockneten Mist besprenkelt.

Sie betraten den an die Ziegelmauer anstoßenden großen Raum mit seinen Wänden aus unbehauenen Stämmen. Er enthielt die Hinterachse der Kalesche und den auf der Seite liegenden, abmontierten Aufbau, durch dessen mit Weidenruten vergitterte Fenster noch weitere Kampfhähne ihre Köpfe mit den reglos glotzenden, gereizten Knopfaugen und den zerfetzten Kämmen heraussteckten. Der Boden bestand aus gestampftem Lehm; in einer Ecke lehnten ein primitiver Pflug und zwei handgeschnitzte Ruder. Von der Decke hing, an vier hirschledernen Riemen befestigt, das vergoldete Bett, das Issetibbeha sich aus Paris mitgebracht hatte. Es hatte weder Matratze noch Federn; der Rahmen war jetzt kreuzweise mit einem ordentlichen Geflecht aus Lederriemen bespannt.

Issetibbeha hatte seine neueste Frau, die junge, bewegen wollen, in dem Bett zu schlafen. Er selbst war von Geburt kurzatmig und verbrachte die Nächte halb liegend auf seinem Lattensessel. Jeden Abend hatte er sie zu Bett gebracht, und später hatte er, der allnächtlich nur drei oder vier Stunden schlief, wach im Dunkeln gesessen und sich schlafend gestellt und gehört, wie sie sich unendlich langsam aus dem vergoldeten Flechtbett stahl, um bis kurz vor Tagesanbruch auf dem Fußboden auf einer Steppdecke zu schlafen. Dann stieg sie wieder leise ins Bett und stellte sich nun ihrerseits schlafend, während neben ihr im Dunkeln Issetibbeha still in sich hineingelacht hatte.

Die Leuchter waren mit Riemen an zwei in einer Ecke lehnende Stäbe geschnürt, wo auch ein Zehn-Gallonen-Faß Whisky stand. Gegenüber vom Lehmherd saß auf seinem Lattensessel Moketubbe. Er war etwa einen Zoll größer als fünf Fuß und wog zweihundertfünfzig Pfund. Er trug einen feinen schwarzen Tuchrock, aber kein Hemd; sein runder, glatter Kupferballon von Bauch quoll über den Rand seiner leinenen Unterhose. An den Füßen steckten die Pantoffeln mit den roten Absätzen. Hinter seinem Sessel stand ein Bursche mit einem punkah-artigen Fächer aus Fransenpapier. Moketubbe mit seinem breiten gelben Gesicht und den geschlossenen Augen und platten Nüstern saß regungslos da; die Arme hatte er wie Flossen von sich gestreckt. Auf seinem Gesicht lag ein Ausdruck tiefer und tragischer Teilnahmslosigkeit. Als Basket und Berry eintraten, schlug er die Augen nicht auf.

»Hat er sie seit Tagesanbruch getragen?« fragte Basket.

»Seit Tagesanbruch«, erwiderte der Bursche. Der Fächer bewegte sich ununterbrochen. »Ihr könnt selbst sehen.«

»Yao«, sagte Basket. »Wir können es sehen.« Moketubbe rührte sich nicht. Er sah aus wie eine Statue, wie ein malaiischer Gott in Gehrock und Unterhose, mit nackter Brust und den armseligen rothackigen Schuhen. »Wenn ich du wäre, würde ich ihn nicht stören«, sagte der Bursche.

»Und ich nicht, wenn ich du wäre«, entgegnete Basket. Er und Berry hockten sich hin. Der Bursche fächelte gleichmäßig weiter. »O Mann«, sagte Basket, »höre mich an!« Moketubbe rührte sich nicht. »Er ist fort!« sagte Basket.

»Hab ich euch gleich gesagt«, bemerkte der Bursche. »Ich wußte, daß er fliehen würde. Hab ich euch gleich gesagt.«

»Yao«, erwiderte Basket. »Du bist nicht der erste, der uns hinterher sagt, was wir vorher hätten wissen sollen. Wie kommt es, daß ein paar von euch klugen Leuten nicht gestern Schritte unternahmen, um es zu verhindern?«

»Er will nicht sterben«, sagte Berry.

»Warum sollte er es nicht wollen?« fragte Basket.

»Daß er eines Tages doch sterben muß, ist kein Grund«, sagte der Bursche. »Das würde mich auch nicht überzeugen, alter Mann!«

»Halte deinen Mund!« sagte Berry.

»Zwanzig Jahre hat er, während andere seiner Rasse auf

den Feldern arbeiteten, im Schatten dem Mann dienen können«, bemerkte Basket. »Warum sollte er nicht sterben wollen, da er doch nicht schwitzen wollte?«

»Und es geht schnell«, sagte Berry. »Es dauert nicht lange!«

»Fangt ihn nur und sagt es ihm!« schlug der Bursche vor.

»Schweig!« sagte Berry. Sie hockten sich hin und beobachteten Moketubbes Gesicht. Ebensogut hätte er tot sein können. Er steckte so sehr in seiner Fetthülle, daß sogar sein Atmen zu tief drinnen vor sich ging, um bemerkt zu werden.

»Höre mich, o Mann!« sagte Basket. »Issetibbeha ist tot. Er wartet. Sein Pferd und seinen Hund haben wir. Doch sein Sklave ist entflohen. Er, der ihm den Topf hielt und von dem Essen auf seinem Teller aß, ist entflohen. Issetibbeha wartet.«

»Yao«, sagte Berry.

»Es ist nicht das erstemal«, fuhr Basket fort. »Es geschah auch, als Doom, dein Großvater, wartend vor der Pforte zur Erde lag. Drei Tage hat er gewartet und gesagt: ›Wo ist mein Neger?‹ Und Issetibbeha, dein Vater, gab zur Antwort: ›Ich will ihn suchen. Ruhe dich! Ich will ihn dir bringen, damit du deine Reise beginnen kannst.‹«

»Yao«, sagte Berry.

Moketubbe hatte sich nicht gerührt, hatte seine Augen nicht geöffnet.

»Drei Tage lang jagte Issetibbeha im Bachgrund«, sagte Basket. »Er kehrte auch nicht heim, um zu essen, nicht, bis er den Neger gefunden hatte. Dann sagte er zu Doom, seinem Vater: ›Hier ist dein Hund, hier dein Pferd, hier dein Neger; ruhe in Frieden!‹ Issetibbeha hat es gesagt, der seit gestern tot ist. Und jetzt ist Issetibbehas Neger entflohen. Sein Pferd und sein Hund sind bei ihm und warten, aber sein Neger ist entflohen.«

»Yao«, sagte Berry.

Moketubbe hatte sich nicht gerührt. Seine Augen waren

geschlossen; über seinem hingestreckten, fürchterlichen Körper lag eine ungeheure Teilnahmslosigkeit, etwas völlig Regungsloses, dem Fleische Entrücktes und Unzugängliches. Sie hockten da und beobachteten sein Gesicht.

»Als dein Vater gerade der Mann geworden war, geschah es ebenso«, sagte Basket. »Und es war Issetibbeha, der den Sklaven dorthin zurückführte, wo sein Vater wartete, um in die Erde einzukehren.« Moketubbes Gesicht hatte sich nicht bewegt, seine Augen hatten sich nicht bewegt. Nach einer Weile sagte Basket: »Zieh ihm die Schuhe aus!«

Der Bursche zog ihm die Schuhe aus. Moketubbe begann zu keuchen, seine nackte Brust hob sich, als stiege er aus den Tiefen seines Fleisches empor zum Leben, wie ein Schwimmer aus dem Wasser, aus dem Meer. Doch seine Augen hatten sich noch nicht geöffnet.

Berry sagte: »Er wird die Suche anführen.«

»Yao«, sagte Basket. »Er wird die Suche anführen. Er ist der Mann.«

IV

Während des ganzen Tages hatte der Neger, Issetibbehas Leibdiener, aus seinem Versteck in der Scheune das Sterben Issetibbehas beobachtet. Er war vierzig, ein Mann aus Guinea. Er hatte eine platte Nase und einen kurzen, kleinen Kopf; seine inneren Augenwinkel waren ein wenig gerötet, und das vorstehende Zahnfleisch über den viereckigen, breiten Zähnen war von einem blassen Blaurot. Mit vierzehn Jahren, noch bevor seine Zähne spitzig gefeilt worden waren, hatte ihn ein Sklavenhändler aus Kamerun weggeholt. Seit dreiundzwanzig Jahren war er Issetibbehas Leibdiener gewesen.

Am Tage davor, als Issetibbeha krank wurde, war er in der Dämmerung zu den Sklavenhütten zurückgekehrt. In jener friedlichen Stunde trieb der Rauch der Herdfeuer langsam von Tür zu Tür und trug den gegenüberliegenden Türöffnungen jenseits des Weges den gleichen Fleisch- und Brotgeruch zu. Die Frauen achteten auf das Herdfeuer; die Männer hatten sich am Beginn des Weges versammelt und beobachteten ihn, als er vom Haus her bergab kam und im seltsamen Dämmerlicht seine nackten Füße vorsichtig niedersetzte. Den wartenden Männern schienen seine Augäpfel fast zu leuchten.

»Issetibbeha ist noch nicht tot«, sagte der Häuptling.

»Nicht tot – wer nicht tot?« fragte der Leibdiener.

Im Dämmerlicht glichen ihre Gesichter dem seinen: das unterschiedliche Alter und die unergründlichen Gedanken blieben hinter Gesichtern verborgen, die den Totenmasken von Affen glichen. Durch das seltsame Dämmerlicht zog, wie zu einer andern Welt gehörend, der beißende Geruch von den Feuern und vom Essen über den Weg und über die Negerkinder hin, die nackt im Staube spielten.

»Wenn er bei Sonnenuntergang noch lebt, wird er bis zum Morgengrauen leben«, meinte einer.

»Wer sagt das?«

»So geht die Rede.«

»Yao. So geht die Rede. Wissen tun wir nur eins.« Sie blickten auf den Leibdiener, wie er mit seinen leuchtenden Augen mitten unter ihnen stand. Er atmete langsam und tief. Seine Brust war nackt; er schwitzte etwas. »Er weiß. Er weiß es.«

»Wollen wir die Trommeln sprechen lassen?«

»Yao. Laßt die Trommeln sprechen!«

Die Trommeln setzten nach Anbruch der Dunkelheit ein. Die Neger hielten sie unten im Bachgrund versteckt. Sie waren aus dem ausgehöhlten Krummholz von Zedern gefertigt, und die Neger hielten sie versteckt – niemand wußte, warum –, am Rande eines Sumpfes im Schlamm vergraben; ein vierzehnjähriger Knabe bewachte sie. Er war im Wachstum zurückgeblieben und stumm. Den ganzen Tag hockte er im Schlamm, von einer Wolke von Moskitos umgeben und nackt bis auf den Schlamm, mit dem er sich zum Schutz gegen die Moskitos eingeschmiert hatte. Um seinen Hals trug er an einem Draht zwei abschilfernde Borkenstücke und einen Beutel aus Pflanzenfasern mit einer Schweinsrippe, an der noch schwarze Fleischfetzen hingen. Er sabberte, und der Geifer floß auf die Knie, die er mit den Armen umklammert hielt; hin und wieder traten Indianer lautlos aus den Büschen hinter ihm, standen da und betrachteten ihn eine Weile und verschwanden, ohne daß er etwas merkte.

Im Speicher des Stalles, in dem sich der Neger bis zur Dunkelheit und noch in die Nacht hinein versteckt hielt, konnte er die Trommeln hören. Sie waren drei Meilen entfernt, doch er konnte sie hören, als wären sie im Stalle unter ihm: sie dröhnten und dröhnten. Ihm war, als könnte er auch das Feuer sehen und die schwarzen Gliedmaßen, die, vom kupfrigen Licht überglänzt, in die Flammen hinein- und wieder heraussprangen. Nur daß kein Feuer da war. Dort unten würde es ebensowenig hell sein wie hier oben auf dem staubigen Speicher, wo die Rattenkrallen wie in einem gewisperten Arpeggio über die warmen und uralten, mit der Axt behauenen Dachbalken trippelten. Das einzige Feuer würde die qualmende Glut gegen die Moskitos sein, um die sich die Frauen mit ihren Säuglingen kauerten und die schweren, vollen Brüste tief in den Mund der kleinen Knaben steckten, nachdenklich, das Trommeln nicht beachtend, denn ein Feuer bedeutete Leben.

Ein anderes Feuer brannte auf dem Dampfschiff, wo Issetibbeha, umgeben von seinen Frauen, unter den festgeschnürten Leuchtern und dem aufgehängten Bett im Sterben lag. Der Neger konnte den Rauch sehen, und kurz vor Sonnenuntergang beobachtete er, wie der Medizinmann in seiner Weste aus Skunkfellen ins Freie trat und im Bug des Bootsdecks zwei mit Lehm beschmierte Stöcke anzündete.

»Er ist also noch nicht tot«, flüsterte der Neger ins wispernde Dunkel des Speichers hinein, sich selber Antwort gebend; er konnte beide Stimmen hören, seine eigene und noch einmal seine eigene:

»Er ist nicht tot.«

»Du bist tot.«

»Yao, ich bin tot«, sagte er leise. Er wäre gern dort gewesen, wo die Trommeln waren. Im Geiste sah er sich aus dem Gebüsch springen und auf seinen nackten, mageren, fettigen, unsichtbaren Beinen zwischen den Trommeln herumhüpfen. Doch das konnte er nicht tun, denn man sprang am Leben vorbei, dorthin, wo der Tod war; er aber stürzte sich in den Tod und starb nicht, denn wenn der Tod sich einen Menschen holte, ergriff er ihn noch diesseits, am Ende des Lebens. Der Tod überrannte den Menschen von hinten, solange er noch am Leben war. Das feine Wispern der Rattenkrallen auf dem Dachbalken wurde schwächer und erstarb. Er hatte einmal Rattenfleisch gegessen. Damals war er ein Junge gewesen, war gerade nach Amerika gekommen. Sie hatten neunzig Tage auf tropischen Breitengraden in einem drei Fuß hohen Zwischendeck gehaust und über sich den betrunkenen Kapitän aus New England gehört, wenn er laut aus einem Buch vorlas, das er erst zehn Jahre später als die Bibel wiedererkannte. Er hatte ebenso in einem Stall gekauert, und er hatte die Ratte beobachtet, die, in ständiger Nähe des Menschen fast zum Haustier geworden, die Instinktsicherheit ihrer Glieder und Augen eingebüßt hatte; ohne Mühe, fast ohne die Hand zu bewegen, hatte er sie gefangen und langsam gegessen, erstaunt, daß überhaupt noch eine von den Ratten übriggeblieben war. Damals trug er noch den weißen Kittel, das einzige Kleidungsstück, das der Sklavenhändler, ein Diakon in der Unitarierkirche, ihm gegeben hatte, und er konnte damals nur seine Muttersprache.

Jetzt war er nackt – bis auf eine Drellhose, die ein Indianer den weißen Männern abgekauft hatte, und bis auf ein Amulett, das ihm an einem Lederriemen um die Hüften hing. Das Amulett bestand aus der Hälfte eines in Perlmutter gefaßten Lorgnons, das Issetibbeha aus Paris mitgebracht hatte, und aus dem Schädel einer Mokassinschlange. Er hatte die Schlange selber getötet und gegessen, ausgenommen den giftigen Kopf. Jetzt lag er im Speicher über dem Stall, beobachtete das Haus und das Dampfschiff, hörte auf das Getrommel und stellte sich vor, er sei selbst bei den Trommeln.

Die ganze Nacht blieb er dort. Am nächsten Morgen sah er den Medizinmann in seiner Weste aus Skunkfellen herauskommen, sein Maultier besteigen und fortreiten, und er wurde ganz still und beobachtete, wie das letzte Staubwölkchen niedersank, das die zierlichen Füße des Maultiers aufgewirbelt hatten, und dann merkte er, daß er noch atmete, und es erschien ihm seltsam, daß er noch Luft einsog, noch Luft brauchte. Danach lag er und beobachtete still, um abzuwarten, bis er fort könnte; seine Augäpfel leuchteten ein wenig, aber mit einem ruhigen Glanz, und sein Atem ging leicht und regelmäßig. Dann sah er Louis Berry heraustreten und den Himmel betrachten. Es war jetzt ganz hell, und fünf Indianer hockten bereits in ihren Sonntagskleidern auf dem Deck des Dampfschiffs; gegen Mittag waren es deren fünfundzwanzig. Am Nachmittag wurde die Grube ausgehoben, in der das Fleisch und die Yams geröstet werden sollten; nun waren schon beinah hundert Gäste eingetroffen – würdevoll, ruhig und geduldig in ihrem steifen europäischen Sonntagsstaat –, und er sah, wie Berry die Stute Issetibbehas aus dem Stall führte und an einen Baum band, und dann sah er, wie Berry mit dem alten Hund aus dem Haus kam, der immer neben Issetibbehas Sessel gelegen hatte. Er band auch den Hund an den Baum, und der Hund saß da und blickte ernst in die Gesichter ringsum. Dann begann er zu heulen. Er heulte noch, als die Sonne unterging und der Neger an der Rückwand des Stalles hinunterkletterte und den Weg zur Quelle betrat, wo es schon dunkel war. Dort begann er zu rennen. Hinter sich hörte er den Hund heulen, und in der Nähe der Quelle kam er, schon rennend, an einem anderen Neger vorbei. Die beiden Männer, der eine regungslos, der andere im Trab, betrachteten einander einen Augenblick wie über eine wirkliche Grenze hinweg, die zwei verschiedene Welten trennt. Er rannte weiter, mit geschlossenem Mund und geballten Fäusten, in die Finsternis hinein, und seine breiten Nüstern arbeiteten so gleichmäßig wie ein Blasebalg.

Er rannte auch in der Finsternis weiter. Er kannte die Gegend gut, weil er dort oft mit Issetibbeha gejagt hatte und neben Issetibbehas Stute auf seinem Maultier der Fährte von Fuchs oder Wildkatze gefolgt war; er kannte sie so gut wie die Leute, die ihn verfolgen würden. Zum erstenmal sah er sie kurz vor Sonnenuntergang des zweiten Tages. Da war er schon dreißig Meilen gelaufen, den Bach aufwärts, ehe er kehrtmachte; und sah die Verfolger zum erstenmal, als er in einem Papaya-Dickicht lag. Es waren ihrer zwei, in Hemd und Strohhut, unter dem Arm die ordentlich zusammengerollte Hose, und Waffen hatten sie keine. Sie waren in mittleren Jahren, beleibt, und jedenfalls konnten sie nicht sehr schnell vorgerückt sein; es würde zwölf Stunden dauern, bevor sie wieder dorthin zurückkehren könnten, wo er jetzt lag und sie beobachtete. »Dann habe ich also bis Mitternacht Zeit zum Ausruhen«, sagte er. Er war nahe genug bei der Pflanzung, um die Küchenfeuer riechen zu können, und er dachte, daß er hungrig sein müßte, da er ja seit dreißig Stunden nichts gegessen hatte. »Aber es ist wichtiger, daß ich mich ausruhe«, sagte er sich. Er sagte es sich andauernd, wie er da im Papaya-Dickicht lag, denn vom krampfhaften Bemühen um Ruhe und von der Notwendigkeit und gebotenen Eile, sich auszuruhen, pochte sein Herz genauso wie beim Laufen. Es war, als hätte er vergessen, wie man ausruht, und als reichten die sechs Stunden nicht aus, um sich zu ruhen und sich zu erinnern, wie man es macht.

Sobald es dunkel wurde, war er wieder auf den Beinen. Er hatte sich vorgenommen, gleichmäßig und ruhig durch die Nacht zu wandern, weil es für ihn ja keinen Ort gab, zu dem er gehen konnte, aber sobald er wieder auf den Beinen war, begann er aus Leibeskräften zu rennen und warf seine keuchende Brust und die weit aufgerissenen Nüstern in die stickige und peitschende Finsternis. Er rannte eine Stunde lang, hatte sich bereits verirrt und lief ohne bestimmte Richtung, als er plötzlich stehenblieb, und nach einiger Zeit konnte er das Pochen seines Herzens vom Dröhnen der Trommeln unterscheiden. Sie schienen keine zwei Meilen entfernt zu sein; er folgte dem Schall, bis er das Reisigfeuer riechen konnte und den scharfen Geruch einatmete. Als er in ihrer Mitte stand, riß das Trommeln nicht ab; doch der Häuptling trat auf ihn zu, während er im wirbelnden Qualm stand und keuchte, mit geweiteten, zitternden Nüstern, im schlammverkrusteten Gesicht das stumme Funkeln seiner Augäpfel, die unablässig zuckten, als hingen sie mit seiner Lunge zusammen.

»Wir haben dich erwartet«, sagte der Häuptling. »Geh jetzt fort!«

»Fort?«

»Iß und geh! Die Toten dürfen nicht mit den Lebenden verkehren. Du weißt es!«

»Yao. Ich weiß es.« Sie blickten einander nicht an. Die Trommeln waren nicht verstummt.

»Willst du essen?« fragte der Häuptling.

»Ich bin nicht hungrig. Ich habe heute nachmittag ein Kaninchen gefangen und aß es, als ich im Versteck lag.«

»Nimm dir dann etwas gekochtes Fleisch mit!«

Er nahm das Fleisch, das in Blätter gewickelt war, und betrat den Bachgrund; nach einer Weile verstummten die

29

Trommeln. Er ging gleichmäßig weiter bis zum Tagesanbruch. »Ich habe zwölf Stunden Vorsprung«, sagte er sich. »Vielleicht auch mehr, da sie meiner Spur bei Nacht folgen mußten.« Er hockte sich hin und aß das Fleisch und wischte sich die Hände an den Schenkeln ab. Dann stand er auf und zog seine Drellhose aus und hockte sich wieder hin, neben einen Tümpel, und schmierte sich mit Schlamm ein – Gesicht, Arme, Körper und Beine – und hockte sich wieder hin, die Arme um die Knie geschlungen, den Kopf gesenkt. Als es hell genug wurde, um sehen zu können, zog er sich weiter in den Sumpf zurück und hockte sich abermals hin und schlief so ein. Er schlief traumlos. Dann wurde es Zeit, daß er weiterlief, denn als er plötzlich erwachte, stand die Sonne hoch am Himmel, und er bemerkte die beiden Indianer. Sie trugen noch immer ihre ordentlich zusammengerollten Hosen und standen gegenüber von seinem Versteck, beide fettbäuchig, dick, verweichlicht und in ihren Strohhüten und den hinten herunterbaumelnden Hemdenzipfeln ein wenig lächerlich.

»Was für eine anstrengende Arbeit!« sagte der eine.

»Ich wäre auch lieber zu Hause im Schatten«, sagte der andre. »Aber der Mann wartet an der Pforte, um in die Erde einzukehren.«

»Yao.« Sie blickten sich ruhig um; der eine bückte sich und entfernte ein paar Kletten von seinem Hemdenzipfel. »Zum Teufel mit dem Neger!« sagte er.

»Yao. Wann sind sie jemals etwas anderes als Last und Sorge für uns gewesen?«

Am frühen Nachmittag blickte der Neger vom Wipfel eines hohen Baumes auf die Pflanzung nieder. Er konnte Issetibbehas Leiche in einer Hängematte zwischen den beiden Bäumen sehen, an die das Pferd und der Hund angebunden waren, und der Platz um das Dampfschiff war angefüllt mit Wagen und Pferden und Maultieren, mit Karren und Reittieren, während die Frauen und die kleineren Kinder und die alten Männer in bunten Gruppen um den langen Graben hockten, von dem der Rauch des Spießbratens in trägen, dicken Schwaden herüberwehte. Die Männer und die großen Burschen waren wohl alle hinter ihm her im Bachgrund, ihm auf der Spur, die Sonntagskleider sorgfältig zusammengerollt und in Astgabeln geklemmt. Allerdings stand eine Gruppe von Männern in der Nähe der Eingangstür zum Haus, zum Salon des Dampfschiffs, und er beobachtete sie, und nach einer Weile sah er, wie sie Moketubbe auf einer aus Hirschhaut und Persimonenstangen gezimmerten Sänfte hinaustrugen; von seinem hochgelegenen Laubversteck blickte der Neger, die Beute, ruhig auf sein unwiderrufliches Schicksal herab, und sein Ausdruck war ebenso unergründlich wie der Moketubbes. »Yao«, sagte er ruhig. »Er wird also gehen. Dieser Mann, dessen Körper seit fünfzehn Jahren tot ist, wird auch gehen.«

Mitten am Nachmittag sah er sich einem Indianer gegenüber. Sie standen beide vor einem Stamm, der über einen Tümpel führte – der Neger dürr und hager und abgehärtet, rastlos und verzweifelt; der Indianer dick, verweichlicht, die fleischgewordene Verkörperung äußersten Widerwillens und trägen Widerstands. Der Indianer rührte sich nicht, brachte keinen Laut hervor; er stand einfach auf dem Stamm und sah zu, wie der Neger in den Tümpel sprang und ans Ufer schwamm, durchs Unterholz brach und verschwand.

Kurz vor Sonnenuntergang lag er hinter einem umgestürzten Baumstamm. Eine Reihe Ameisen kroch in langsamer Prozession den Stamm hinauf. Er fing sie sich und aß sie gemächlich, etwas geistesabwesend, wie ein Gast bei einer Abendgesellschaft sich Salzmandeln aus einem Schälchen nimmt. Auch die Ameisen schmeckten salzig und riefen einen unverhältnismäßig starken Speichelfluß hervor. Er aß sie gemächlich und sah zu, wie die lange, ununterbrochene Reihe mit einer steten und fürchterlichen Unbeirrbarkeit den Stamm erklomm, blindlings dem Untergang entgegen. Den ganzen Tag über hatte er sonst nichts gegessen; in der verkrusteten Schlamm-Maske rollten seine Augäpfel in roten Lidrändern. Bei Sonnenuntergang, als er am Rande eines Baches entlangkroch, an dem er einen Frosch entdeckt hatte, biß ihn plötzlich eine Mokassinschlange mit einem ungeschickten, trägen Hieb quer in den Unterarm. Sie schlug unbeholfen zu und hinterließ zwei lange Schnittwunden auf seinem Arm, wie mit dem Rasiermesser hineingeschlitzt. Infolge ihrer eigenen Stoßkraft und Wut lag sie halb ausgestreckt und erschien einen Augenblick in ihrem hitzigen Zorn und Ungeschick völlig hilflos. »Olé, Großvater«, sagte der Neger. Er berührte den Kopf der Schlange und sah zu, wie sie ihm wieder über den Arm hieb, und dann nochmals, mit schwerfälligen, ratschenden, unbeholfenen Hieben. »Ich möchte ja gar nicht sterben«, sagte er. Dann sagte er es nochmals: »Ich möchte ja gar nicht sterben« – sagte es mit ruhiger Stimme, langsam und leicht betroffen, als wäre es etwas, das er, bis die Worte sich von selbst formten, überhaupt nicht gewußt hatte (wie er nun merkte), oder als hätte er von der Tiefe und Stärke seines Verlangens nichts geahnt.

V

Moketubbe nahm die Pantoffeln mit. Er konnte sie nicht sehr lange tragen, wenn er sich bewegte, und auch nicht in der Sänfte, in der er zurückgelehnt hin- und hergeschlenkert wurde, deshalb ruhten sie jetzt auf einem viereckigen Stück Rehleder auf seinem Schoß – die aufgesprungenen, leichten, jetzt etwas formlosen Pantoffeln mit ihrem brüchig gewordenen Lackleder und den Laschen ohne Schnallen und den scharlachroten Absätzen, auf der hingestreckten, kaum noch lebenden Fettmasse, durch Sumpf und Dornengestrüpp geführt von hin- und herschwankenden Trägern, die einander ablösten und im Dienste des Erschlagenen den ganzen Tag über unentwegt das Verbrechen und seine Beute trugen. Moketubbe muß es wie eine rasende Höllenfahrt erschienen sein, bei der ihn, der selbst unsterblich war, die Geister der Verdammten trugen, die, solange sie lebten, sein Unheil geplant hatten und nun im Tode gleichgültige Teilhaber seiner Verdammnis waren.

Nachdem sie eine Weile gerastet hatten, die Sänfte mitten im Kreis der kauernden Träger stehend, Moketubbe reglos darin, mit geschlossenen Augen und einem Gesicht, das im Augenblick friedlich und zugleich von einer unausweichlichen Vorahnung erfüllt war, durfte er die Pantoffeln eine Weile tragen. Der Bursche zog sie ihm an und zwängte seine großen, empfindlichen, geschwollenen Füße hinein, woraufhin Moketubbes Gesicht wieder den erschütternden, leidenden und aufs höchste gespannten Ausdruck annahm, den Magenkranke zeigen. Dann zogen sie weiter.

In der rhythmisch schwankenden Sänfte saß er ohne Bewegung, ohne Laut und Anteilnahme – vielleicht dank einer Reserve an Trägheit oder auf Grund einer königlichen Tugend, wie etwa der Tapferkeit oder Standhaftigkeit. Von Zeit zu Zeit stellten sie die Sänfte ab und blickten ihn und sein Gesicht an, das gelb wie das eines Götzen und von Schweißperlen übersät war. Dann sagte Three Basket oder Had-two-Fathers: »Zieh sie ihm aus. Der Ehre ist Genüge getan.« Und sie zogen ihm die Schuhe aus. In Moketubbes Gesicht ging keine Veränderung vor sich, doch nun endlich konnten sie seinen Atem wahrnehmen, der mit schwachem Ah-ah-ah über seine Lippen glitt, und die Träger hockten sich wieder hin und warteten die Ankunft der Späher und Boten ab.

»Noch nicht?«

»Noch nicht. Er geht gen Osten. Bei Sonnenuntergang muß er die Einmündung des Tippah erreicht haben; dann wird er umkehren. Vielleicht können wir ihn morgen einfangen.«

»Wir wollen es hoffen. Es wäre nicht zu früh.«

»Yao. Es dauert jetzt schon drei Tage.«

»Als Doom starb, hat es nur drei Tage erfordert.«

»Aber damals war es ein alter Mann. Der hier ist jung.«

»Yao. Es ist ein feines Rennen. Wenn er morgen eingefangen wird, gewinne ich ein Pferd.«

»Mögest du gewinnen!«

»Yao. Das hier ist keine angenehme Arbeit.«

Am gleichen Tag gingen auf der Pflanzung die Eßvorräte
zu Ende. Die Gäste kehrten heim und kamen am nächsten
Tag mit mehr Lebensmitteln zurück, genügend für eine weitere Woche. Es war der Tag, an dem Issetibbeha zu stinken
begann; man konnte ihn eine lange Strecke talab und talauf
im Bachgrund riechen, wenn es gegen Mittag heiß wurde
und der Wind aus jener Richtung wehte. Doch sie fingen
den Neger weder an jenem noch am nächsten Tage. Am
sechsten Tag, als es zu dämmern begann, kamen die Späher
zur Sänfte; sie hatten Blut gefunden. »Er hat sich verletzt«,
sagten sie.

»Hoffentlich nicht zu sehr«, sagte Basket. »Wir können
Issetibbeha keinen Sklaven mitgeben, der ihm nicht dienen
kann.«

»Und auch keinen Sklaven, den Issetibbeha selbst pflegen
und betreuen muß«, sagte Berry.

»Wir wissen es nicht genau«, sagte der Späher. »Er hat
sich versteckt. Er ist wieder in den Sumpf gekrochen. Wir
haben Wachtposten zurückgelassen.«

Sie trugen die Sänfte jetzt im Laufschritt. Die Stelle, wo
der Neger in den Sumpf gekrochen war, lag eine Stunde
entfernt. Vor lauter Eile und Ungeduld hatten sie vergessen,
daß Moketubbe die Pantoffeln noch immer an den Füßen
trug; als sie bei der Stelle anlangten, war Moketubbe ohn-
mächtig geworden. Sie zogen ihm die Pantoffeln aus und
brachten ihn wieder zu sich.

Bei Anbruch der Dunkelheit kreisten sie den Sumpf ein.

In einer Wolke von Mücken und Moskitos hockten sie da; der Abendstern glänzte im Westen, nah über dem Horizont, und die Sternbilder begannen über den Himmel zu ziehen. »Wir wollen ihm Zeit lassen«, sagten sie. »Morgen ist nur ein anderes Wort für heute.«

»Yao. Lassen wir ihm Zeit!« Dann verstummten sie und starrten alle gemeinsam ins Dunkel hinein, in die Richtung, wo der Sumpf lag. Nach einer Weile hörte das Geräusch auf, und bald kam ein Bote aus der Finsternis.

»Er hat versucht, auszubrechen!«

»Und du hast ihn zurückgetrieben?«

»Er kehrte um. Einen Augenblick fürchteten wir uns alle drei. Wir konnten seine Ausdünstung riechen, wie er durchs Dunkel kroch, und noch etwas anderes konnten wir riechen, das wir nicht erkannten. Deshalb hatten wir uns gefürchtet – bis er es uns erzählte. Er sagte uns, wir sollten ihn totschlagen, weil es dunkel war und er das Gesicht nicht zu sehen brauchte, das auf ihn zukäme. Aber nicht das rochen wir; er erzählte uns, was es war. Eine Schlange hatte ihn gebissen; es war vor zwei Tagen geschehen. Der Arm schwoll an und roch schlecht. Doch das war es nicht, was wir rochen, denn die Schwellung war zurückgegangen, und sein Arm war nicht dicker als der eines Kindes. Er zeigte ihn uns. Wir befühlten den Arm, jeder von uns: er war nicht dicker als der eines Kindes. Er bat uns, ihm eine Axt zu geben, damit er sich den Arm abhacken könne. Aber morgen ist auch heute.«

»Yao. Morgen ist heute.«

»Eine Weile fürchteten wir uns. Dann kehrte er in den Sumpf zurück.«

»Das ist gut.«

»Yao. Wir fürchteten uns. Soll ich es dem Mann berichten?«

»Ich will sehen«, sagte Basket. Er ging fort. Der Bote hockte sich hin und erzählte wieder von dem Neger. Basket kehrte zurück. »Der Mann sagt, es sei gut. Geh wieder auf deinen Posten!«

Der Bote stahl sich fort. Sie hockten sich um die Sänfte; dann und wann schliefen sie. Bald nach Mitternacht wurden sie durch den Neger geweckt. Er begann zu rufen und mit sich selbst zu sprechen; seine Stimme drang scharf und unvermittelt aus der Finsternis; dann verstummte er. Der Morgen kam; ein weißer Kranich zog mit klatschenden Flügelschlägen quer über den narzissengelben Himmel. Basket war wach. »Laßt uns jetzt gehen«, sagte er. »Es ist heute.«

Zwei Indianer drangen in den Sumpf ein; sie bewegten sich geräuschvoll. Ehe sie bei dem Neger anlangten, hielten sie inne, denn er hatte zu singen begonnen. Sie konnten ihn sehen, wie er nackend und schlammverkrustet auf einem Baumstamm saß und sang. Sie hockten sich schweigend in der Nähe hin, bis er fertig war. Er hatte das Gesicht zur Sonne erhoben und sang etwas in seiner Muttersprache. Seine Stimme war klar und kräftig und durchtränkt von einer wilden Trauer. »Lassen wir ihm Zeit!« sagten die Indianer und blieben hocken, geduldig wartend. Als er aufhörte, näherten sie sich ihm. Er blickte sich um und sah mit seiner Maske aus geborstenem Schlamm zu ihnen auf. Seine Augen waren blutunterlaufen, die Lippen über den viereckigen, kurzen Zähnen waren aufgesprungen. Die Schlamm-Maske schien zu weit geworden für sein Gesicht – als hätte er an Fleisch verloren, seit er den Schlamm aufgetragen hatte; den linken Arm hielt er an die Brust gepreßt. Vom Ellbogen abwärts war es eine unförmige, verkrustete schwarze Schlamm-Masse. Sie konnten ihn riechen; es war ein widerlicher Geruch. Er sah sie gelassen an, bis einer von ihnen seinen Arm berührte. »Komm!« sagte der Indianer. »Du bist tüchtig gelaufen. Schäme dich nicht!«

VI

Als sie sich im üblen, hellen Morgenlicht der Pflanzung
näherten, begannen die Augen des Negers ein wenig zu rol-
len, wie die eines Pferdes. Der Rauch aus der Bratgrube
strich niedrig über den Boden und über die kauernden und
wartenden Gäste im Hof und auf dem Schiffsdeck, alle in
ihrem leuchtenden, förmlichen, steifen Putz: die Frauen, die
Kinder, die alten Männer. Sie hatten Späher durch den
Bachgrund gesandt, auch noch einen andern weiter voraus,
und Issetibbehas Leiche war schon fortgeschafft worden,
dorthin, wo das Grab wartete, zusammen mit dem Pferd
und dem Hund; doch konnte man ihn noch im Tode in
dem Haus riechen, in dem er zu seinen Lebzeiten gewohnt
hatte. Die Gäste begannen sich dem Grab zu nähern, als die
Träger mit der Sänfte Moketubbes den Abhang erklommen.

Der Neger war der größte unter ihnen; sein hocherhobe-
ner, runder, schlammverkrusteter Kopf überragte sie alle.
Er atmete schwer, als wäre die verzweifelte Anstrengung
der sechs ungewissen und verzweifelten Tage vereint auf
ihn losgelassen worden; obwohl sie langsam gingen, hob
und senkte sich seine nackte, vernarbte Brust ungestüm über
dem krampfhaft umklammerten linken Arm. Unaufhörlich flog sein Blick hierin und dorthin, als sähe er nichts,
als könne das Sehen nie ganz Schritt halten mit dem Hin-
blicken. Seine Lippen hatten sich ein wenig von den großen
weißen Zähnen zurückgezogen; er begann zu keuchen. Während der Neger mit seinen wilden, mühsam beherrschten,
rastlosen Augen über ihre Gesichter hinblickte, hielten die
schon näherrückenden Gäste inne, blieben stehen und blickten zurück, manche mit Fleischstücken in der Hand.

»Möchtest du zuerst essen?« fragte Basket. Er mußte es
zweimal fragen.

»Ja«, sagte der Neger. »Stimmt. Ich möchte essen.«

Die Menge hatte begonnen, zur Mitte zurückzudrängen;

bis zu den Außenstehenden pflanzte sich die Nachricht fort:
»Er will zuerst essen.«

Sie erreichten das Dampfschiff. »Setz dich!« sagte Basket.
Der Neger setzte sich auf den Rand des Decks. Er keuchte
noch immer; seine Brust hob und senkte sich, und der Kopf
mit den weißen Augäpfeln wandte sich rastlos von einer
Seite auf die andre. Es war, als käme die Unfähigkeit,
etwas zu sehen, von innen heraus, aus lauter Hoffnungslo-
sigkeit, und nicht aus mangelndem Sehvermögen. Sie brachten ihm Essen und sahen ruhig zu, wie er versuchte, es zu
sich zu nehmen. Er steckte einen Bissen in den Mund und
kaute darauf herum, doch während des Kauens begann der
erst halbzerkleinerte Brei an den Mundwinkeln hervorzu-
quellen und kleckerte über das Kinn und auf seine Brust,
und nach einem Weilchen hörte er auf zu kauen und saß
da, nackend, mit eingetrocknetem Schlamm überzogen, den
Teller auf den Knien, den offenstehenden Mund mit einem
Brei gekauter Nahrung angefüllt, die Augen aufgerissen
und rastlos, und keuchte und keuchte. Sie sahen ihm zu,
geduldig, unerbittlich, und warteten.

»Komm!« sagte Basket schließlich.

»Wasser möcht ich«, sagte der Neger. »Ich möcht Wasser.«
Der Brunnen lag ein kleines Stück bergab, in der Richtung der Hütten. Der Abhang war gesprenkelt vom Licht
und Schatten des hohen Mittags, jener friedlichen Stunde,
wenn Issetibbeha in seinem Sessel schlummerte und auf das
mittägliche Mahl wartete, um weiterzuschlummern, und
wenn der Neger, sein Leibdiener, frei war. Er hatte dann in
der Küche gesessen und mit den Frauen gesprochen, die
das Essen rüsteten. Der Weg hinter der Küche, zwischen
den Negerhütten, war still und friedlich, und die Frauen
hatten über den Weg hinüber miteinander geplaudert, und
der Rauch der Mittagsfeuer wehte über die kleinen Negerkinder hinweg, die im Staub wie Ebenholzspielzeug aussahen.

»Komm«, sagte Basket.

Der Neger ging in ihrer Mitte, größer als alle. Die Gäste rückten vor, dorthin, wo Issetibbeha und der Hund und das Pferd warteten. Der Neger mit seinem hocherhobenen, rastlosen Kopf und seiner keuchenden Brust ging weiter. »Komm!« sagte Basket. »Du wolltest Wasser haben.«

»Ja«, sagte der Neger. »Ja.« Er blickte zurück, keuchend, auf das Haus, dann auf die Negerhütten, in denen heute kein Feuer brannte, kein Gesicht aus einer Tür schaute, kein Negerkind im Staub spielte. »Hier hat sie mich gebissen, hat mich quer über den Arm geratscht: einmal, zweimal, dreimal! Ich hab gesagt: ›Olé, Großvater!‹«

»Komm jetzt!« sagte Basket. Der Neger ging noch immer mechanisch weiter: mit erhobenem Knie, erhobenem Kopf, wie in einer Tretmühle. Seine Augäpfel funkelten wild und mühsam beherrscht, wie die eines Pferdes. »Du wolltest Wasser haben«, sagte Basket. »Hier ist es.«

Im Brunnen hing eine Kürbisflasche. Sie schöpften sie voll Wasser und gaben sie dem Neger, und sie beobachteten, wie er zu trinken versuchte. Seine Augen waren nicht zur Ruhe gekommen, als er die Kürbisflasche langsam in sein schlammverkrustetes Gesicht stemmte. Sie konnten seine Kehle sehen, wie sie arbeitete, und wie das klare Wasser zu beiden Seiten der Flasche über sein Kinn und seine Brust plätscherte. Dann floß kein Wasser mehr. »Komm«, sagte Basket.

»Warte!« sagte der Neger. Er tauchte die Kürbisflasche ein und stemmte sie wieder in sein Gesicht, unter die rastlosen Augen. Wieder beobachteten sie, wie seine Kehle arbeitete und wie das nicht geschluckte Wasser in zersplitterndem Schwall blinkend über sein Kinn und in unzähligen Rinnsalen über die schlammverkrustete Brust rann. Sie warteten: geduldig, ernst, würdevoll, unerbittlich: Stammesangehörige und Gäste und Verwandtschaft. Dann hörte das Wasser zu fließen auf, obwohl die leere Kürbisflasche höher und höher gekippt wurde und seine schwarze Kehle noch immer vergeblich die leere Schluckbewegung ausführte. Ein Stück des vom Wasser weggespülten Schlammes glitt von seiner Brust ab und zerkrümelte vor seinen schlammigen Füßen, und sie konnten seinen Atem in der leeren Kürbis-flasche hören: ah-ah-ah!

»Komm!« sagte Basket, nahm dem Neger die Kürbis-flasche weg und hängte sie wieder in den Brunnen.

Eine Bärenjagd

Eine Geschichte, die Ratliff erzählt. Er ist Vertreter für Nähmaschinen, und es ist noch nicht lange her, da bereiste er unsern Bezirk in einem flinken, starken Bockwagen, der von einem kräftigen, zähen, nicht zusammenpassenden Pferdegespann gezogen wurde; jetzt benutzt er einen Ford, Modell T, und auch in den hat er hinten seine Vorführnähmaschine eingebaut – in einem Blechkasten von der Form einer Hundehütte, und angemalt wie ein Häuschen.

Ratliff taucht einfach überall auf, ohne daß man sich darüber wundert: Er ist zum Beispiel der einzige Mann bei den Basaren und Nähkränzchen der Farmersfrauen; beim Gruppenwettsingen in den Landkirchen schlendert er zwischen Männern und Frauen umher und singt auch selbst mit einer angenehmen Bariton-Stimme. Sogar bei der Bärenjagd war er dabei, von der er hier erzählt, beim alljährlichen Jagdtreffen Major de Spains in der Flußniederung, zwanzig Meilen von der Stadt entfernt, obwohl da niemand war, dem er hätte Nähmaschinen verkaufen können, denn Mrs. de Spain besaß zweifellos schon eine, falls sie sie nicht einer ihrer verheirateten Töchter geschenkt hatte, und der andere Mann – Lucius Hogganbeck, mit dem er Schwierigkeiten bekam, sehr zum Schaden seines Gesichts und andrer Körperteile – konnte, selbst wenn er es gewollt hätte, keine Nähmaschine für seine Frau kaufen, ohne daß Ratliff ihm unbegrenzten Kredit eingeräumt hätte.

Lucius Hogganbeck war eins von den Kindern jenes Boon Hogganbeck, der einstmals das restlos ergebene und völlig unzuverlässige Faktotum des alten Major de Spain und Mr. McCaslin Edmonds' gewesen war, damals, als sie und Onkel Isaac McCaslin und Walter Ewell und der alte General Compson, der mein Großvater war (und auch der alte Ash

41

Wylie, der Vater von dem Ash hier in Ratliffs Geschichte), den Jagdklub bildeten, von dem nur Onkel Ike übrig ist. Aber Lucius ist jetzt vierzig und hat fast keine Zähne mehr, und es ist schon viele Jahre her, seit er und zwei Brüder namens Provine in Jefferson als die Provine-Bande bekannt waren und unsere stille Stadt auf die phantasielose Art wilder Burschen terrorisierten, indem sie am späten Samstagabend auf dem Square mit Pistolen knallten oder am Sonntagmorgen auf ihren Pferden durch enge Gassen voll trippelnder und kreischender Kirchgängerinnen galoppierten. Jüngere Einwohner unserer Stadt kennen ihn nur als einen großen, anscheinend starken und gesunden Mann, der sich finster und trübselig überall dort herumdrückt, wo man ihn nicht fortjagt, und der nie richtig Zugang zu einer Gruppe findet und nie den leisesten Versuch macht, seine Frau und seine drei Kinder zu ernähren.

Es gibt bei uns noch mehr Männer, deren Familien Mangel leiden, Männer, die vielleicht ohnehin nicht arbeiten würden, die jedoch jetzt, innerhalb der letzten paar Jahre, keine Arbeit finden konnten. Sie alle wollen ein gewisses Ansehen erlangen und sich erhalten, indem sie als Vertreter für Fabrikanten von kleinen Artikeln wie Seife und Toilettebedarf und Küchenwaren tätig sind – man sieht sie ständig auf dem Square und in den Straßen, wie sie schwarze Mustertaschen mit sich herumtragen. Eines Tages erschien zu unserer Überraschung auch Lucius Hogganbeck mit einer solchen Tasche, doch dauerte es keine Woche, da hatten die Polizisten herausgefunden, daß Literflaschen mit Whisky darin steckten. Major de Spain (nicht der alte, der war tot, sondern sein Sohn, ein Bankier, der nur so genannt wurde – zum Andenken an seinen Vater und an den Rang und Titel, den sich sein Vater erworben hatte und den er bis 1865 mit Stolz trug) konnte ihn irgendwie herausreißen, denn er war's ja, der Lucius' Familie unterstützte, indem er zu der Summe beitrug, die Mrs. Hogganbeck mit Nähen und dergleichen verdiente, und so Lucius aus dem gleichen Grunde durchschleppte, wie er die Ehrenlast von seines Vaters militärischem Titel auf sich nahm: weil der alte Major de Spain (zusammen mit Mr. Edmonds) sein Leben lang den Boon unterstützt hatte, oder vielleicht auch, wie wir zu glauben geneigt waren, als römischen Heils- und Abschiedsgruß vor der strahlenden Gestalt, die Lucius einst gewesen, ehe die Zeit ihn gezüchtigt hatte.

Denn ältere Männer können sich noch gut an den ›Butch‹ (sogar das forsche Draufgängertum seines Spitznamens ging ihm irgendwann einmal in seiner armseligen Vergangenheit verloren) Lucius von vor zwanzig Jahren erinnern, an den jungen Burschen ohne Humor, jedoch mit einer prickelnden, unausgesprochenen Freude am Atmen, die längst erloschen ist; den Lucius, der in leichter Tollheit, die vielleicht zum größten Teil alkoholischer Natur war, manche zügellosen und mutwilligen Heldentaten vollführte, und eine von ihnen war die Sache mit dem Neger-Picknick. Das Picknick fand ein paar Meilen außerhalb der Stadt vor einer Negerkirche statt. Mittendrin kamen Lucius und die beiden Provines, die von einem Tanz auf dem Lande zurückkehrten, mit gezogener Pistole und frisch angezündeten Zigarren angeritten, nahmen sich die Neger Mann für Mann vor und hielten die brennenden Zigarren an die damals beliebten Zelluloid-Kragen, so daß jedes Opfer unerwartet und schmerzlos mit einem verkohlten, zerbrechlichen Ring um den Hals versehen wurde. Das ist der Lucius, von dem Ratliff erzählt.

Doch noch etwas anderes muß hier vorausgeschickt werden, um den Hintergrund für Ratliffs Geschichte aufzubauen. Fünf Meilen stromabwärts von Major de Spains Jagdlager – und in einem noch wilderen Teil des Flußdschungels aus Röhricht und Amberbäumen und Sumpfeichen – befindet sich ein Indianerhügel. Seit den Zeiten der Ureinwohner erhebt er sich, ein unergründlich dunkles Rätsel, die einzige Erhebung ihrer Art im flachen, wilden Dschungel des Schwemmlandes. Selbst für manche von uns – denn waren wir auch Kinder, so stammten wir doch von gebildeten, in der Stadt aufgewachsenen Eltern – war er umwittert von geheimnisvollem und gewaltsamem Blutvergießen, von wilder und jäher Vernichtung, als wären Schlachtruf und Kriegsbeil, die wir infolge der verstohlen und heimlich ausgetauschten Groschenromane in unsrer Phantasie mit Indianern verknüpften, nur harmlose und unwesentliche Erscheinungsformen einer dunklen Macht, die dort noch immer hauste oder lauerte, unheimlich, ein wenig hämisch, wie ein düsteres und unbekanntes Raubtier, das mit blutigem Rachen in leisem, trägem Schlummer liegt – dies vielleicht wegen der Tatsache, daß ein Überrest einer einst mächtigen Sippe des Chickasaw-Stammes noch dicht daneben unter Regierungsschutz angesiedelt war. Sie trugen jetzt amerikanische Namen und lebten genauso wie die vereinzelten Weißen, die in ihrer weiteren Umgebung wohnten.

Doch wir sahen sie niemals, da sie nie in die Stadt kamen und ihre Siedlung und einen Laden für sich hatten. Als wir älter wurden, begriffen wir, daß sie nicht wilder oder ungebildeter als die Weißen waren und daß wahrscheinlich ihre größte Abweichung von der Norm (und das ist in unserm Lande keine besondere Abweichung) darin bestand, daß sie in einem nicht nur leichten Verdacht standen, in den Sümpfen illegalen Whisky zu brennen. Doch für uns, die Kinder, waren sie nicht geheuer, und ihr in den Sümpfen verborgenes Leben war unentwirrbar verstrickt mit dem Vorhandensein des dunklen Hügels – den manche von uns noch nie gesehen, von dem wir jedoch alle gehört hatten –, als wären sie von den finsteren Mächten zu Hütern eingesetzt.

Wie ich schon sagte, hatten einige von uns den Hügel noch nie gesehen, doch hatten wir alle davon gehört und darüber gesprochen, wie es bei Jungen üblich ist. Er war ebensosehr ein Stück unsres Lebens und unsrer Umwelt wie das Land selbst, wie der verlorene Bürgerkrieg und Shermans Marsch oder die Tatsache, daß die Neger als wirtschaftliche Konkurrenten unter uns lebten und unsre Familiennamen trugen – nur bedrohlicher, mächtiger und lebendiger. Als ich fünfzehn Jahre alt war, gingen ein Freund und ich eines Tages bei Sonnenuntergang wegen einer Wette auf den Hügel. Wir sahen einige von den Indianern zum erstenmal in unserm Leben; sie wiesen uns den Weg, und wir erreichten den Gipfel des Hügels gerade in dem Augenblick, als die Sonne verschwand. Wir hatten unser Zeltzeug mitgebracht, aber wir zündeten kein Feuer an. Wir schlugen nicht einmal unsre Betten auf. Wir saßen nur nebeneinander auf dem Hügel, bis es hell genug war, um den Rückweg zur Landstraße zu finden. Wir sprachen nicht. Als wir uns in der grauen Morgendämmerung anblickten, waren unsre Gesichter ebenfalls grau und still und sehr ernst. Als wir wieder in die Stadt kamen, sprachen wir immer noch nicht. Wir trennten uns nur und gingen nach Hause und zu Bett. Das war's, was wir vom Indianerhügel dachten und spürten. Wir waren zwar Kinder, doch stammten wir von Eltern, die Bücher lasen und die über Aberglauben und sinnlose Furcht erhaben waren – oder sein sollten.

Jetzt erzählt Ratliff von Lucius Hogganbeck und seinem Schluckauf.

Als ich wieder in die Stadt kam, sagt der erste Bursche, dem ich begegnete:

»Was ha'm Sie mit Ihrem Gesicht angestellt, Ratliff? Hat de Spain *Sie* auf Bären gehetzt – anstatt seiner Hunde?«

»No, Boys«, sage ich. »'s war 'ne Wildkatze!«

»Was wollten Sie ihr tun, Ratliff?« fragt ein andrer.

»Ich laß mich hängen, Boys«, sag ich, »wenn ich das weiß.« Und das war die reine Wahrheit. Erst ziemlich lange hinterher hab ich's rausgefunden, nachdem die andern schon Luke Hogganbeck von mir runtergezerrt hatten. Ich wußte nämlich überhaupt nicht, wer Old Man Ash war, ebensowenig wie Luke. Ich wußte bloß, daß er 'n Nigger vom Major war, ein Handlanger im Jagdlager. Als die ganze Sache losging, hatt ich weiter nix im Sinn, als Luke ein bißchen zu helfen, das vielleicht schon, und so nebenbei ihn ein bißchen zu foppen, ohne ihm aber zu schaden, oder vielleicht auch dem Major einen kleinen Gefallen zu erweisen, indem daß ich Luke für 'n Weilchen aus dem Lager bugsierte. Und dann ist's Mitternacht, und der verdammte Kerl kommt so wild wie 'n aufgescheuchtes Reh aus'm Wald gestürzt und rennt mitten rein, wo sie alle beim Poker sitzen, und ich sag noch: »Na, jetzt bist du wohl hübsch zufrieden, was? Bist'n ja gänzlich losgeworden!« Und er bleibt stockstill stehen und glotzt mich so verrückt und verwundert an – er hatte es noch gar nicht gemerkt, daß er'n los war –, und dann fällt er über mich her wie 'ne einstürzende Scheune.

Und damit war's weiß Gott zu Ende mit dem Pokerspiel. Drei oder vier Mann waren nötig, um ihn von mir wegzuzerren, und all die Zeit saß der Major mit'm Drilling in der Hand auf seinem Stuhl und hämmert auf'n Tisch und flucht wie verrückt. Ganz besonders haben sie mir damit geholfen, daß sie mir aufs Gesicht und auf die Hände und Füße getrampelt sind. Es war wie bei 'ner Feuersbrunst – die Burschen mit'm Wasserschlauch richten den größten Schaden an.

»Was in Dreiteufelsnamen soll das heißen?« brüllt der Major, während drei oder vier Mann den Luke festhalten, der wie ein Baby flennt.

»Er hat sie auf mich gehetzt!« plärrt Luke. »Er hat mich zu ihnen raufgeschickt, und ich bring ihn um!«

»Wen hat er auf dich gehetzt?« fragt der Major.

»Die Indianer!« sagt Luke und flennt. Dann will er sich wieder auf mich werfen und schleudert die Männer, die seine Arme halten, rechts und links beiseite, als wären's bloß Stoffpuppen, bis der Major ihn so andonnert, daß er still ist. Luke ist noch 'n ganzer Mann. Ihr müßt nich drauf reinfallen, wenn er euch vorerzählt, er wär nich kräftig genug, um zu arbeiten. Vielleicht kommt's daher, weil er seine Kraft nie erprobt hatte, als er so eine von den schwarzen Taschen mit Rasierseife und roten Hosenträgern rumgetragen hat. Dann hat mich der Major gefragt, was das alles zu bedeuten hätte, und ich hab ihm erzählt, daß ich bloß Luke helfen wollte, seinen Schluckauf loszuwerden.

Ich laß mich hängen, wenn er mir nich mächtig leid getan hat. Ich bin zufällig da entlanggekommen, und da hab ich mir gedacht, ich könnt ja mal reinschauen, ob sie Glück haben, und gegen Sonnenuntergang hab ich ausgespannt, und der erste Mensch, dem ich begegne, der ist Luke. Ich war nich weiter überrascht, denn das da war die größte Männerversammlung in unserm County, gar nich davon zu reden, daß es Whisky und Essen für umsonst gab, darum sag ich: »Na, solche Überraschung!« Und er sagt:

»Hick-uh! Hick-au! Hick-oh! Hick – o mein Gott!« So hat er's schon seit neun Uhr am Abend davor getrieben, und er hat so viele Gläser gekippt, jedesmal, wenn der Major ihm eins angeboten hat, und jedesmal, wenn er sich selber ranmachen konnte, weil Old Man Ash grad nich hingesehn hat; und zwei Tage davor hatte der Major 'n Bären geschossen, und da hat Luke, scheint mir, schon mehr von dem opossumfeisten Bärenschinken gegessen – gar nicht zu reden von dem andern Wildbret, Hirsch und Reh und vielleicht noch 'n bißchen Waschbär und Eichhörnchen als Zugabe, nur so zum Würzen – ja, schon mehr, als er in 'nem Wagen hätt fortschleppen können. Und deshalb ging's ihm jetzt so, immer dreimal pro Minute, genau wie so 'ne Zeitbombe, bloß daß es Bärenfleisch und Whisky war anstatt Dynamit, und dadrum konnt er nich explodieren und Schluß machen mit seinem Elend.

Die andern haben mir erzählt, wie er schon in der vorichten Nacht keinen hat schlafen lassen und wie der Major wütend wurde und aufgestanden ist und mit seinem Gewehr und mit Ash fort ist, der die beiden Hetzhunde an der Leine hatte, und Luke hinterdrein – aus lauter Elend, stell ich mir vor, denn er hat genausowenig schlafen können wie alle andern –, immer hinter dem Major her, immer: »Hick-uh! Hick-au! Hick-oh! Hick – o mein Gott!«, bis der Major sich umdreht und sagt:

»Zum Teufel, scher dich drüben zu den Jägern, die auf Rotwild anstehn! Was bildest du dir bloß ein, wie ich da 'n Bären anpirschen soll oder auch nur hören kann, wie die Hunde Laut geben? Ebensogut könnt ich auf'm Motorrad sitzen!«

Luke kehrt also um und geht an den Damm, wo die Rotwild-Jäger längs der Dammkrone stehn. Ich stell mir vor, er ging nich einfach fort, sondern er verhallte so allmählich in der Ferne, genau wie'n Motorrad, wo der Major von gesprochen hat. Und hat sich gar keine Mühe gegeben, leise zu sein. Ich stell mir vor, er hat gewußt, daß es nix nützen würde. Er hat sich auch nich aus'm Dickicht ferngehalten. Ich stell mir vor, er hat gewußt, daß er mit seinem Schluckauf nich mal von 'nem Dummkopf für 'n Reh gehalten würde. Nein – ich stell mir vor, er war allmählich so verzweifelt, daß er glattweg gehofft hat, einer würde ihn erschießen. Aber keiner tat's nich, und er kommt zum ersten Anstand, wo Onkel Ike McCaslin war, und setzt sich hinter Onkel Ike auf'n Baumstamm, die Ellbogen auf'n Knien und das Gesicht in den Händen, und macht immerzu: »Hick-uh! Hick-au! Hick-oh! Hick – o mein Gott!«, bis Onkel Ike sich umdreht und sagt: »Verdammtnocheins, Junge, scher dich hier weg! Keinem einzigen Raubzeug würd's einfallen, einem Preßpacker in die Quere zu kommen! Trink mal 'n Schluck Wasser!«

»Hab ich längst gemacht«, sagte Luke, ohne sich von der Stelle zu rühren. »Hab seit gestern abend um neun nix als Wasser getrunken. Hab schon so viel Wasser getrunken – wenn ich umkippe, dann würd ich wie 'n artesischer Brunnen losspritzen!«

»Also, jedenfalls geh hier weg!« sagt Onkel Ike. »Scher dich weit fort!«

Luke steht also auf und torkelt weiter, so gut er kann, und verhallt wieder so allmählich, als würde er von so 'nem

Einzylindermotor angetrieben, nur noch verflixt viel regelmäßiger und öfter. Er ist den Damm entlanggegangen, bis dahin, wo der nächste Anstand war, und da haben sie ihn fortgejagt, und dann ist er zum nächsten. Ich stell mir vor, er hat immer noch gehofft, daß einer Mitleid haben würde und ihn erschießen, denn jetzt war ihm anscheinend alles egal. Wenn er jetzt bis zu der Stelle mit »o mein Gott!« gekommen ist, dann konnt man ihn bis zum Lager hinten hören, haben die andern erzählt. Sie haben mir erzählt, es hätt drüben auf dem andern Flußufer im Röhricht ein Echo gegeben, als wär's so 'n neumodischer Lautsprecher unten in 'nem Brunnenschacht. Sie haben mir erzählt, sogar die Hunde, die schon die Fährte aufgenommen hatten, sogar die haben mit Lautgeben aufgehört, und darum sind sie alle auf ihn los und haben ihn gezwungen, wieder ins Lager zu gehen. Und da war er, als ich angekommen bin. Und auch Old Man Ash war da, denn er und der Major waren schon zurück, damit der Major seinen Nicker abhalten konnte, und weder ich noch Luke haben ihn beachtet, außer, daß eben einer von den Niggers da rumsteht.

Das wär's nämlich. Nich einer von uns beiden hat'n beachtet oder gar sich was dabei gedacht. Manchmal sieht's doch weiß Gott so aus, wenn einer sich auf 'ne Fopperei einläßt, dann ist's gar nich 'n andrer Bursche, den er foppt: 's ist wie 'ne Art von großer Macht, die irgendwo still im Dunkeln liegt und mit der er sich nun einläßt, ohne daß er was dadrüber weiß, und es hängt alles davon ab, ob die Macht nun gerade Lust hat, sich seine Fopperei gefallen zu lassen oder nich, und ob sie ihm nich gleich ins Gesicht zurückschlägt, wie's mir hier passiert ist. Ich sag nämlich: »Du hast'n schon seit gestern abend um neun? Das sind ja beinah vierundzwanzig Stunden! Mir scheint, da hättst du was unternehmen können, um ihn wegzubringen!« Und da sieht er mich an, als könnt er sich nich recht entscheiden, ob er aufspringen und mir'n Kopf abreißen soll oder bloß versuchen soll, sich'n selber abzureißen, und macht hübsch langsam und regelmäßig: »Hick-uh! Hick-uh! – o mein Gott!« Dann sagt er:

»Ich will'n gar nich loswerden! Mir gefällt's! Aber wenn du'n hättest, dann würd ich'n dir wegbringen! Möchtest du wissen, wie?«

»Wie denn?« frag ich.

»Ich würd dir einfach'n Kopf abreißen! Dann hättst du nix mehr, wo du mit aufschluckern könntst! Dann würd's dich nich mehr plagen. Ich tät's gern für dich!«

»Klar«, sag ich und seh ihn an, wie er da auf der Küchentreppe sitzt – 's war nach'm Abendbrot, aber er hat nix nich gegessen, weil sich seine Kehle gewissermaßen in 'ne Einbahnstraße verwandelt hat und bloß immerzu »Hick-uh! Hick-oh! Hick-oh! Hick-uh!« machte, denn ich stell mir vor, der Major hat ihm gesagt, was ihm blühen würde, wenn er's wieder so laut machte. Ich hab ihm nix Schlimmes antun wollen. Überhaupt hatten mir die andern schon erzählt, wie er in der vorigen Nacht alle die ganze Nacht durch wachgehalten hat und das ganze Wild aus der Niederung daherum verscheucht hatte, und überhaupt könnt ihm ein Spaziergang ein bißchen die Zeit vertreiben. Darum sag ich: »Ich glaube, ich weiß was, wie du'n loswerden kannst. Aber wenn du'n natürlich nich loswerden willst…«

Und er sagt: »Ich wünschte bloß, ein Mensch würde mir sagen, wie ich'n loswerden kann. Ich würde glatt zehn Dollar hergeben, wenn ich bloß eine Minute hier sitzen könnte und nich mehr ›hick‹ machen müßte…« Aber das hat ihn nun erst richtig in Gang gebracht. Bis dahin war's so gewesen, als wärn seine Eingeweide ganz zufrieden, hübsch gleichmäßig, aber leise »hick-uh!« zu machen, aber jetzt, wo er sich wieder dran erinnert hatte, da war's, als hätt er eine Auspuffklappe aufgemacht, denn jetzt fing er sofort wieder ganz laut mit »Hick – o mein Gott!« an, wie vorher auf'm Anstand, als die andern Männer ihn ins Lager zurückgeschickt hatten, und ich hör schon dem Major seine Füße bumms-bumms-bumms über'n Fußboden stapfen. Sogar das klang wütend, und ich sag rasch:

»Pssst! Du willst doch wohl den Major nich wieder wütend machen?«

Er macht's also 'n bißchen leiser, wie er da so auf der Küchentreppe sitzt, und drin in der Küche geht Old Man Ash mit den andern Niggern hin und her, und Luke sagt: »Ich will alles versuchen, was du mir empfiehlst! Ich hab alles versucht, was ich wußte, und alles, was mir die andern empfohlen haben. Ich hab den Atem angehalten, und ich hab Wasser getrunken, bis ich mir wie so 'n dicker Automobilreifen vorgekommen bin, von der Sorte, wo sie mit Reklame machen, und am Ast dadrüben hab ich 'ne Viertelstunde mit'm Kopf nach unten an den Knien gebaumelt und dabei 'ne Literflasche Wasser leergetrunken – ja, so, mit'm Kopf nach unten –, und einer hat gesagt, ich soll 'ne Schrotkugel schlucken, und das hab ich auch gemacht. Und hab'n immer noch! Was weißt'n du, was ich noch machen könnt?«

»Och«, sag ich, »ich weiß ja nich, ob du's machen würdest! Aber wenn ich an deiner Stelle wär, dann tät ich auf'n Indianerhügel steigen und ließ mich vom alten John Basket kurieren!«

Da hat er ganz still gesessen, und dann hat er sich langsam zu mir umgedreht und mich angesehn, und ich laß mich hängen, wenn er nich 'ne volle Minute ohne Schluckauf geblieben ist. »John Basket?« fragt er.

»Klar«, sag ich. »Die Indianer, die kennen allerhand Mittelchen, von denen haben die weißen Dokters noch nie nich gehört. Er wär froh, wenn er so was für'n Weißen tun könnte. All die Eingeborenen sind so, weil die Weißen so gut zu ihnen waren – weil sie ihnen den Erdhügel hier gelassen haben, den sowieso keiner haben will, und weil sie ihnen erlauben, unsre Namen zu tragen, und weil sie ihnen Mehl und Zucker und Farmgerät verkaufen – und bloß mit'n bißen mehr Profit, als wenn sie's an die Weißen verkaufen. Ich hab sogar gehört, die Weißen werden ihnen nächstens erlauben, daß sie einmal wöchentlich in die Stadt kommen dürfen. Da wär also der alte Basket froh, wenn er dir deinen Schluckauf wegkurieren dürfte.«

»John Basket!« sagt er. »Von den Indianern!« sagt er und läßt einen Schluckauf nach dem andern ab, immer schön langsam und gleichmäßig. Dann sagt er ganz plötzlich: »Ich laß mich hängen, wenn ich sowas tu!« Und *ich* laß mich hängen, wenn's nicht ganz so klang, als ob er weint. Er ist aufgesprungen und stand da und fluchte, und 's klang so, als ob er weint. »Kein Mensch ist da, der Mitleid mit mir hat, kein Weißer und kein Schwarzer nich! Jetzt hab ich mich immerzu gequält, schon über vierundzwanzig Stunden, ohne Essen und ohne Schlaf, und nicht einer von den Hundesöhnen hat Mitleid und Erbarmen mit mir!«

»Och, ich hab's ja versucht«, sag ich. »*Ich* hab'n ja nicht. Es war so 'n Einfall von mir, weil du's nun mal anscheinend so weit gebracht hast, daß kein Weißer dir helfen kann. Aber natürlich gibt's kein Gesetz, das dich zwingen kann, da raufzugehn und ihn loszuwerden!« Und hab getan, als wollt ich weggehn. Ich bin hinter der Küche um die Ecke gebogen und hab ihn beobachtet, wie er sich wieder auf die Treppe setzt und langsam und leise weitermacht: »Hick-uh! Hick-uh!«, und dann seh ich durchs Küchenfenster Old Man Ash, der mucksmäuschenstill dicht hinter der Küchentür steht und den Kopf so weit vorstreckt, als lauschte er. Und da hab ich noch immer keinen Verdacht nich gehabt! Hab auch keinen Verdacht nich gehabt, als ich nach'm Weilchen beobachten konnte, wie Luke wieder aufgestanden ist, rasch, aber ganz leise, und wie er 'ne Minute lang dastand und aufs Fenster gesehn hat, hinter dem sie Poker gespielt haben und wo all die andern waren, und dann hat er ins Dunkel gespäht, zur Landstraße rüber, die runter ins Flußtal führt. Dann ist er ins Haus, ganz leise, und kommt eine Minute drauf mit einer brennenden Laterne unter 'ner Flinte zurück. Ich weiß nich, wem seine Flinte daß es war, und er auch nich, stell ich mir vor, und 's wird ihn auch nich gekümmert haben. Er 's einfach still und entschlossen aus der Tür gekommen und ist die Landstraße runter. Ich konnte die Laterne sehen, und noch lange hinterher, als die Laterne längst verschwunden war, konnt ich ihn noch hören. Ich bin wieder um die Küche rum und hab gelauscht, wie sein Schluckauf unten im Tal so allmählich verhallt, als plötzlich der alte Ash hinter mir sagt:

»Geht er da rauf?«

»Wo rauf?« frag ich.

»Auf'n Indianerhügel«, sagt er.

»Ich laß mich hängen, wenn ich das weiß«, sag ich. »Als ich vorhin mit ihm gesprochen hab, da hat sich's nich so angehört, als wollt er irgendwohin. Vielleicht will er bloß 'n kleinen Spaziergang machen. Das könnt ihm guttun; da könnt er heut nacht mal schlafen und sich 'n bißchen Appetit fürs Frühstück holen. Was meinst'n?«

Aber Ash hat gar nich geantwortet. Er ist einfach wieder in die Küche gegangen. Und noch immer hab ich keinen Verdacht nich gehabt. Wie konnt ich auch? In den Jahren damals, da hatt ich Jefferson noch gar nich gesehn. Da hatt ich noch nich mal 'n Paar Schuhe gesehn, und erst recht nich zwei Läden direkt hinternander und keine Bogenlampe nich.

Also bin ich wieder rein, wo sie Poker gespielt haben, und ich sag: »Achtung, Gentlemen! Ich glaub heut nacht können wir uns mal 'n bißchen ausschlafen.« Und ich hab ihnen erzählt, was passiert ist, denn's schien mir ziemlich sicher, daß er bis zum Morgengrauen oben bleiben würde, anstatt, daß er im Dunkeln die fünf Meilen zurückläuft, denn vielleicht würde den Indianern so 'ne Kleinigkeit wie 'n Mann mit Schluckauf nich so auf die Nerven fallen wie den Weißen hier. Aber ich laß mich hängen, wenn der Major nich deswegen hochgeht!

»Verdammich, Ratliff«, sagt er, »das hätten Sie nicht tun sollen!«

»Och, ich hab's ja bloß so aus Jux vorgeschlagen, Herr Major«, sag ich. »Ich hab ihm bloß erzählt, daß der alte Basket so 'ne Art Dokter ist. Hätt nie geglaubt, daß er's ernst nehmen würde. Vielleich geht er ja auch gar nich rauf! Vielleicht ist er bloß 'n Waschbär schießen gegangen.«

Und fast alle dachten ebenso wie ich. »Laßt ihn doch laufen!« sagt Mr. Fraser. »Hoffentlich läuft er die ganze Nacht rum! Seinetwegen hab ich die ganze Nacht kein Auge zugemacht... Du mußt geben, Onkel Ike!«

»Jetzt kann ihn doch keiner mehr zurückholen«, sagt Onkel Ike und gibt. »Und vielleicht kann John Basket wirklich was gegen seinen Schluckauf machen. 'n verdammter junger Dummkopf – sich so vollzufressen und zu saufen, bis er nicht mehr reden und schlucken kann! Heute früh hat er hinter mir auf'm Baumstamm gesessen, und 's hat sich genau wie 'n Preßpacker angehört! Hab sogar gedacht, ich müßt ihn erschießen, sonst könnt ich ihn nicht loswerden... Die Königin hält mit 'nem Vierteldollar, Gentlemen!«

Ich sitze also da und seh ihnen zu und denk hin und wieder mal an den verflixten Kerl mit seiner Flinte und Laterne, wie er durch'n Wald torkelt und strauchelt und im Dunkeln fünf Meilen weit läuft, bloß, um seinen Schluckauf loszuwerden, und wie ihm das Raubzeug von überallher zuschaut und sich fragt, was für 'n zweibeiniges Raubtier das wohl sein kann, das so 'n Lärm macht, und dachte an die Indianer auf ihrem Hügel, wenn er anspaziert käme, und da mußt ich lachen, und der Major fragt: »Was, zum Teufel, müssen Sie immerzu kichern und brummeln?«

»Nix nich«, sag ich. »Hab bloß an 'n Menschen gedacht, den ich kenne.«

»Sie hätten mit ihm losziehn sollen, daß mich der Teufel!« sagt der Major. Dann fand er, es sei Zeit zum Trinken, und er rief laut nach Ash. Schließlich bin ich an die Tür gegangen und hab Ash gerufen, das heißt in der Richtung, wo die Küche ist, aber die Antwort kam von 'nem andern Nigger. Als er mit dem Whisky und dem übrigen Kram reinkommt, blickt der Major auf und fragt ihn: »Wo 's Ash?«

»Weg«, sagt der Nigger.

»Weg?« fragt der Major. »Wohin denn?«

»Er sagt, er will auf'n Indianerhügel«, antwortet der Nigger. Und ich merke noch immer nix und hab noch immer keinen Verdacht nich. Ich hab bloß so bei mir gedacht: Der alte Nigger ist auf einmal mächtig weichherzig, daß er solche Angst um Luke Hogganbeck hat, weil der allein im Dunkeln rumwandert. Oder vielleicht hört Ash sich gern den Schluckauf an, dacht ich so bei mir.

»Auf den Hügel?« fragt der Major. »Verflucht nochmal, wenn der mir wiederkommt und sich an John Baskets Schädelspalter-Whisky vollgesoffen hat, dann zieh ich ihm die Haut bei lebendigem Leib über die Ohren.«

»Er hat nich gesagt, wegen was er weg ist«, sagt der Nigger. »Hat mir weiter nix nich gesagt, als daß er auf'n Indianerhügel geht und morgen früh im Hellen wieder da ist.«

»Will ich schwer hoffen«, ruft der Major. »Und hoffentlich auch nüchtern!«

Wir sitzen also da, und sie spielen weiter, und ich seh ihnen zu wie 'n dummer Schafskopf und hab immer noch keinen Verdacht nich, sondern ich denke bloß, 's ist 'ne Schande, daß der verflixte alte Nigger sich eingemischt hat und Lukes Ausflug verdorben hat, und dann geht's so auf elfe zu, und sie reden von Zubettgehen, weil sie allesamt morgen auf Anstand wollten, und da hören wir ihn! Es klang wie 'n ganzes Rudel Wildpferde, die auf der Landstraße raufkommen, und wir hatten uns grad erst zur Tür umgedreht und uns gefragt, was zum Teufel das sein kann, und der Major fängt grad an. »Was in Dreiteufelsnamen...«, als es wie 'n Wirbelsturm über die Veranda und'n Flur stampft und die Tür aufliegt und Luke dasteht. Er hat keine Laterne und keine Flinte nich, und die Kleider waren ihm fast vom Leib gerissen, und sein Gesicht sah mindestens so wild aus wie von einem aus'm Irrenhaus in

Jackson. Aber vor allem fiel's mir auf, daß er keinen Schluck-auf nich hatte. Und diesmal wollt er auch beinah losweinen.

»Sie wollten mich umbringen!« schreit er. »Sie wollten mich verbrennen! Sie haben mich verhört und auf'n Holz-klotz gebunden, und einer is schon mit'm Feuerbrand ge-kommen, da konnt ich mich grade noch losreißen und wegrennen!«

»*Wer* hat das gemacht?« fragt der Major. »Was in Dreiteu-felsnamen faselst du dir da zusammen?«

»Die Indianer!« ruft Luke. »Sie wollten mich...«

»Was?« brüllt der Major los. »Verflucht und zugenäht, was?«

Und da mußt ich mich einmischen! Bis dahin hatt er mich überhaupt noch nicht gesehen. »Wenigstens haben sie dir den Schluckauf wegkuriert«, sag ich.

Und da stand er mucksmäuschenstill. Er hatte mich noch nich gesehn, aber jetzt sah er mich. Er stand ganz still und sieht mich mit seinem wilden Gesicht an, ganz so, als wär er grade aus Jackson ausgerissen und müßte schön rasch wieder hingeschafft werden.

»Was?« sagt er.

»Jedenfalls hast du dir deinen Schluckauf vom Leibe gerannt«, sag ich.

Ich sage euch: Er stand 'ne volle Minute da! Seine Augen waren ganz leer geworden, und er stand da und hatte den Kopf auf die Seite gelegt und lauscht auf seine Eingeweide. Ich stell mir vor, 's war das erstemal, daß er sich Zeit nahm, um nachzudenken, ob der Schluckauf weg war. Er stand ganz still da, 'ne volle Minute, und in sein Gesicht kommt so 'n Ausdruck von verdattertem Staunen. Und dann ist er über mich hergefallen. Ich saß noch auf'm Stuhl, und ich laß mich hängen, wenn ich nich 'ne volle Minute lang dachte, die Decke wär eingestürzt.

Also endlich haben sie'n von mir runterzerren können, und dann haben sie mich gewaschen und mir zu trinken gegeben, und da war's mir besser. Aber selbst mit dem Schnaps im Bauch war's mir immer noch nicht so gut, daß ich mich wegen meiner Ehre verpflichtet fühlte, ihn ›auf den Hof zu fordern‹, wie man so zu sagen pflegt. No, sir. Ich weiß, wann ich 'n Fehler gemacht und falsch getippt hab: Major de Spain war nicht der einzige, der sich auf der Jagd 'n Bären gefangen hat. No, sir, ich laß mich hängen: Wenn's heller Tag gewesen wär, hätt ich meinen Ford angekurbelt und hätt mich aus'm Staub gemacht. Aber's war Mitternacht, und außerdem lag mir der Nigger Ash noch auf'm Magen. Mir war grade 'n Licht aufgegangen, daß hinter der Geschichte noch mehr stecken könnt, als man so auf'n ersten Blick sah. Und's war nich der richtige Moment, um in die Küche zu gehn und ihn danach zu fragen, denn dort machte sich Luke breit. Der Major hatte ihm Schnaps gegeben, und da saß er nun und holte alles nach, was er in den zwei Tagen versäumt hatte, und redete großartig daher, was er – ohne Namen zu nennen – mit einem gewissen Hundesohn machen wollte, der sich nochmal unterstehen würde, ihm verflixte Streiche zu spielen; doch vor allem fraß er sich in eine neue Schluckauf-Serie rein, aber *ich* geh nich wieder hin, um mir das mit anzuhören.

Ich hab also bis Tagesanbruch gewartet und bis ich gehört hab, daß die Niggers in der Küche rumoren, und dann bin ich reingegangen. Und da war der alte Ash und sah ganz so aus wie immer und fettete dem Major die Stiefel ein und stellte sie hinter'n Herd und nahm sich dann dem Major sein Gewehr vor und fing an, das Magazin zu laden. Als ich in die Küche kam, hat er bloß 'n einzigsten Blick auf mein Gesicht geworfen, und dann hat er weiter Patronen ins Magazin geschoben.

»Du bist also heut nacht auf'm Indianerhügel gewesen«, sag ich. Er sieht mich wieder an, rasch, und sieht weder weg. Aber er sagt rein gar nichts und sieht genauso aus wie'n verflixter alter krausköpfiger Affe. »Du kennst wohl 'n paar von den Leuten da oben?« sag ich.

»Ich kenn 'n paar«, sagt er und schiebt Patronen ins Magazin.

»Kennst du den alten John Basket?« frag ich.

»Ich kenn 'n paar«, sagt er wieder und sieht mich nich an.

»Hast du John Basket heut nacht gesehn?« frag ich. Er sagt rein gar nichts. Da hab ich also einen andern Ton angeschlagen, wie's der Mensch eben tun muß, wenn er aus'm Nigger was rausbringen will. »Hör mal her!« sag ich. »Sieh mich an!« Er sieht mich an. »Was hast du eigentlich heut nacht da oben gemacht?«

»Wer – ich?« fragt er.

»Los, los!« sag ich. »Jetzt ist alles vorbei: Mr. Hogganbeck hat keinen Schluckauf mehr, und wir haben beide vergessen, was sonst noch passierte, als er heut nacht zurückkam. Du bist doch nich bloß zu deinem Vergnügen hingegangen! Vielleicht hast du ihnen da oben was erzählt? Dem alten Basket erzählt? Was war das?« Er sah mich nich länger an, und er hörte nich auf, immer weiter Patronen ins Magazin zu schieben. Er hat rasch nach rechts und nach links gesehn. »Los jetzt!« ruf ich. »Willst du mir sagen, was da oben passiert ist, oder möchtest du lieber, ich soll Mr. Hogganbeck erzählen, daß du auch damit zu tun hattest?« Er hört nich auf, das Gewehr zu laden, und er sah mich nich an, aber ich laß mich hängen, wenn ich's nich beinah sehen konnte, wie's in seinem Schädel gearbeitet hat. »Los jetzt!« sag ich. »Was hast du also da oben gemacht?«

Da hat er's mir erzählt. Ich stell mir vor, er hat gewußt, daß es ihm nichts genützt hätte, wenn er's vor mir hätt verheimlichen wollen; und wenn ich's nich Luke erzählt hätte, so hätt ich's doch dem Major erzählen können. »Ich hab mich einfach nich vor ihm sehn lassen und bin zuerst oben gewesen und hab ihnen erzählt, daß ein neuer Whisky-Schnüffler käm und daß er nicht schlimm wär und daß sie ihm bloß einen tüchtigen Schreck einjagen sollten, dann würde er sicher ausreißen. Und das haben sie gemacht. Und das hat er gemacht.«

»Hah!« sag ich. »Hah! Und dabei hab ich immer geglaubt, ich versteh mich gut drauf, die Leute zu foppen«, sag ich, »aber du steckst mich glatt in die Tasche. Und was dann?« frag ich. »Hast du's gesehn?«

»'s ist nich viel passiert«, sagt er. »Sie sind ihm einfach 'n Stückchen auf der Straße entgegengegangen, und nach 'ner Weile kommt er mit seinem Schluckauf und mit seiner Laterne und seiner Flinte angestolpert. Sie haben ihm die Laterne und seine Flinte weggenommen und ihn oben auf'n Hügel geführt und haben 'n Weilchen Indianisch mit ihm gesprochen. Dann haben sie Holz aufgeschichtet und haben ihn drauf festgebunden, aber so, daß er sich im Nu freimachen kann, und dann ist einer mit'm Feuerbrand bergauf gekommen, und er ist weg.«

»Hah«, sag ich. »Hah, da will ich doch gleich 'n Besen fressen!« Und dann kam mir ganz plötzlich was in den Sinn. Ich hatte mich schon umgedreht und wollte gehn, und da kam's mir in den Sinn, und ich bin stehengeblieben und sag: »Eins muß ich noch von dir wissen: warum hast du's getan?«

Jetzt saß er auf der Holzkiste und hat mit der Hand übers Gewehr gerieben und hat mich wieder nicht angesehn. »Ich hab Ihnen bloß helfen wolln, ihn von dem Schluckauf zu kurieren.«

»Ach was«, sag ich. »Das war nich der Grund. Was war's? Denk dran, ich hab jetzt Mr. Hogganbeck und dem Major allerhand zu erzählen – allen beiden! Ich weiß nich, was der Major sagen wird, aber ich weiß, was Mr. Hogganbeck tun wird, wenn ich's ihm erzähle.«

Und er saß da und hat mit der Hand übers Gewehr gerieben. Er hat so nach unten geblickt, als müßt er nachdenken. Nich, als müßt er überlegen, ob er's mir erzählen will oder nicht, sondern als wollt er sich an was erinnern, was schon lange zurückliegt. Und genau das hat er getan, denn plötzlich sagt er:

»'s macht mir nix, wenn er's erfährt! 's war mal ein Tag, da war ein Picknick. Schon sehr lange her, bald zwanzig Jahre. Da war er noch ein junger Mann. Und mitten im Picknick, da kommt er mit zwei andern Weißen – der ihre Namen hab ich vergessen –, kommt angeritten und hat die Pistole gezogen und fängt uns Niggers immer einen nach dem andern und hat uns'n Kragen abgebrannt. Und mir hat er meinen abgebrannt.«

»Und all die Zeit hast du gewartet und dir all die Mühe gemacht, um's ihm heimzuzahlen?« frag ich.

»Deswegen doch nicht«, sagt er und reibt mit der Hand übers Gewehr. »Sondern wegen dem Kragen! Damals vor zwanzig Jahren, da hat ein tüchtiger Nigger in der Woche zwei Dollar verdient. Und halb soviel hatt ich für den Kragen bezahlt. Er war blau, und ringsrum war ein rotes Bild drauf von dem Wettrennen zwischen dem Natchez-Dampfer und dem Robert E. Lee. Den hat er mir verbrannt! Jetzt verdien ich zehn Dollar die Woche, und ich wünsch mir bloß, ich könnt rausbringen, wo ich mir genauso 'n Kragen wie den kaufen kann, und für die Hälfte von meim Lohn! Ja, bloß das wünsch ich mir!«

Jetzt gab es Eisenbahnen in der Wildnis:

Leute, die sich früher im Wagen oder zu Pferde über Land zu den Anlegestellen der Dampfer nach Memphis und New Orleans begeben hatten, konnten jetzt von fast überallher die Bahn benutzen. Und bald darauf gab es auch Schlafwagenzüge, die ganze Strecke von Chicago und den Städten im Norden und dem Geld des Nordens: die Yankee-Dollars tauchten in Bettüchern und sogar in Wohnzimmern auf, um die Wildnis zu erschließen, um sie mit dem Gewinsel der Sägen immer weiter dem Verkümmern entgegenzustoßen; was einst ein unendlicher, unangetasteter Bereich gewesen war, erlebte jetzt einen Boom in Baumwolle und Nutzholz. Oder vielmehr: einen Boom einfach des Geldes: Einsiedler Profit hatte die Zwillinge Solvenz und Bankrott gezeugt, und alle drei zusammen trieben jetzt so rasend schnell Geld ins Land, daß sich das Problem stellte, es wieder loszuwerden, ehe es seine Besitzer überschwemmte und erstickte.

Und nun gab es auch asphaltierte Landstraßen, je mehr der Baumwollsamen und die Sägemühlen das, was vom Urwald noch übrigblieb, weiter und immer weiter gen Süden in das V drängte, das der Fluß und die Berge bilden; als der alte Isaac McCaslin ein junger Bursche war, schoß er Bären und Hirsche und wilde Truthähne nach einer kaum einen Tag währenden Fahrt auf dem Maultierwagen; und selbst als er so alt war, daß die jungen Leute begannen, ihn Onkel Ike zu nennen, und als die Entfernung bis zum Wald fünfzig Meilen anstatt zwanzig betrug, brauchte er im Automobil noch immer nur einen knappen Tag, wenn auch die Straßen keine Chausseen waren. Jetzt aber waren sie asphaltiert, und er mußte hundert Meilen fahren anstatt der fünfzig, und dann zweihundert statt der hundert, je mehr die Wildnis sich südwärts ins Dreieck zwischen den Bergen und dem Old Man River zurückzog.

Manchmal schien es Ike, daß sie – die drei: er, der alte
Jäger, und die Berge und der riesige Strom – einen Kreislauf
mit ansahen; oder vielmehr, keinen Kreislauf, sondern ein
irres, sinnloses Karussellfahren, von dem sich jedenfalls zweie
von ihnen, die unverletzlichen Berge und der große, unüber-
windliche und fast gleichgültige Strom, nicht beeinflussen
ließen: Das Nutzholz mußte gefällt und verkauft werden, um
das Land abzuforsten, um den Boden in Baumwollfelder
umzuwandeln und Baumwolle verkaufen zu können, um das
Land wertvoll genug zu machen, daß es sich lohnte, Geld
auszugeben, um Deiche zu errichten, um den Fluß vom Land
fernzuhalten. Oder es wenigstens zu versuchen, da der Old
Man sich nicht um die Baumwolle kümmerte, ja, da ihn die
Baumwolle völlig kalt ließ; den Old Man und all seine
ebenfalls eingedämmten kleinen Nebenflüsse, da er selber die
Deiche überhaupt nicht beachtete, wenn seine Stimmung und
Laune nicht danach waren, sondern ungefähr einmal in jeder
Generation auf der ganzen Strecke von Montana bis Pennsyl-
vanien Wasser ansammelte und es durch die künstliche Kanal-
rinne seiner Opfer mit ihrem zwergenhaften, unbegründeten
Hoffen niederrollen ließ und die Wasser aufstaute – nicht
schnell, nur unerbittlich – und ihnen reichlich Zeit ließ, damit
sie seinen Kamm messen und voraustelegrafieren konnten, ja,
er machte sie sogar beinahe auf einen bestimmten Tag auf-
merksam, an dem er ins Haus einziehen und das Klavier
hinausschwemmen und die Bilder von den Wänden holen, ha,
und auch das Haus selbst forttragen wollte, wenn es nicht
sicher genug im Boden verankert war.

Unerbittlich und ohne Eile, so überholte er seine kleinen,
ihm zuströmenden Futterknechte und schob Wasser in sie
hinein, bis ihre Fluten die Richtung wechselten und tagelang
bergauf flossen, so weit bergauf bis zu Wylies Furt, wo der
erste, der echte Major de Spain das Jagdlager aufgeschlagen
hatte, in dem er, der alte Jäger, vor fünfzig Jahren seine
Ritter-Vigilie vor dem Urwald abgehalten hatte und aner-

kannt und zum Ritter geschlagen worden war. Die kleinen Flüsse waren ebenfalls eingedämmt, doch bei ihnen dort oben gehörte das Land den Individualisten, Nachfahren der großen Männer und Überresten von ihnen, die jetzt am Farmen Gefallen fanden, und den Snopes', die noch mehr als nur Individualisten waren; es waren eben Snopes', so daß, wo längs des großen Stromes alle Besitzer der Vierhundert-Hektar-Plantagen mitsamt Sandsäcken und Maschinen und ihren Neger-Pächtern und bezahlten Landarbeitern wie ein Mann zusammenhielten, um die Sandwirbel und Risse zu bekämpfen, im Gegensatz zu ihnen der Besitzer der Vierzig- oder Achtzig-Hektar-Farm dort oben seinen Deichabschnitt abpatrouillierte, in der einen Hand den Sandsack, in der andern das Gewehr, damit sein Nachbar weiter stromauf ihm den Deich nicht mit Dynamit sprengte und dadurch sein (des Nachbars) Deichabschnitt gerettet wurde.

Stauten die Wasser auf, während der weiße Mann und der Neger Seite an Seite in Tag- und Nachtschichten in Schlamm und Regen arbeiteten, bei Automobil-Scheinwerfern und Benzin-Fackeln und mit Whisky-Fäßchen und Kaffee, der in Zweihundert-Liter-Portionen in gescheuerten und ausgebrühten Petroleumkanistern kochte; plätscherte versuchsweise, beinahe harmlos – nur unerbittlich (keine Eile, was ihn betraf) – zwischen und unter den Sandsäcken und schließlich über die tollgewordenen Sandsäcke hinweg, als wäre seine Absicht einzig die gewesen, den Menschen wieder einmal Gelegenheit zu geben, sich selbst (nicht ihm) zu beweisen, wieviel im alleräußersten Falle der menschliche Körper ertragen, aushalten, erdulden kann; dann, nachdem er es die Menschen hatte beweisen lassen, tat er, was er jeden Augenblick während der letzten paar Wochen hätte tun können, falls er Lust dazu gehabt hätte: ohne Eile (noch aus besonderer Bosheit oder Wut) nahm er einfach ein oder zwei Meilen Deich nebst Kaffeekesseln und Whisky-Fäßchen und Benzin-Fackeln in einem einzigen Rutsch und Einsturz weg und glomm noch ein Weilchen trübe auf den parallel laufenden Baumwollfurchen, bis auch die Felder zusammen mit den Landstraßen und Wagen und zuletzt die Städte selbst versanken.

Versanken und verschwanden unter der einen, riesigen gelben reglosen Fläche, aus der nur die Wipfel der Bäume und die Telegrafenpfähle und die abgeschnittenen Häupter menschlicher Behausungen hervorragten, rätselhaften Gegenständen gleichend, die nach einem unerforschlichen und unergründlichen Plan auf einen schmutzigen Spiegel gestellt worden waren; und die Schanzhügel der Vorfahren, auf denen – zwischen einem Gewirr von Mokassinschlangen – Bären und Pferde und Hirsche und Maultiere und wilde Truthähne und Kühe und Haushühner geduldig in gegenseitigem Waffenstillstand ausharrten; und die Deiche selbst, auf denen zwischen einem Durcheinander ehelichen Strandgutes die Jungen auch weiterhin zur Welt kamen und die Alten starben, nicht auf Grund ihrer gefährdeten Lage, sondern einfach auf Grund der normalen Zeitspanne und Altersschwäche, als wären der Mensch und sein Schicksal zu guter Letzt doch noch stärker als der Fluß, der ihn enteignet hatte – nicht verwundbar durch Wechsel, und unbesiegbar.

Dann, nachdem er auch das bewiesen hatte, zog er, der Old Man, sich zurück (doch wich er nicht etwa): setzte sich ab vom Land – auch wieder langsam und unerbittlich, entleerte die Nebenflüsse und die Bayous wieder in die alte, eitle, hoffnungsträchtige Kanalrinne, doch so langsam und allmählich, daß nicht die Wasser zu sinken schienen, sondern das flache Land sich zu heben schien, sich wie eine einzige Fläche zurückzustehlen schien an Licht und Luft: ein überall gelbbrauner Strich in der überall gleichen Höhe an Telegrafenpfählen und an den Mauern der Baumwollmühlen und Häuser und Läden, als wäre die Linie mit einem Transit-Theodoliten abgesteckt und mit einem einzigen gigantischen, ununterbrochenen Pinselstrich bezeichnet worden, wobei die

Erde einen Schwemmlandzoll höher und der fruchtbare Boden einen Zoll tiefer lagen und in der heißen, wilden Glut des Maimonats zu langen Rissen eintrocknete: aber nicht auf lange Zeit, denn fast sofort erschien der Pflug, da das Pflügen und Pflanzen fast um zwei Monate zu spät begann, doch das machte nichts aus: Im August war die Baumwolle schon wieder mannshoch und zur Pflückzeit weißer und dichter denn je, als sagte der Old Man: »Ich tue, was mir beliebt und wann's mir beliebt, aber ich zahle stets in bar.«

Es war das Heimatland des Jungen, Land, aus dem er geboren und in dem seine Knochen ruhen würden: die Wiege der Berge und das Flußtal, das sie wiegten, Berge, an deren Fuß die Plantage lag, wo er geboren und wo der alte Sam Fathers, Sohn eines Negersklaven und eines Chickasaw-Königs, ihn unterwiesen und belehrt hatten, wie man ein Gewehr mit Sorgfalt und Respekt behandeln müsse, um würdig zu sein, den Urwald zu betreten, sobald seine Zeit gekommen war. Der Urwald, der große Talgrund, die Wildnis – jetzt verschwunden von dort, wo er ihn zuerst erlebt hatte; die gleiche Stelle, an der er mit Sam gestanden, als er zum erstenmal die Hundemeute auf frischer Fährte Laut geben hörte und den Hahn spannte und den ersten Rehbock sah, lag jetzt zehn Meter unterhalb eines von der Regierung gebauten Wasserstand-Kontrollreservoirs, dessen Boden mit jedem Jahr allmählich und unweigerlich um eine neue Schicht aus Bierflaschen und Flaschendeckeln und verlorengegangenen Barschködern anstieg; und die Wildnis, in der er bei derber Kost und dürftigem Nachtlager demütig seine Lehrzeit abdiente, ein ewiges Darben: für Männer und Pferde und Hunde, da sie das Wild nicht töteten, sondern es verfolgten, immer um Haaresbreite, ein nie gestilltes Verlangen: Die Wildnis, der Urwald selbst wurde ja ebenso unerbittlich weiter und weiter zurückgeschoben und zurückgedrängt, bis die meilenlangen Güterzüge jetzt in den Baumwollfeldern von meilenweit her zu erkennen waren, als führen sie gleich-

zeitig an zweien oder dreien der kleinen Dörfer mit Indianer-
namen vorbei; über das Land, wo sie alljährlich im November
das Fest des alten, krüppelfüßigen Bären begingen; und der
Urwald würde weiter und immer weiter in den Engpaß
zurückgeschoben und -gedrängt, wo sich Berge und Großer
Strom trafen und wo sie ihren letzten Posten bezogen. Es
würde auch ein guter sein, ein uneinnehmbarer; mittlerweile
wäre der Urwald dann zu dicht geworden, zu stark vor lauter
Leben und Erinnerung an alles, was je darin herumlief, um
jemals zu sterben: der starke, reizbare, streng riechende Bär,
die hochgemuten, stolzen Hirsche, die länger als Kometen und
blaß wie Rauch wirkten, die melodischen und unermüdlichen
Hunde und die schmutzbespritzten Pferde und die Männer,
die sie ritten; und auch er. O ja, dachte er, auch ich. Ich war
mein Leben lang viel zu sehr dahinter her, das Leben nicht zu
vernachlässigen, um Zeit fürs Sterben übrig zu haben.

Hetzjagd in der Frühe

Ich war im Boot, als ich ihn gesehn habe. 's war grade dämmrig-grau geworden; ich hatte die Pferde gefüttert und war's Ufer runtergeklettert, zum Boot, und stoß ab, um überzusetzen, zum Camp zurück, da seh ich ihn etwa 'ne Viertelmeile stromaufwärts, wie er schwimmt! Bloß sein Kopf ist über'm Wasser, und bei dem bißchen Licht sieht er aus wie'n Punkt. Aber den Schaukelstuhl, den er auf'm Kopf trägt, den konnt ich deutlich erkennen, und ich hab gewußt, daß er's ist, daß er zurück will in sein Schilfdickicht im Bayou-Arm, wo er das ganze Jahr über lebt, bis zu dem Tage, wo die Jagdzeit anfängt, als hätten ihm die Wildhüter 'n Kalender geschenkt, und dann verschwindet er, keiner weiß wohin, bis einen Tag nach Schluß der Jagdzeit. Aber da war er nun, war einen Tag zu früh gekommen, als hätt er sich geirrt und aus Versehen den Kalender vom vorigen Jahr benutzt. Und das war 'n Pech für ihn, denn Mister Ernest und ich, wir würden uns gleich auf'm Pferd hinter ihm hermachen, sowie die Sonne morgen früh aufgeht.

Ich erzähl's also Mister Ernest, und wir essen Abendbrot und füttern die Hunde, und dann hab ich Mister Ernest beim Pokern geholfen, hab bis ungefähr zehn Uhr hinter seinem Stuhl gestanden, bis Roth Edmonds sagte: »Warum gehst'n nich zu Bett, Junge?«

»Oder wenn du aufbleiben willst«, sagte Willy Legate, »warum nimmst'n dann nich 'ne Fibel und studierst da drin? Er kennt jedes Schimpfwort aus'm Wörterbuch, jede Poker-karte im Spiel und jedes Whiskyschild in der Brennerei, aber er kann nich mal seinen Namen schreiben. Oder kannst du's?« sagt er zu mir.

»Ich brauch meinen Namen nich hinschreiben«, sag ich. »Ich kann's mir im Kopf merken, wer ich bin!«

»Du bist jetzt zwölf Jahre alt«, sagt Walter Ewell. »Nun sag mal ganz ehrlich: Wieviel Tage in deinem Leben bist'n schon in der Schule gewesen?«

»Er hat keine Zeit, in die Schule zu gehn«, sagt Willy Legate. »Was nützt's ihm denn, von September bis Mitte November in die Schule zu gehn, wenn er's dann schon wieder aufgeben muß und hierherkommen, um Ernest die Ohren zu ersetzen? Und was nützt's ihm denn, wenn er im Januar wieder in die Schule geht, wo's doch dann bloß noch elf Monate bis zum fünfzehnten November sind und er wieder von vorn anfangen muß und Ernest sagen, wo die Hunde Laut geben?«

»Na, hör jedenfalls auf, mir in die Karten zu sehn!« sagte Roth Edmonds.

»Was sagt er? Was sagt er?« fragt Mister Ernest. Die ganze Zeit trägt er seinen Hörknopf im Ohr, aber die Batterie bringt er niemals mit ins Camp, weil die Schnur unweigerlich jedesmal hängenbleibt, wenn wir durch 'n Dickicht preschen.

»Willy sagt, ich soll ins Bett gehn!« schrei ich ihm ins Ohr.

»Kannst du eigentlich keinen Menschen ›Mister‹ nennen?« fragt Willy.

»Mister Ernest nenn ich ›Mister‹«, sag ich.

»All right«, sagt Mister Ernest. »Dann geh nur zu Bett. Ich brauch dich nicht!«

»Und das ist nicht gelogen!« sagt Willy. »Ob er taub ist oder nich – 'n Fünfzig-Dollar-Angebot kann er hören, auch wenn man nicht mal die Lippen bewegt!«

Ich geh also zu Bett, und nach 'ner Weile kommt Mister Ernest, und ich wollt ihm gern erzählen, wie groß das Geweih ausgesehn hat, sogar 'ne Viertelmeile weit weg im Fluß. Bloß hätt ich dann schreien müssen, und die einzigste Zeit, wo Mister Ernest zugibt, daß er nich hören kann, ist die, wenn wir auf Dan sitzen und wenn er drauf wartet, daß ich ihm zeigen soll, in welche Richtung die Hunde los sind. Also haben wir uns einfach hingelegt, und im Handumdrehn

hämmert Simon schon wieder mit'm Löffel gegen die Brat-
pfanne und schreit: »Aufstehn! Vier-Uhr-Morgenkaffee trinken!«, und ich bin über'n Fluß, diesmal im Dunkeln, mit der
Laterne, und hab unsern Dan und Roth Edmondsen sein
Pferd gefüttert. Ein schöner Tag würde das werden, kalt und
klar; sogar im Dunkeln konnt ich den weißen Rauhreif auf
Blättern und Büschen sehn – 's war genauso 'n Tag, wie er
dem großen alten Racker, der sich drüben in seinem Dickicht
ausruhte, zum Laufen recht war.

Dann haben wir gegessen und die Schützen übergesetzt,
damit Onkel Ike McCaslin ihnen die Stände anweist, dort, wo
er's für richtig hält, denn er ist der Älteste im Camp. Er hat
hier im Wald schon an die hundert Jahre Hirsche gejagt,
scheint mir, und wenn einer weiß, wo 'n Hirsch vorbeizieht,
dann muß er's ja wohl sein. Vielleicht bei 'nem großen alten
Hirsch wie dem hier, der auch schon an die hundert Jahre im
Wald rumzog, wenn man's aufs Leben von 'nem Hirsch
umrechnet, da brachten's er und Onkel Ike bestimmt fertig,
daß heute früh beide gleichzeitig auf'm gleichen Fleck waren
– vorausgesetzt natürlich, daß es ihm glücken würde, bei der
Hetzjagd vor mir und Mister Ernest auszureißen. Denn ich
und Mister Ernest, wir wollten ihn kriegen.

Dann haben ich und Mister Ernest und Roth Edmonds die
Hunde rübergeschickt, während Simon den Eagle und die
andern älteren Hunde an der Leine führte, denn die jungen,
die Hündchen, die gingen nirgends wohin, bis es ihnen Eagle
gewissermaßen erlaubte. Dann haben ich und Mister Ernest
und Roth Edmonds die Pferde gesattelt, und Mister Ernest ist
aufgestiegen, und ich hab ihm seine Bockbüchse nach oben
gereicht und hab Dans Zügel losgelassen, damit er über seine
Bockerei wegkommt, die er erst mal jeden Morgen hinter sich
bringen muß, bis Mister Ernest ihm mit dem Gewehrlauf eins
zwischen die Ohren haut. Dann hat Mister Ernest das
Gewehr geladen und mir den Steigbügel gegeben, und ich bin
hinter ihm aufgesessen, und wir sind die Brandschneise zum

Bayou rauf, und die vier großen Hunde vorneweg ziehen Simon mit seiner alten Büchse, die er sich an 'nem Stück Pflugleine über'n Rücken gehängt hat, immer weiter, und die jungen Hunde wimmeln rum und sind einem überall im Weg. Es war jetzt kalt, und es würde ein toller Tag werden: Im Osten war's schon gelb von der Sonne, und unser Atemhauch dampfte in der stillen, kalten, klaren Luft, bis die Sonne aufgehen und sie erwärmen würde, und in den Furchen war 'n bißchen Knackereis, und jedes Blatt und jeder Zweig und jede Rute und sogar die hartgefrorenen Erdklumpen waren mit Reif überzogen, der bloß darauf wartete, wie ein Regenbogen in der Sonne zu funkeln, wenn die Sonne dann nämlich aufgehen und ihn entdecken würde. Schließlich war ich so voll von der lichten, kalten, starken Luft, daß mir inwendig ganz leicht und stark wie ein Ballon wurde, und mir war, als spürt ich nich mal den Pferderücken, auf dem ich rittlings saß, bloß die heißen, starken Muskeln, die sich unter der heißen, starken Haut bewegten, und als ob ich da oben ganz ohne Gewicht hockte, so daß, wenn der alte Eagle Laut gab und hetzte, ich und Dan und Mister Ernest wie ein Vogel auffliegen würden, ohne überhaupt den Boden zu berühren. Es war einfach toll. Wenn der große alte Racker heute dran glauben mußte, dann hätt er sich bestimmt keinen bessern Tag aussuchen können, selbst wenn er's gern noch zehn Jahr verschoben hätte.

Und wahrhaftig, sowie wir zum Bayou kommen, sehn wir seine Fährte im Schlamm, wo er gestern abend aus'm Fluß gestiegen ist; sie hat sich im weichen Schlamm wie'n Rinderfuß eingedrückt, so groß wie von 'nem Rind, so groß wie von 'nem Maultier, und Eagle und die andern Hunde zerren wie verrückt an der Koppelleine, bis Mister Ernest mir sagt, ich soll abspringen und Simon helfen, sie festzuhalten. Denn ich und Mister Ernest, wir wußten nämlich genau, wo er sein mußte – auf 'ner kleinen Schilfinsel mitten im Bayou, wo er bleiben konnte, bis irgendein kleines Reh oder Hirschkalb, das die Hunde zufällig aufgestöbert hatten, den Bayou stromauf oder stromab laufen und die Hunde weiterlocken würde, weg von hier, so daß er sich hervorstehlen und den Bayou abwärts bis an den Fluß schleichen konnte, um rüberzuschwimmen und die Gegend zu verlassen, wie er's jedesmal an dem Tag machte, wenn die Jagdzeit wieder anfing.

Und das war's grade, was ihm diesmal nicht glücken sollte, meinten wir. Wir ließen also Roth Edmonds auf seinem Pferd, damit er ihm den Weg abschneiden und ihn an Onkel Ikes Schützen ausliefern konnte, falls er versuchte, den Bayou wieder stromab zu entwischen, und ich und Simon zogen mit den noch angekoppelten Hunden den Bayou rauf, bis uns Mister Ernest von seinem Pferd aus zurief, es wäre weit genug; dann gingen wir 'ne kleine Viertelmeile oberhalb vom Schilfdickicht in den Wald rein, denn der Wind würde heut früh von Süden wehn, sowie er sich mal aufmachte, und wir gingen nach unten, aufs Dickicht zu, und Mister Ernest rief zu uns rüber, wir sollten sie loslassen, und wir machten die Leine los, und Mister Ernest hielt mir wieder den Steigbügel, und ich stieg auf.

Old Eagle war schon auf und davon, denn er wußte nämlich, wo der alte Racker lag, wußt's genauso wie wir, und er gab überhaupt noch nicht Laut, sondern bohrte sich einfach rein in die Kletterranken, und die andern Hunde kriechen hinter ihm drein, auf der Spur, und sogar Dan schien's zu wissen mit dem Hirsch, und er fing an mitzumachen und ein bißchen durch das Gewirr zu springen, so daß ich mich schon an Mister Ernests Gürtel festhalten mußte, noch ehe es soweit war, daß Mister Ernest ihm die Sporen gab. Denn wenn wir nämlich die Koppel mal losgemacht hatten und schnell hinter einem Hirsch herritten, dann blieb ich meistens nicht lange auf Dans Rücken, sondern hing bloß noch an Mister Ernests Gürtel, so daß Willy Legate immer sagte, wenn wir beide rasch durch den Wald preschten, dann säh Mister Ernest so aus, als ob ihm ein Paar lose Jungen-overalls hinten aus der Hosentasche wehten.

Es war also nicht bloß ein Aufstöbern, es war ein Hochjagen. Eagle mußte direkt hinter ihm aufgetaucht sein, oder vielleicht ist er sogar auf ihn getreten, während der alte Racker noch dalag und träumte, es wär übermorgen. Eagle warf bloß den Kopf hoch: »Da geht er hin!«, und wir hörten den Hirsch durchs erste Schilf brechen. Dann lärmten auch all die andern Hunde hinter ihm her, und Dan setzte zum Sprung an, doch diesmal war's gegen die Kandare, nicht bloß die Trense, und Mister Ernest führte ihn in den Bayou und ums Dickicht rum und auf dem andern Ufer wieder hoch. Nur braucht er gar nicht erst zu fragen: »Wo entlang?«, denn ich hatt ihm schon über seine Schulter weg die Richtung gezeigt und hab mich noch fester an seinen Gürtel geklammert, noch ehe Mister Ernest mit dem großen, verrosteten alten Sporn an seinem linken Absatz Dan ein bißchen kitzelte, denn wenn Dan den spürte, ging er einfach wie 'ne Stange Dynamit los, stürmte einfach mittendurch, falls er durch konnte, oder drüber oder drunter, falls er's nicht konnte, drüber wie ein Vogel, oder drunter wie ein Maulwurf oder ein großer Waschbär auf den Knien kriechend, und Mister Ernest immer noch auf ihm drauf, weil er ja den Sattel hatte, an dem er sich festhalten konnte; denn ich und Mister Ernest, wir ritten ihn nicht, wir zogen einfach mit ihm zusammen los, vorausgesetzt, daß wir uns festhielten. Denn sowie das Wild aufgestöbert war, kümmert sich Dan nie drum, wer außer ihm noch mitmachte: ich glaube, weiß Gott, er hätte die Hunde ganz allein führen und hetzen können, ohne mich oder Mister Ernest oder Simon oder sonstwen.

Das hat er also getan; die Hunde waren schon beinahe nicht mehr zu hören. Eagle muß dem großen Racker direkt auf den Wedel gesehn haben, bis der sich endlich entschloß, sich lieber aufzurappeln und davonzumachen. Und jetzt mußten sie ziemlich nah bei Onkel Ikes Schützen sein, und Mister

Ernest zügelte Dan und hielt ihn zurück, und Dan duckte sich und bäumte sich und zitterte wie so 'n Maultier, dem der Schwanz gestutzt wird, während wir auf Schüsse lauschten. Aber kein einziger Schuß fiel, und ich schrie Mister Ernest ins Ohr, wir sollten lieber weiterreiten, solange ich noch die Hunde hören konnte, und er ließ Dan laufen, und noch immer fiel kein Schuß, und jetzt wußten wir, daß die Hetzjagd schon an den Schützen vorbei war, als wär der alte Racker wirklich ein Spuk, wie's Simon und die andern Knechte immer behaupteten, und wir flogen aus'm Unterholz raus, und tatsächlich, da standen Onkel Ike und Willy neben seiner Fährte, im weichen Boden.

»Er 's an uns allen vorbei«, sagte Onkel Ike. »Ich weiß nich, wie er's fertiggebracht hat. Ich hab ihn bloß mit halbem Auge erspäht – sah so groß aus wie 'n Elefant und hat ein Gestell auf'm Kopf, da hätt man 'n ausgewachsenes Kalb drin schaukeln können. Er 's gradaus weiter, den Hang runter. Macht euch nur rasch hinter ihm her, sonst erwischt ihn vielleicht das Camp am Hog-Bayou!«

Ich hab mich also fester angeklammert, und Mister Ernest gab Dan wieder die Sporen. Der Hang fiel nach Süden ab; er war ohne Ranken und Büsche, daher konnten wir schnell reiten, auch gegen den Wind, denn der hatte sich jetzt aufgemacht, und die Sonne war auch aufgegangen; hab zwar keine Zeit gehabt und es nicht gemerkt, aber jetzt schien sie hell und stark und flach durch den Wald und funkelte in allen Regenbogenfarben auf den bereiften Blättern. Wir hätten die Hunde also jederzeit wieder hören müssen, seit der Wind sich aufgemacht hatte; wir konnten jetzt Tempo reiten, mußten aber Dan noch immer im kurzen Galopp halten, denn wenn der alte Racker zu den Schützen vom Camp am Hog-Bayou kam, acht Meilen weit weg von unserm, dann ging's entweder sehr rasch – oder es dauerte sehr lange, falls er auch an denen vorbeiwischte. Und tatsächlich, nach 'ner Weile hörten wir die Hunde! Wir ließen Dan jetzt im Schritt gehn, damit er sich ein Weilchen verschnaufen konnte, und wir hörten sie, mit dem Wind kam das Gekläff ganz schwach bis zu uns; sie liefen jetzt nicht mehr, sondern sie suchten die Spur, weil der große Racker wahrscheinlich schon ein gutes Stück weiter rückwärts beschlossen hatte, mit dem Unfug Schluß zu machen: hatte sich also zusammengerissen und ausgegriffen und ungefähr 'ne Meile zwischen sich und die Hunde gelegt – bis er auf die andern Schützen vom unteren Camp gestoßen ist. Ich konnt ihn beinah vor mir sehen, wie er hinter 'nem Baum verhielt, hervorblinzelte: »Was'n das? Was'n das? Ist denn die ganze verflixte Gegend heut früh mit Leuten bespickt?« Dann sieht er über die Schulter nach rückwärts, wo der alte Eagle und die andern Hunde auf seiner Fährte entlangkläffen, und überlegt, wieviel Zeit ihm noch zum Überlegen bleibt, was er nun weiter machen soll.

Nun hatte er's beinah zu fein ausgetüftelt. Wir hörten die Schüsse; es war wie im Krieg. Der alte Eagle hatte ihm anscheinend schon wieder beinah auf'n Wedel sehen können, und nun mußt er irgendwo durchbrechen, wo's grade am besten ging. »Päng, päng, päng, päng«, und dann nochmal »Päng, päng, päng, päng«, als wären's drei oder vier gewesen, die's gemeinsam auf ihn abgesehen hatten, ehe er auch nur Zeit hatte abzuschwenken, und ich hab dauernd gerufen: »Nein! Nein! Nein! Nein!«, denn's war ja unsrer. Er hatte unsre Bohnen und unsern Hafer gefressen, und er hat in unserm Dickicht sein Lager gehabt; jedes Jahr hatten wir ihn beobachtet, und es war grade so, als hätten wir ihn bloß deshalb großgezogen, damit ihn schließlich auf unserm Jagen und vor unsern Hunden ein paar Fremde erlegen, die wahrscheinlich auch noch versuchen würden, die Hunde wegzuscheuchen und ihn abzuschleppen, eh wir auch nur ein Finzelchen von dem Fleisch bekamen.

»Halt'n Mund und spitz die Ohren!« sagte Mister Ernest. Das hab ich also getan, und wir konnten die Hunde hören; nicht bloß die andern, sondern auch Eagle, der jetzt nicht 'ne neue Fährte aufnahm oder das erlegte Wild verbellte, sondern der, lange nachdem die Schüsse verhallt waren, nah an der Beute auf Sicht lief. Ich hatte bloß Zeit, mich fest anzuklammern. Yes, sir, sie rannten wahrhaftig auf Sicht. Wie Willy Legate sagen würde: Wenn Eagle 'n Schluck Whisky bekommen hätte, dann würde er den Hirsch erwischt haben; rannten weiter, waren schon weg, als wir aus dem Unterholz hervorbrachen und die Burschen sahen, die geschossen hatten, fünf oder sechs waren's, kauerten und krochen umher und musterten den Boden und die Büsche, als ob vielleicht, wenn sie nur tüchtig hinschauten, auf den Halmen und Blättern Schweißspritzer, wie Fliegenpilze und Preiselbeeren so rot, hervorkommen müßten, und dabei war der alte Eagle dauernd zu hören und hätt ihnen dauernd verraten können, daß aller Schweiß, den sie etwa fanden, jedenfalls nicht von irgendwas herrührte, das vor seiner Nase getroffen war.

»Glück gehabt, Boys?« fragte Mister Ernest.

»Ich glaub, ich hab'n getroffen«, sagte der eine. »Bin ziemlich sicher. Wir gehn jetzt der Schweißspur nach.«

»Na, wenn ihr'n findet, stoßt ins Horn, dann komm ich zurück und helf'n euch ins Camp tragen!« sagte Mister Ernest.

Wir ritten also weiter, ritten jetzt schnell, denn von den Hunden war fast nichts mehr zu hören, weil sie auch schnell liefen, als hätten nicht bloß der Hirsch, sondern auch die Hunde von all der Aufregung und dem Geknalle neue Lebenslust bekommen.

Wir waren jetzt in unbekanntem Gelände; so weit hatten wir noch nie reiten müssen, weil wir sonst immer schon vorher zum Schuß gekommen waren, und jetzt waren wir am Hog-Bayou, der gute fünfzehn Meilen unterhalb von unserm Camp in den Fluß mündete. Er führte Wasser, gar nicht zu reden von einem Gewirr umgestürzter Bäume und Stämme und ähnlichem Zeug, und Mister Ernest zügelte Dan wieder und rief: »Wo entlang sind sie'n?« Ich konnte sie nur grade eben hören, ein bißchen nach Osten zu, als hätte der alte Racker seinen Plan mit Vicksburg oder New Orleans aufgegeben, wie er's anscheinend zuerst vorgehabt hatte, und vielleicht jetzt beschlossen, sich Alabama anzusehn, da er schon mal unterwegs und auf den Beinen war; ich zeigte also die Richtung, und wir wandten uns den Bayou aufwärts und suchten nach einem Übergang, und vielleicht hätten wir auch einen gefunden, wenn Mister Ernest nicht, scheint's, gedacht hätte, wir dürften nicht länger warten.

Wir kamen an eine Stelle, wo der Bayou bloß noch vier oder fünf Meter breit war, und Mister Ernest sagt: »Paß auf, ich geb ihm die Sporen!« und tut's auch; ich hatte nich mal Zeit, mich fester anzuklammern, als wir schon im Sprung durch die Luft sausten, und erst dann sah ich die Ranke! Es war eine Schlinge von wildem Wein, fast so dick wie mein Handgelenk, und sie hing mitten über'n Bayou, und ich denk, er hat sie auch gesehn und wartet bloß drauf, daß er sie packen und uns über'n Kopf schleudern kann, damit wir drunterweg reiten, und ich weiß, daß Dan sie gesehn hat, denn er hat sogar den Kopf geduckt, um drunterdurch zu springen. Aber Mister Ernest hat sie überhaupt nicht gesehn, bis sie an Dans Hals entlanggeschurrt ist und sich unter der Spitze vom Sattelknopf eingehakt hat, und während wir im Sprung durch die Luft sausten, zog sich die Ranke fester und immer fester zu, bis irgendwas irgendwo nachgeben mußte. Und das war der Sattelgurt. Er riß durch, und Dan ließ sich nicht stören und krabbelte sozusagen splitternackt – bis auf die Zügel – das andre Ufer rauf, und ich und Mister Ernest und der Sattel – Mister Ernest noch im Sattel und das Gewehr haltend, und ich an Mister Ernests Gürtel angeklammert – hingen über dem Bayou in der Luft in der zusammengezogenen Schlinge von der Weinranke wie in einer riesigen Gummischleuder, bis sie zurückschnellte und uns wieder ans Ufer schleuderte und freigab, ich noch immer an Mister Ernests Gürtel angeklammert und jetzt unter ihm, so daß ich im Moment, wo wir beide aufgeprallt wären, Mister Ernest und den Sattel auf mir draufgehabt hätte, wenn ich mich nicht um den Sattel rum auf Mister Ernest geschwungen hätte, und als wir dann landeten, prallte zuerst der Sattel auf und dann Mister Ernest und ich zualleroberst, bis ich runtersprang und Mister Ernest noch immer dalag, und von seinen Augen war bloß das Weiße zu sehn.

»Mister Ernest!« hab ich geschrien und bin zum Bayou runtergeklettert und hab mir die Mütze voll Wasser geschöpft und bin wieder raufgeklettert und hab's ihm ins Gesicht geschüttet, und er macht die Augen auf und liegt da auf dem Sattel und beschimpft mich.

»Verfluchte Sauerei!« sagt er, »warum bist'n nich hinten geblieben, wie von Anfang an?«

»Weil Sie schwerer sind«, sag ich. »Sie hätten mich platt gewalzt!«

»Und was glaubst'n, was du mit mir angestellt hast?« fragt Mister Ernest. »Wenn du's nächste Mal nicht bleiben kannst, wo du anfangs warst, dann spring weg – aber kletter nie wieder auf mich rauf, verstanden?«

»Yes, sir«, sag ich.

Dann stand er also auf und fluchte immer noch und hielt sich den Rücken und kletterte zum Wasser runter und schöpft sich was in die Hand und reibt sich's übers Gesicht und den Hals und schöpft sich wieder was und trinkt es, und ich hab auch was getrunken, und dann sind wir die Böschung raufgeklettert und haben Sattel und Gewehr genommen und haben den Bayou auf dem Treibholz überquert. Wenn wir bloß Dan hätten fangen können! Zwar – die fünfzehn Meilen zum Camp wär er nich zurückgelaufen, aber womöglich wär er ganz allein für sich losgezogen und hätte Eagle geholfen, den Hirsch zu stellen. Doch er war bloß fünfzig Meter weit und fraß Bocksranken, und ich hab ihn also geholt, und wir haben Mister Ernests Hosenträger und meinen Gürtel genommen und den Lederriemen von Mister Ernests Jagdhorn und haben den Sattel wieder auf Dans Rücken geknüppert. Es sah nicht besonders fein aus, aber halten würde es vielleicht.

»...falls du mich nicht wieder mit ihm durch Ranken springen läßt, sondern vorher rufst!« sagte Mister Ernest.

»Yes, sir«, sag ich. »Nächstesmal werd ich vorher rufen, falls Sie nächstesmal auch 'n bißchen eher rufen, daß Sie ihm die Sporen geben wollen!« Aber es ging; wir mußten bloß 'n bißchen vorsichtig beim Aufsteigen sein. »Und jetzt wo entlang?« hab ich gefragt. Denn wir konnten jetzt nix mehr hören – nach all der Zeitverschwendung. Und natürlich war das auch 'ne unbekannte Gegend für uns. Es war mal abgeholzt worden und dann ein solches Dickicht aufgeschossen, daß wir nicht drüber wegsehen konnten, selbst wenn wir uns auf Dans Sattel gestellt hätten.

Aber Mister Ernest antwortete gar nicht. Er lenkte Dan einfach am Ufer vom Bayou entlang, wo es ein bißchen lichter war und wir wieder schneller reiten konnten, sobald Dan und wir an den selbstgebastelten Sattelgurt gewöhnt waren und ein bißchen Zutrauen zu ihm hatten. Zufällig ging's ostwärts (dacht ich da jedenfalls), denn den Osten hatte ich gar nich weiter beachtet, weil die Sonne – ich weiß nicht, wo der Vormittag geblieben war, er war nämlich weg, der Vormittag und auch der Rauhreif –, weil die Sonne jetzt hoch oben war, und auch mein Magen hatte mir gesagt, daß die Mittagsstunde vorbei war.

Und dann hörten wir ihn. Nein, stimmt nicht: Was wir hörten, waren Schüsse. Und da erst merkten wir, wie weit weg wir geraten waren, denn das einzige Camp, das wir in der Richtung kannten, war das Hollyknowe-Camp, und Hollyknowe lag genau achtundzwanzig Meilen von Van Dorn, wo ich und Mister Ernest wohnten; wir hörten bloß die Schüsse, keine Hunde und rein gar nichts. Wenn der alte Eagle noch hinter ihm her war und der Hirsch noch am Leben, dann war er jetzt auch zu kaputt, um auch nur zu bellen: »Da kommt er!«

»Nicht die Sporen geben!« schrie ich. Doch Mister Ernest hatte von selber an den Sattelgurt gedacht und ließ Dan einfach an der Trense laufen. Und Dan hatte auch den Schuß gehört und suchte sich im Dickicht seinen Weg, hopste über Ranken und Stämme, wo er's konnte, und ging drunter durch, wo er's nicht konnte. Und weiß Gott, 's war genau wie vorhin: Zwei oder drei Männer kauerten und krochen im Gebüsch rum und suchten Schweiß, der gar nicht da sein konnte, wie's Eagle ihnen bereits gesagt hatte. Aber diesmal hielten wir gar nicht erst an, trabten einfach weiter, und in all dem Gestrüpp und Geranke tat Dan so zierlich wie 'n Tänzer, der hopst und zurückweicht. Dann kehrte ihn Mister Ernest ganz rum, bis wir genau nach Norden ritten.

»Halt!« schrie ich. »Nich da entlang!«

Doch Mister Ernest drehte mir einfach sein Gesicht zu, über die Schulter weg. Er sah ebenfalls müde aus, und querüber hatte er eine Schlammkruste, wo ihn die Weinranke gestreift und vom Pferd gerissen hatte.

»Weißt du denn nicht, wo er hin will?« fragte er. »Er hat seine Rolle gespielt, hat jedem 'ne Chance gegeben, mal auf ihn zu schießen, und jetzt geht er nach Haus, zurück zu seinem Schilfdickicht an unserm Bayou. Er wird's wohl genau bis zum Anbruch der Dunkelheit geschafft haben.«

Und das tat er wahrhaftig. Wir ritten weiter. Jetzt brauchten wir uns nicht zu beeilen. Nirgends war was zu hören; es war die Stunde an 'nem frühen Nachmittag im November, wenn nichts sich rührt oder ruft, sogar die Vögel nich, die Spechte und Goldammern und Eichelhäher, und mir war's, als könnt ich uns alle drei sehen – mich und Mister Ernest und Dan – und Eagle und die andern Hunde – und den großen alten Hirsch – wie wir alle in der gleichen Richtung durch den stillen Wald zogen, auf die gleiche Gegend zusteuernd, jetzt nicht mehr rennend, sondern im Schritt – wir alle, die wir die schöne Hetzjagd gemacht hatten, so gut wir's verstanden, und alle drei kehrten wir jetzt um, wie auf Verabredung, um nach Haus zu gehen – nicht alle zusammen, weil wir den andern nicht erschrecken oder in Versuchung führen wollten, denn was wir heute morgen getan hatten, war ja kein Spiel einfach so zum Spaß, sondern es war Ernst, und alle drei waren wir noch immer, was wir gewesen waren: der alte Hirsch, der fliehen mußte, nicht, weil er Angst hatte, sondern weil er sich am besten aufs Fliehen verstand und besonders stolz drauf war; und Eagle und die andern Hunde, die ihn gehetzt hatten, nicht, weil sie ihn haßten oder fürchteten, sondern weil die Hetzjagd das war, was sie am besten konnten und wodrauf sie besonders stolz waren; und ich und Mister Ernest und Dan, die ihn jagten, nicht, weil wir sein Fleisch wollten, das sowieso zu zäh sein würde, um's zu essen, und auch nicht, weil wir sein Geweih an die Wand hängen wollten, sondern weil wir jetzt umkehren und elf Monate lang schwere Feldarbeit machen konnten und uns damit das Recht sicherten, nächsten November wieder hierherzukommen – wir alle drei jetzt auf dem Heimweg, friedlich und jeder für sich, und doch noch Seite an Seite, bis nächstesmal, bis zum nächsten Jahr.

Dann sahen wir ihn zum erstenmal. Wir waren jetzt aus der Rodung raus; wir hätten sogar kantern können, nur legten wir da alle drei schon längst keinen Wert mehr drauf; und jetzt konnte man sagen, wo Westen war, weil die Sonne schon halb unten stand. Also gingen wir im Schritt weiter, als wir auf die Hunde stießen, die jungen Hunde und einen von den alten; sie waren kaputt und lagen in einer feuchten kleinen Kuhle, keuchten und sahen bloß zu uns auf, als wir vorbeiritten; sie rührten sich aber auch nicht, als wir weiterritten. Dann kamen wir zu einer langen, offenen Lichtung, etwa 'ne Achtelmeile weit konnte man sehen, und da sahen wir die übrigen drei alten Hunde, und etwa hundert Meter voraus war Eagle, und alle gingen weiter und gaben nicht Laut, und dann plötzlich erhob sich am andern Ende der Lichtung der Hirsch von dem Lager, wo er sich solange ausgeruht hatte, bis die Hunde ihn eingeholt hätten, erhob sich gar nicht mit besonderer Eile, war groß, groß wie ein Maultier und so hoch wie ein Maultier, und dreht sich noch immer ohne besondere Eile um, und ein oder zwei Sekunden länger war noch die weiße Unterseite von seinem Wedel zu sehen, eh das Dickicht ihn verschluckt hat.

Es hätt ein Zeichen sein können, ein Good-bye, ein Lebwohl. Wir ritten – noch immer im Schritt – an den drei alten Hunden mitten in der Lichtung vorbei, die jetzt auch dalagen, noch an genau der gleichen Stelle lagen, wo sie waren, als der Hirsch verschwand, und als wir an ihnen vorbeikamen, dachten sie auch nicht dran aufzustehen; und Eagle noch immer die hundert Meter vor ihnen, aber er legte sich nicht, war noch immer auf, nur ging er breitbeinig und ließ den Kopf baumeln; vielleicht wartete er bloß, bis wir ihn in seiner Beschämung nicht länger sehen konnten, denn seine Blicke sagten uns, als wir vorbeiritten, so deutlich wie Worte: »Tut mir leid, Boys, aber mehr ist nicht dabei rausgekommen!«

Mister Ernest brachte Dan zum Stehen. »Spring ab und sieh dir seine Pfoten an!« sagte er.

»Mit seinen Pfoten ist nix los«, sag ich. »Er hat einfach keine Puste mehr.«

»Spring ab und sieh dir seine Pfoten an!« sagte Mister Ernest nochmal.

Ich tu's also, und während ich mich über Eagle bücke, konnt ich die Bockbüchse hören: »Snick-kleck. Snick-kleck. Snick-kleck«, dreimal hintereinander, nur hab ich mir da noch nix dabei gedacht. Vielleicht ließ er bloß deshalb die Patronen durchlaufen, um zu probieren, ob's auch funktionieren würde, wenn wir ihn wiedersehen, oder vielleicht auch, um festzustellen, ob's lauter Rehposten war. Dann bin ich wieder aufgestiegen, und wir sind weitergeritten, immer noch Schritt, aber ein bißchen von Norden nach Westen abgewichen, denn als wir seine weiße Fahne in den ein, zwei Sekunden sahen, eh das Dickicht sie verschluckt hat, da hielt sie in gerader Linie auf den

Einschnitt im Norden zu. Und jetzt war's auch Abend geworden. Der Wind hatte sich ganz gelegt, und die Luft wurde eisig, und die Sonne berührte jetzt grade die Spitzen der Bäume, nur daß sie hier und da, wo sie zufällig eine Lücke fand, fast waagerecht über den Boden strich. Und auch der Hirsch schlug jetzt den bequemsten Weg ein, und pfeilgrade, wo er's konnte. Als wir auf weichen Stellen seine Fährte entdeckten, sahen wir, daß er nach dem Ausruhen erst ein Weilchen gerannt war. Aber bald ging auch er langsam, als hätt er selber gewußt, wo Eagle und die andern Hunde waren.

Und dann haben wir ihn wiedergesehn. Es war das letzte-mal – in einem Dickicht, und durch eine Lücke fiel die Sonne wie so'n Scheinwerferstrahl auf ihn. Er bricht mit nur einem Schritt aus dem Gestrüpp und stand dann, die volle Breitseite uns zugekehrt, keine zwanzig Meter entfernt, groß wie'n Denkmal, und in der Sonne so rot wie Gold, und die Sonne funkelte auch noch auf den Enden seines Geweihs – zwölf waren es –, so daß er aussah, als hätt er sich 'n Kranz aus zwölf brennenden Kerzen auf den Kopf gesteckt: stand da und sieht uns an, während Mister Ernest das Gewehr hochhebt und auf seinen Hals hält, und das Gewehr macht: »Klick. Snick-Kleck. Klick. Snick-Kleck. Klick. Snick-Kleck.« Dreimal! Und Mister Ernest hielt noch immer das Gewehr und zielte, während der Hirsch sich wendet und mit einem einzigen langen Satz flieht, und auch die weiße Unterseite von seinem Schwanz lodert wie eine Fackel, bis das Dickicht und der Schatten sie auslöschen. Und Mister Ernest legt das Gewehr langsam und sachte wieder vor sich quer übern Sattel und sagt leise und friedlich und nicht viel lauter als bloß sein Atem: »Verflucht! Verflucht!«

Dann stupst er mich mit dem Ellbogen an, und wir sind abgestiegen, behutsam und vorsichtig, wegen dem Sattelgurt-riemen, und er langt in seine Jacke und holt sich 'ne Zigarre raus. Sie war aufgeplatzt, wahrscheinlich, weil ich auf ihn draufgefallen bin, als wir beide auf den Boden aufschlugen.

Er wirft sie weg und holt sich die andre raus. Die war auch aufgeplatzt, darum hat er 'n Stückchen abgebissen, zum Kauen, und den Rest weggeworfen. Und nun war die Sonne fort, sogar von den Baumspitzen, und's war nix weiter übrig als im Westen ein großer roter Feuerbrand.

»Sie müssen sich nicht ärgern«, sag ich. »Ich verrat's ihnen bestimmt nich, daß Sie vergessen haben, Ihr Gewehr zu laden. Und sowieso brauchen sie nicht zu wissen, daß wir'n überhaupt gesehn haben!«

»Besten Dank!« sagt Mister Ernest. Heut nacht war kein Mondschein, darum nahm er den Kompaß von der Leder- schlinge in seinem Knopfloch und reichte mir das Gewehr und legte den Kompaß auf'n Baumstamm und geht einen Schritt zurück und besieht ihn sich. »Ungefähr die gleiche Richtung, die wir schon eingeschlagen haben«, sagt er und nimmt mir das Gewehr ab und bricht's auf und lädt eine Patrone in die Kammer und hebt den Kompaß auf, und ich nehme Dans Zügel, und so gehn wir los, er vorneweg mit dem Kompaß in der Hand.

Und nach 'ner Weile war es stockdunkel; Mister Ernest mußte ab und zu immer mal wieder 'n Streichholz anzünden, damit er den Kompaß erkennen kann, bis die Sterne rauskom- men und wir uns einen merken können, nach dem wir uns richten, denn ich fragte ihn nämlich: »Wie weit schätzen Sie'n, daß es ist?« Und er sagt: »'n bißchen weiter, als uns 'ne Schachtel Zündhölzer reicht.« Dadrum haben wir uns nach den Sternen gerichtet, wo wir's konnten, bloß daß wir's nicht dauernd konnten, weil der Wald zu dicht war, und dann sind wir 'n bißchen von der Richtung abgekommen, und er mußte wieder 'n Streichholz riskieren. Und dann war's richtig spät, und er sagt: »Steig aufs Pferd!«

»Ich bin nicht müde!« hab ich gesagt.

»Steig aufs Pferd«, sagte er. »Wir wollen's nicht verhät- scheln.«

Er war nämlich immer 'n guter Kerl gewesen, solange ich

ihn kenne, und das war noch vor dem Tag vor zwei Jahren, als Ma mit dem Menschen von der Vicksburger Kneipe loszog und Pa am nächsten Tag auch nicht nach Haus gekommen ist, und am dritten Tag kam Mister Ernest auf Dan vor die Tür der Hütte am Fluß geritten, in der er uns wohnen ließ, damit Pa sein Stück Land bestellen und seine Flußleine spannen konnte, und sagt zu mir: »Leg das Gewehr weg und komm her und kletter hinter mir aufs Pferd!«

Also hab ich mich in den Sattel geschwungen, auch wenn ich nich bis zu den Steigbügeln runterreichen konnte, und Mister Ernest nimmt die Zügel und geht nebenher, und ich muß ja wohl eingeschlafen sein, denn plötzlich merk ich, daß ein Knopfloch von meiner Windjacke mit dem Lederriemen vom Kompaß am Sattelknopf festgemacht ist, und jetzt war's schon gehörig spät, und wir hatten's nicht mehr weit, denn Dan roch schon das Wasser, den Fluß. Oder vielleicht hat er auch schon die Futterkoppel gerochen, denn keine Viertel-meile unterhalb sind wir auf die Brandschneise gestoßen, und bald konnt ich auch den Fluß sehen, und der weiße Nebel lag so weich und still wie Baumwolle auf ihm. Dann das Land, und zu Hause; und jenseits, im Dunkeln, eigentlich nicht weit weg und nah genug, daß er uns wahrscheinlich hören konnte, wie wir absattelten und Maiskolben schälten, und bestimmt nah genug, daß er Mister Ernest hören konnte, wie er ins Horn stieß, damit drüben vom dunklen Camp Simon mit seinem Boot kommt und uns übersetzt, war auch der alte Hirsch zu Hause angelangt und ruhte sich nach der strengen Hetzjagd auch in seinem Schilfdickicht im Bayou aus, wurde hin und wieder wach und träumte von Hunden, die hinter ihm her waren, oder vielleicht war's auch der Lärm, den wir machten, der ihn weckte, doch konnte ihn weder das eine noch das andre länger als nur ein kleines Weilchen wachhal-ten, und dann schlief er wieder.

Dann stand Mister Ernest auf dem Ufer und stieß ins Horn, bis Simons Laterne im Nebel auf und ab hüpfte; da sind wir dann zum Bootssteg runtergeklettert, und Mister Ernest hat wieder von Zeit zu Zeit ins Horn gestoßen, um Simon die Richtung anzugeben, bis wir im Nebel die Laterne erkennen konnten, und dann Simon und das Boot; nur war's anscheinend so, daß ich jedesmal, sowie ich mich hinsetzte und stille war, auch sofort einschlief, denn Mister Ernest mußte mich wieder rütteln, damit ich auch ausstieg und das Ufer zum dunklen Camp raufkletterte, wo ich dann endlich mit den Knien gegen ein Bett stieß und reintorkelte.

Dann war es früher Morgen und der nächste Tag; es war jetzt alles vorbei, bis zum nächsten November im nächsten Jahr, wenn wir wiederkommen konnten. Onkel Ike und Willy und Walter und Roth und alle andern waren gestern ins Lager gekommen, sowie Eagle den Hirsch außer Hörweite gehetzt hatte und sie wußten, das Wild war weg; und hatten gepackt und waren fertig, um heute früh nach Yoknapatawpha aufzubrechen, wo sie wohnten, bis es wieder November sein würde und sie wiederkommen konnten.

Deshalb fuhr Simon sie, sobald wir gefrühstückt hatten, in dem großen Boot stromaufwärts bis zu der Stelle, wo sie ihre Autos und Lieferwagen gelassen hatten, und dann war keiner mehr da als bloß ich und Mister Ernest, und wir saßen auf der Bank vor der Küche in der Sonne; Mister Ernest rauchte eine Zigarre – diesmal eine heile, bei der Dan noch keine Gelegenheit gehabt hatte, mit ihm durch 'ne Ranke zu springen und sie ihm kaputtzuquetschen. Er hatte sich noch nicht das Gesicht gewaschen, wo ihn die Ranke in den Schlamm geschleudert hatte. Aber das war ganz in Ordnung; in seinem Gesicht war meistens ein Lehmspritzer oder ein Klecks Schmieröl vom Traktor oder 'n Stoppelbart, denn er war nicht bloß Plantagenbesitzer, er war auch Farmer und arbeitete so schwer wie nur einer von seinen Knechten und Pächtern – und deshalb hab ich auch von Anfang an gewußt, daß wir gut zusammen auskommen würden und daß ich keinen Ärger mit ihm haben würde, vom allerersten Tage an, als ich aufgewacht bin und Ma mit dem Menschen von der Vicksburger Kneipe losgezogen war, ohne mal mindestens das Frühstück zu machen, und am nächsten Morgen war auch Pa weg, und am dritten Tag war's fast Nacht geworden, als ich 'n Pferd raufkommen hörte, und ich hab das Gewehr genommen, in das ich schon am Abend vorher, als Pa nicht nach Hause kam, 'ne Patrone in die Kammer gesteckt hatte, und stand auf der Türschwelle, als Mister Ernest angeritten kommt und sagt: »Komm mit! Dein Pa kommt auch nicht wieder!«

»Meinen Sie, daß er mich an Sie verschenkt hat?« fragte ich ihn.

»Ist doch egal!« sagt er. »Komm jetzt! Ich hab ein Vorhängeschloß für die Tür mitgebracht. Morgen schicken wir den Lieferwagen her, dann kann er holen, was du noch an Sachen haben möchtest.«

Also bin ich mit ihm heimgeritten, und es war fein, es war einfach gut so – seine Frau war vor ungefähr drei Jahren gestorben –, daß keine Frauen da waren, die einen ärgern oder die mitten in der Nacht mit 'nem verdammten Schuft von der Vicksburger Kneipe losziehen, ohne einem mal mindestens das Frühstück zu machen. Und heute nachmittag wollten wir nun auch nach Hause, aber nicht gleich; wir bleiben immer noch einen Tag länger, nachdem die andern weg sind, denn Onkel Ike ließ immer alles Essen da, das sie nicht gegessen hatten, und den Rest von dem selbstgebrauten Mais-Whisky, den er immer trinkt, und den städtischen Whisky von Roth Edmonds, den er Scotch nennt und der so riecht, als käm er aus'm alten Eimer voll Ölfarbe; saßen einen Tag länger in der Sonne, eh wir nach Hause gingen, um wieder alles vorzubereiten für die Saat im nächsten Jahr, Baumwolle und Hafer und Bohnen und Luzerne; und drüben überm Fluß, hinter der Baumwand, wo der Urwald anfängt, lag auch der alte Hirsch heute in der Sonne – ruhte sich heute auch aus, ohne daß ihn einer stört bis zum nächsten November.

So daß also wenigstens einer von uns froh war, daß es elf Monate und zwei Wochen dauern würde, eh er wieder so weit und so schnell laufen mußte. Also war er genau über das froh, was uns traurig gemacht hat, und deshalb mußt ich auf einmal denken, daß vielleicht all das Pflanzen und Arbeiten und dann das Ernten von Hafer und Baumwolle und Bohnen und Luzerne nicht einfach was war, was ich und Mister Ernest dreihunderteinundfünfzig Tage lang machen, um uns die Zeit zu vertreiben, bis wir wiederkommen und jagen konnten, sondern es war was, was wir immer machen mußten, während all der dreihunderteinundfünfzig Tage ordentlich und gut machen mußten, damit wir's uns verdienten, in den Urwald zurückzukehren und die übrigen vierzehn Tage zu jagen. Und die vierzehn Tage, die der alte Hirsch vor den Hunden herlaufen mußte, waren nicht einfach was, womit er sich – bis zu den dreihunderteinundfünfzig Tagen, wo er's nicht mußte – die Zeit vertrieb, sondern das Rennen und Riskieren vor Gewehren und Hunden war etwas, was er vierzehn Tage lang machen mußte, damit er sich's verdiente, die übrigen dreihunderteinundfünfzig Tage nicht gestört zu werden. Und folglich waren Jagen und Farmen gar nicht zweierlei verschiedene Dinge – sie waren bloß eins die Kehrseite vom andern.

»Ja«, sagte ich. »Wir brauchen jetzt nix weiter tun, als die Ernte fürs nächste Jahr vorbereiten. Dann ist es bis zum nächsten November gar nicht mehr lange hin.«

»Nächstes Jahr sollst du nicht bei der Landarbeit helfen«, sagte Mister Ernest. »Du mußt in die Schule gehn!«

Zuerst dacht ich also, ich hätt ihn nicht richtig verstanden. »Was?« sag ich. »Ich? In die Schule gehn!«

»Ja«, sagt Mister Ernest. »Du mußt was aus dir machen.«

»Bin ich doch«, sag ich. »Tu's ja schon jetzt! Ich will Jäger und Farmer sein, genau wie Sie!«

»Nein«, sagte Mister Ernest. »Das genügt jetzt nicht mehr. Früher mal, da brauchte ein Mann nichts weiter machen als elfeinhalb Monate farmen und einen halben Monat jagen.

Aber jetzt nicht. Wenn man sich jetzt bloß mit dem Farmen und mit dem Jagen beschäftigt, dann genügt das nicht mehr. Man muß sich auch mit der Menschheit beschäftigen.«

»Mit der Menschheit?« sag ich.

»Ja«, sagt Mister Ernest. »Du mußt also in die Schule gehn. Denn du mußt lernen, warum. Man kann sich mit dem Farmen und Jagen beschäftigen und den Unterschied zwischen Recht und Unrecht lernen und das Rechte tun. Und früher genügte das – einfach das Rechte tun. Aber jetzt nicht mehr. Man muß lernen, warum etwas recht und warum es unrecht ist, damit man's den Leuten sagen kann, die niemals 'ne Chance hatten, es zu lernen; muß es ihnen beibringen, wie sie das Rechte tun sollen, nicht bloß, weil sie wissen, daß es recht ist, sondern weil sie jetzt wissen, warum es das Rechte ist – weil man's ihnen nämlich beigebracht und ihnen gesagt und ihnen gezeigt hat, warum. Du gehst also in die Schule.«

»Das ist alles bloß, weil Sie auf den verflixten Willy Legate und Walter Ewell gehört haben!« sag ich.

»Nein!« sagt Mister Ernest.

»Doch!« sag ich. »Kein Wunder, daß Sie gestern den Hirsch gefehlt haben, wo Sie so Ideen von ausgerechnet Leuten aufgreifen, die ihn sich entwischen lassen, nachdem's verflixt nah dran war, daß ich und Sie die Hunde und Dan halbtot gehetzt hätten. Und dabei haben Sie'n ja nich mal verpatzt! Sie haben ja nich mal vergessen, das Gewehr zu laden! Sie haben's absichtlich entladen. Ich hab's wohl gehört!«

»All right, all right!« sagt Mister Ernest. »Was wär dir denn lieber: daß sein Kopf und seine Decke schweißig auf'm Fußboden in der Küche hinten liegen und die Hälfte von seinem Fleisch auf'm Lieferwagen nach dem Yoknapatawpha County unterwegs, oder daß er, Kopf und Fell noch schön beisammen, drüben im Schilfdickicht auf den nächsten November wartet, wenn wir'n wieder hetzen wollen?«

»Und auch kriegen!« sag ich. »Mit Willy Legate und Walter Ewell wolln wir nächsmal nich rumtrödeln!«

»Vielleicht«, sagte Mister Ernest.

»Bestimmt!« sag ich.

»Vielleicht«, sagte Mister Ernest. »Es ist das beste Wort in unsrer Sprache, das beste von allen. Das Wörtchen ›vielleicht‹ ist's, das die Menschheit in Gang hält. Die besten Tage unsres Lebens sind nicht die, wo wir von vornherein ›ja‹ sagen: sondern es sind die, wo alles, was wir sagen können, ›vielleicht‹ ist. ›Ja‹ können wir erst hinterher sagen, weil wir's bis dahin nicht nur nicht wissen, sondern weil wir's vorher gar nicht wissen wollen... Geh in die Küche und mach mir 'n Toddy! Dann können wir vom Abendbrot reden.«

»All right«, sag ich und bin aufgestanden. »Möchten Sie einen mit Onkel Ikes Mais-Whisky oder mit dem städtischen Whisky von Roth Edmondsen seinem?«

»Kannst du nicht Mister Roth oder Mister Edmonds sagen?« fragte Mister Ernest.

»Yes, sir«, sag ich. »Also welchen möchten Sie? Onkel Ikes Mais-Whisky oder das Zeugs von Roth Edmondsen seinem?«

Der alte Jäger sagte:

Bald kommen wir in den Wald. Es ist nicht neu für mich, da ich seit über siebzig Jahren alljährlich im November hierher-gekommen bin, zu diesem letzten Hügel, an dessen Fuß die fruchtbare, weite Schwemmland-Ebene beginnt – wie ein Meer, das am Fuß seiner Klippen beginnt – und im sachten Novemberregen vergeht, wie auch das Meer vergeht. In den alten Zeiten kamen wir im Kastenwagen an: Gewehre und Bettzeug, Hunde, Essen und Whisky; junge Leute damals, die während der ganzen Nacht und des ganzen folgenden Tages durch den kalten Regen fahren und das Zeltlager im Regen aufschlagen und in nassen Wolldecken schlafen und am näch-sten Morgen bei Tagesanbruch aufstehen und auf die Jagd gehen konnten. Damals gab es noch Bären. Man schoß genauso unbedenklich auf eine Geiß oder ein Kitz wie auf einen Rehbock, und an den Nachmittagen schossen wir mit der Pistole auf wilde Truthühner, um uns im Anpirschen und Zielen zu üben, und verfütterten alles bis auf das Brustfleisch an die Hunde. Doch die Zeiten sind jetzt vorbei. Jetzt fahren wir in Autos hin und fahren jedes Jahr schneller, weil die Stra-ßen besser und die Entfernungen größer werden; und der Urwald, in dem noch Wild haust, zieht sich von Jahr zu Jahr mehr in sich selbst zurück, wie es mir auch mit meinem Leben ergeht, bis ich nun der letzte von all denen bin, die einst die Fahrt auf Kastenwagen machten; und die mich nun begleiten, sind die Söhne und sogar die Enkel von den Männern, die vier-undzwanzig Stunden lang bei Regen- und Hagelwetter hinter den dampfenden Maultieren herritten. Sie nennen mich jetzt ›Onkel Ike‹, und nur wenige von ihnen denken überhaupt daran, wie viele Jahre über achtzig ich bin: Sie denken höch-stens an das, was ich selber weiß: daß ich diesen Jagdausflug wahrscheinlich nicht mehr machen sollte, selbst im Auto nicht.

Und tatsächlich, wenn ich jetzt die erste Nacht im Camp liege, Schmerzen habe und unter den groben Decken keinen Schlaf finden kann, weil mein Blut von dem einen Whisky mit Wasser, den ich mir gestatte, nur mäßig erwärmt wird, dann sage ich mir jedesmal, daß es mein letzter Jagdausflug sein soll. Aber ich halte ihn durch – ich schieße noch immer beinahe ebensogut wie früher, treffe noch immer beinahe ebensoviel Wild, das ich erblicke, wie sonst; ich habe vergessen (falls ich es je zählte), wieviel Bären oder Hirsche mein Gewehr zur Strecke gebracht hat – und die Wärme, die Glut des folgenden Sommers stellen mich wieder her, lassen mich wieder aufleben. Dann kommt der November; und wenn ich wieder mit zwei oder drei Söhnen oder gar Enkeln der Männer im Auto sitze, denen ich beibrachte, wie man nicht nur die Fährte von einem Bock oder einer Geiß unterscheidet, sondern auch das Geräusch, das sie machen, wenn sie durch den Wald ziehen, dann blicke ich voraus, an dem zuckenden Scheibenwischer vorbei, und sehe, wie das Land flacher wird und im Regen vergeht, wie auch das Meer vergeht, und sage: »Well, Boys, da ist er wieder!«

Denn für sie ist er nämlich da. Sie sind zu jung, um in der Geschichte seines Wandels irgendeine Vergangenheit zu erkennen; für sie hat er sich einfach unversehrt auf der Erdoberfläche erhalten. Nur für mich hat er die Erdoberfläche entblößt, wie das Sterben eines Körpers seine hilflose Sterblichkeit entblößt. Zuerst waren nur die alten Städte längs des Stroms und die alten Städte längs der Berge dagewesen, von denen die Pflanzer mit ihren Sklaventrupps und später mit ihren bezahlten Arbeitern ausrückten, um dem Schilf und den Amberbäumen, den Zypressen und Stechpalmen und Eichen mit Gewalt die kleinen Baumwollrodungen zu entreißen, die im Verlauf der Jahre zu Feldern und dann zu Plantagen wurden; die Wildwechsel – Pfade, die sich einst Bär und Hirsch und Silberlöwe gebrochen hatten – wurden zu Karrenwegen und Überlandstraßen und verbanden untereinander die kleinen Städtchen, die noch immer den Namen mancher alten Jagd-Stände trugen: Panther Burn und Bucksnort und Bear Gun.

Heute muß man zweihundert Meilen weit fahren, will man einen Wald finden, der groß genug ist, um jagdbares Wild zu hegen. Heute liegt das Land von den Bergen bis zum Deich offen da und steht für die Webstühle der Welt reiterhoch voller Baumwolle, bis dicht an die Haustür der Neger, die sie bearbeiten, und der Weißen, die sie besitzen. Denn es ist zu fruchtbar, um etwas anderes zu sein, zu fruchtbar und kräftig, um Wildnis zu bleiben – so fruchtbares und kräftiges Land, daß es, wie alle sagen, die durch das Land und in ihm leben, in einem Jahr das Leben eines Hundes verbraucht, in fünf Jahren das Leben eines Maultieres und in zwanzig Jahren das eines Mannes –, ein Land, wo im grauen Regen funkelndes Neonlicht aus unzähligen kleinen Städten und von den unzähligen blitzblanken diesjährigen Automobilen an uns vorbeihuscht, auf lotgeraden Straßen, an denen wie endlose Perlenschnüre die ungeheuren Baumwollmühlen aufgereiht sind, alle funkelnagelneu aussehend, als wären sie gestern erst aus numerierten Eisenblechplatten zusammengesetzt worden, wie die Häuser, wie Heim und Hof, da kein Mensch, einerlei, ein wievielfacher Millionär er sein mag, sich mehr als ein einfaches Dach mit ein paar Wänden errichtet, darin zu kampieren, solange er ständig reicher wird in diesem Land, wo etwa jedes Jahrzehnt sogar die eingedämmten Flüsse das Hochwasser bis zum zweiten Stockwerk emportragen – dieses Land, über das jetzt nicht das Brüllen des Silberlöwen, sondern das Tuten der Lokomotiven herdringt: Züge von unglaublicher Länge, von einer einzigen Lokomotive gezogen, da es nirgends Steigungen gibt, ausgenommen die Grabhügel der alten Vorfahren, die dann wiederum von Chickasaws und Choctaws benutzt wurden, die Gebeine ihrer Väter beizusetzen; und auch sie jetzt verschwunden, so daß alles, was übrig bleibt, die indianischen Namen der kleinen Städt-

chen sind, die meistens zum Wasser in Beziehung stehen: Aluschaskuna, Tillatoba, Homochitto, Yazoo.

Doch selbst zweihundert Meilen nehmen schließlich ein Ende, und jetzt sind wir auf dem Wasser, auf dem Fluß, der unser Ziel ist, die letzte Straße in den letzten Urwald hinein. Wir laden von den Autos und Lastwagen ab und in die Boote ein; die Pferde sollen dem Flußufer bis zu einer Landzunge gegenüber vom Camp folgen, von wo sie schwimmend ans andere Ufer gebracht werden. Meine Hand ist's – auch wenn sie über achtzig Jahre alt ist –, die sie lobt und beschwichtigt, bis sie scheuend und scharrend und ein bißchen zitternd und strauchelnd vom Lastwagen springen. Und später ist's wieder meine Hand, wenn wir das Camp erreicht haben und uns noch zwei Stunden Tageslicht bleiben. »Geh du unter einen ganz trockenen Baum und setz dich hin«, sagt Will Legate zu mir, »falls du einen finden kannst. Ich und die andern jungen Burschen, wir kümmern uns schon um alles!« Aber ich bin noch nicht müde. Das kommt erst später. Vielleicht kommt's diesmal überhaupt nicht, denke ich, wie ich's an der gleichen Stelle in den letzten fünf oder sechs Jahren noch in jedem November gedacht habe. Vielleicht gehe ich sogar am nächsten Morgen schon auf Anstand, denke ich bei mir, weiß aber, daß ich's nicht tun werde. Denn es wird nicht wegen der Müdigkeit sein. Es wird deshalb sein, weil ich heut nacht nicht schlafen, sondern statt dessen hellwach und friedlich auf meiner Matratze liegen werde, umgeben vom zeltausfüllenden Geschnarche und Regengetuschel, wie's mir in der ersten Nacht im Camp stets ergeht, Nächte, von denen nicht mehr genug übrig sind, daß ich eine mit Schlafen vergeuden dürfte.

Im triefenden Regenmantel beaufsichtige ich also das Ausladen aus den Booten: Zelte, Herd, Bettzeug und das Essen für uns und die Hunde und Pferde, bis wieder Fleisch ins Camp kommt. Ich schicke zwei Neger los, damit sie Brennholz hacken; wir haben das Kochzelt aufgerichtet, und das Abendbrot kocht bereits, während das große Zelt nur erst abgepflöckt und von Abzugsgräben umgeben ist. Mittlerweile sind am andern Ufer die Pferde aufgetaucht; wieder ist's meine Hand auf den Leitseilen (meine Stimme ruft als erste durch den Regen dem andern Neger zu, dem Jungen, der die Pferde mit Schlägen in den Fluß zu treiben versucht), und kein andres Druckmittel als meine Hand und meine Stimme treibt sie ins Wasser hinunter und hält sie dann neben dem fahrenden Boot, während nur ihre Köpfe aus dem Wasser ragen, als hingen sie wirklich nur im Griff des schwachen und kraftlosen alten Mannes, bis sie wieder einmal auf dem andern Ufer angelangt sind.

Dann ist die Mahlzeit bereit. Ich bekomme das eine, stark mit Wasser verdünnte Glas Whisky. Dann nehmen wir die Mützen ab, und während wir im zertrampelten Schlamm unter der gespannten Zeltplache stehen, spreche ich vor den Blechtellern und -tassen mit gebratenen Speckscheiben, dem weichen, formlosen Brot, den eingemachten Bohnen und dem Sirup und Kaffee – lauter städtischen Lebensmitteln, die wir mitgebracht haben – das Tischgebet, und dann setzen wir die Mützen wieder auf und essen. »Eßt nur ja alles auf!« sage ich. »Morgen nach dem Frühstück darf mir kein Krümchen Stadtfleisch mehr im Camp sein! Dann strengt ihr Boys euch auf der Jagd wenigstens an. Als ich vor siebzig Jahren hier in diesem Talgrund mit dem alten General Compson und Major de Spain und Walters Vater und Roths und Wills Großvätern zu jagen anfing (auch mit Boon Hogganbeck, dem zweiundvierzig Jahre alten großen Kind, der den riesigen krüppelfüßigen Bären mit seinen bloßen Händen und einem Taschenmesser zur Strecke brachte), duldete Major de Spain nur zwei Stück von den städtischen Lebensmitteln in seinem Zelt: das waren eine Speckseite und eine Rinderkeule. Und wir durften sie nicht beim ersten Abendbrot und Frühstück essen, sondern mußten sie aufsparen bis gegen Ende der Jagd, wenn sich alle an Bären- und Waschbärfleisch und an Wildbret so überessen hatten, daß wir nicht mal den bloßen Anblick ertragen konnten.«

»Ich dachte, Onkel Ike würde sagen, Speck und Rindfleisch waren für die Hunde bestimmt«, sagte Will Legate. »Aber richtig, ich erinnere mich jetzt. Ihr habt den Hunden einfach 'ne Portion wilde Truthähne geschossen, wenn sie keine Innereien mehr fressen wollten.«

»Damals gab's hier Wild!« sagt Walter Ewell.

»Und dabei schossen sie auch Mutterwild«, sagt Will.

»Es gibt immer noch Wild hier«, sage ich. »Ein guter Jäger kann es finden, auch ohne weibliche Tiere zu schießen, solange das Gesetz es verbietet. Und bedenkt auch, weshalb es schließlich Wildschutzgesetze geben mußte!«

»Du meinst wohl mich und Walter und Will Legate?« fragt Roth Edmonds.

»Ich meine uns alle«, sage ich. »Gott hat den Menschen erschaffen, und Er hat die Erde erschaffen, damit der Mensch auf ihr leben kann; ich stelle mir vor, Er hat eine Erde erschaffen, auf der Er selbst gern gelebt hätte, wenn Er ein Mensch gewesen wäre – den Boden, über den man hingeht, den Urwald, die Bäume und das Wasser und das Wild, das dort lebt. Und vielleicht hat Er dem Menschen die Begierde, Wild zu jagen und zu töten, nicht ins Herz gepflanzt, aber ich stelle mir vor, Er wußte, daß es mal dahin kommen würde, daß der Mensch sich das beibringen würde, weil er ja noch nicht ganz Gott war. Darum stelle ich mir vor, Er sah es voraus, daß der Mensch dem Wild nachjagen und es töten würde. Ich glaube, Er sagte: So sei es! Ich stelle mir vor, daß Er sogar voraussah, wie es enden würde. Doch Er sagte: Ich will ihm seine Chance geben, ich will ihm – gleichzeitig mit der Begierde zu jagen und der Kraft zu töten – auch Warnzeichen und Vorherwissen geben. Wald und Feld, die er verwüstet, und das Wild, das er vernichtet, werden die Folge und das Brandmal seines Verbrechens und seiner Schuld sein, und seine Strafe. – Schlafenszeit!« rufe ich und sage dann zum jungen Ash: »Frühstück um vier Uhr, Ash! Bis Sonnenaufgang muß Fleisch auf dem Boden liegen.«

Im Ofen brennt ein schönes Feuer; das Zelt ist schon warm und beginnt sogar auszutrocknen, bis auf den Schlamm, über dem wir es aufstellen mußten. Der junge Ash hat auch mein Lager aufgeschlagen – die schwere, angestoßene Eisenpritsche, die fleckige Matratze, die nie richtig weich werden will, die abgenutzten, häufig gewaschenen Wolldecken, die im Verlauf der Jahre immer weniger Wärme hergeben. Aber das Zelt ist warm; bald, sowie das Küchenzelt aufgeräumt und zum Frühstück hergerichtet ist, wird Joseph, der junge Neger, Ashs Gehilfe, hereinkommen und sein Lager vor dem Ofen aufschlagen, wo man ihn von Zeit zu Zeit wecken kann, damit er mehr Holz auflegt. So werde ich es also wenigstens behaglich haben, wenn ich wach liege, und daß ich wach sein werde, habe ich all die Zeit gewußt, da ich die erste Nacht nie schlafen kann. Oder vielleicht will ich auch nicht schlafen. Vielleicht ist's gerade das, weswegen ich hergekommen bin. So liege ich – die Brille zusammengeklappt und in dem abgewetzten Etui unterm Kopfkissen, wo ich sie griffbereit habe, der blutleere Körper des mageren alten Mannes zusammengerollt und gut eingefügt in die ausgelegene Kuhle der alten Matratze, die Hände über der Brust verschränkt, wie als Generalprobe für jene letzte Haltung friedlichen Verzichts – liege so mit geschlossenen Augen, bis die verschiedenen Geräusche von sich auskleidenden Jägern aufhören und das Geschnarche einsetzt. Dann öffne ich die Augen wieder, liege da und blicke zum reglosen Bauch der Zeltplache empor, über die der Regen murmelt und auf der die Glut vom Ofen langsam erlischt, bis Joseph sich regt und sie wieder schürt.

Wir – das Jagdcamp – hatten einmal ein Haus besessen, vor siebzig und vor sechzig und sogar noch vor vierzig Jahren, als der Urwald nur dreißig Meilen von Jefferson entfernt war und Major de Spain, der 1861 und 62 und 63 und 64 Vaters Kavallerie-Kommandant gewesen war, und mein Vetter (Vetter? mein älterer Bruder und auch Vater) mich zum erstenmal in den Urwald mitnahmen. Old Sam Fathers lebte damals noch, er, der als Sklave auf die Welt gekommen war, Sohn einer Negerin und eines Chickasaw-Häuptlings, Old Sam, der mich schießen gelehrt hatte, nicht bloß, wann, sondern auch, wann nicht zu schießen; in einem ebensolchen November-Morgengrauen, wie wir es morgen früh haben werden, hat mich Old Sam geradewegs zu der großen Zypresse geführt, weil er wußte, der Hirsch würde dort vorbeiziehen, denn in Sam Fathers' Blut war etwas, das auch im Blut des Tieres war, und da standen wir vor dem riesigen Stamm, Sam Fathers, der damals siebzig Jahre zählte, und ich zählte deren damals bloß zwölf; und es war nichts da außer dem Morgengrauen, bis plötzlich der Hirsch da war, rauchfarben aus dem Nichts aufgetaucht, herrlich, prachtvoll in seiner Haltung, und Sam sagte: »Jetzt! Schieße rasch und schieße langsam!« Und das Gewehr hob sich schnell und ohne Hast, wie aus eigenem Antrieb und Willen, und ballerte los, und ich ging zu dem Hirsch, der noch unversehrt und noch in der gleichen prachtvollen Haltung dalag und unter Sams Messer schweißte, und Sam tauchte seine Hände in den heißen Schweiß und zeichnete auf ewig mein Gesicht damit, während ich dastand und mich bemühte, nicht zu zittern, demütig und auch vor Stolz, obwohl ein zwölfjähriger Knabe es eigentlich nicht hätte in Worte fassen können: »Ich habe dich getötet; fortan darf mein Verhalten dein erlöschendes Leben nicht beschämen. Von nun an muß mein Betragen auf ewig mit deinem Tode im Einklang stehn.« Ich besitze in Jefferson ein Haus. Das heißt, es ist auf meinen Namen eingetragen, ich bezahle Steuern dafür, es ist als mein Wohnsitz bezeichnet, da es das Gepäck enthält, das für ein menschliches Wesen auf seiner Lebensreise als notwendig erachtet wird: Herd, Bett, Sonntagskleidung – ein Ort, um die Reliquien menschlicher Mutationen unterzubringen und aufzubewahren: die zerdrückte, jetzt duftlose Rose oder Marguerite oder das Veil-

chen unsrer ersten Liebe, die Auszeichnungen der Volks-
oder höheren Schule, das aufgemachte Geweih des ersten
erlegten Hirschs. Doch ist es nicht mein Heim. Es ist nur der
Umsteigebahnhof, in dem ich die Zeit verbringe, um auf
den nächsten November zu warten. Denn dies ist mein
Heim: dies Zelt mit seinem schlammigen Fußboden und
dem Bett, das weder genügend breit noch genügend weich
noch genügend warm für die alten Knochen ist; und mei-
nesgleichen, die Männer, deren Geist allein mich noch begleitet: de Spain und Compson und der alte Walter Ewell
und Hogganbeck.

Denn dies ist mein Land. Ich kann es spüren, riesengroß,
noch ursprünglich, so naht es sich, sinkt wieder auf das Zelt,
auf das Camp – den ganzen zwergenhaften, vergänglichen
Wirrwarr menschlichen Aufenthalts, der nach unsern zwei
Wochen wieder verschwinden und nach einer weiteren Woche
vollständig vernarbt sein wird, nicht mehr spürbar in dieser
unbefleckten Einsamkeit. Es ist mein, obwohl ich nie einen
Fußbreit davon besaß und nie besitzen werde. Das habe ich
nie gewollt, nicht einmal, nachdem ich sah, daß es zum
Untergang verurteilt ist, nicht einmal, nachdem ich zu beobachten begann, wie es Jahr um Jahr vor dem Ansturm der Axt
und der Säge und des Holzzuges und dann des Dynamits und
des Pfluges zurückwich. Denn es war nie jemand da, von dem
ich es hätte erwerben und in Besitz nehmen können, weil es
keinem einzelnen Menschen gehörte.

Es gehörte allen, wir mußten es nur recht benutzen, in
Demut und Stolz. – Dann plötzlich weiß ich, weshalb ich nie
gewünscht habe, etwas davon zu besitzen, nie gewünscht
habe, wenigstens das abzuwehren, was der Mensch als Fort-
schritt bezeichnet, und wenigstens meine Lebensspanne dem
endgültigen Schicksal der Wildnis anzupassen. Nämlich deshalb, weil gerade eben genug vorhanden ist. Es ist, als könnte
ich uns beide, mich und die Wildnis, als Zeitgenosse sehen,
meine eigene kurze Spanne als Jäger und Waldgänger zwar

98

nicht gleichzeitig mit meinem eigenen ersten Atemzug, doch statt dessen mir übermacht und von mir froh und demütig, mit Freude und Stolz von dem alten Major de Spain und dem alten Sam Fathers angenommen, die mich jagen gelehrt hatten, und die beiden Lebensspannen – meine und die der Wildnis –, die zusammen ausmünden, nicht ins Vergessen, ins Nichts hinüber, sondern in eine Dimension, die ungebunden ist an Raum und Zeit und in der das abgeholzte Land (abermals verhunzt und zu mathematischen Vierecken üppiger Baumwolle gezwungen, um von den wahnwitzigen Völkern der Alten Welt in Geschosse verwandelt zu werden, mit denen sie sich gegenseitig töten) reichlich Platz für beides bieten würde – auch für die Namen, die Gesichter der alten Männer, die ich gekannt und geliebt und ein Weilchen überlebt habe und die dann wieder im Schatten der hohen, ungefällten Bäume und undurchdringlichen Dickichte umhergehen, wo das scheue, starke, unsterbliche Wild seit eh und je vor den unermüdlichen, kläffenden, unsterblichen Hatzhunden einherläuft und vor den lautlosen Gewehren fällt und phönixgleich aufersteht...

Ich war eingeschlafen. Die Laterne brennt; draußen in der Dunkelheit hämmert der älteste Neger, der alte Isham, mit einem Löffel gegen eine Blechpfanne und ruft: »Aufstehn und Vieruhrkaffee trinken! Aufstehn und Vieruhrkaffee trinken!«, und das Zelt ist jetzt angefüllt von den Geräuschen sich ankleidender Jäger, und Will Legates Stimme ist zu hören: »Geht jetzt raus und laßt Onkel Ike schlafen! Wenn wir ihn wecken, besteht er drauf, mit uns loszuziehn. Und heute früh hat er im Wald nichts zu suchen.«

Daher rühre ich mich nicht, sondern heuchle Schlaf, während sie das Zelt verlassen. Ich höre auf die Frühstücksgeräusche unter der straffen Zeltplache, und ich höre, wie alle aufbrechen: die Pferde und die Hunde; die letzte Stimme verhallt, und es bleiben nur die Neger übrig, die das Frühstück abräumen; bald kann ich vielleicht das erste leise deutliche

Anschlagen des ersten Hundes, des Hatzrüden durch den nassen Wald dringen hören, von dorther, wo der Hirsch in seine Sasse gezogen ist, und vielleicht werde ich sogar wieder einschlafen. Dann fliegt die Zeltklappe auf und fällt wieder zu; etwas stößt gegen den Fuß meiner Pritsche, und ich schlage die Augen auf. Es ist Roth, Roth Edmonds, der Enkel von McCaslin Edmonds, der nicht bloß mein Vetter, sondern auch mein älterer Bruder und mein Vater gewesen war, damals, als ich beides nicht hatte, und er hielt nicht das Repetiergewehr in der Hand, das er stets benutzte, seit er begriffen hatte, daß ein Mann mit ruhigem Auge und ruhiger Hand dem Bären oder Hirsch mehr schuldig war, als ihn wahllos mit einer Handvoll Schrot zu erlegen – sondern er trug eine Pirschbüchse.

»Willst du heute damit schießen?« frage ich.

»Du hast gestern abend gesagt, du willst heute früh Fleisch haben«, antwortet er.

»Seit wann hast du jemals Mühe gehabt, dir mit dem Repetiergewehr Fleisch zu verschaffen?« frage ich.

Aber er ist schon fort; die Zeltklappe fällt wieder zu, und jetzt bleibt einzig das Murmeln des Regens, der Lichtschimmer und der kalte, feuchte Geruch richtigen Regens, der wieder aus dem Zelt verjagt und verstoßen wird; ich rufe: »Roth! Warte!« Aber es ist zu spät, zu spät nicht bloß für jetzt, für diesen Morgen, auch nicht für gestern, sondern schon für eine viel weiter zurückliegende Zeit zu spät; ich zittere jetzt, kuschle mich bis ans Kinn in meine Wolldecke, falte die Hände über der Brust, wie wenn ich hoffte, mich innerhalb ihres kargen Umkreises in Wärme zu kuscheln. Es ist kalt; ich liege in der Kälte und zittere leise und unaufhörlich, bin – abgesehen vom Zittern – steif und starr, bis – ich weiß nicht, wieviel später, da ›lange genug‹ bereits zu spät ist – die Klappe wieder hochgeht und diesmal Legate fast verstohlen hereinschlüpft.

»Was?« frage ich.

»Eine Zeltbahn«, sagt Legate. »Wir haben ein Reh zur Strecke gebracht.«

»Warum eine Zeltbahn für ein totes Reh?« frage ich. Dann gebe ich mir selbst die Antwort: »Wer hat es erlegt?« sage ich. »Roth war's«, antworte ich auch darauf. »Es war ein Weibchen!«

»Ich wollte dich nicht wecken«, sagt Legate.

»All right«, sage ich. »Bring's rein!«

»Alles?« fragt Legate.

»Was heißt ›alles‹?« frage ich. »Soll das etwa heißen, daß er zwei erlegt hat?«

»Das andere ist ziemlich alt und zäh«, sagt Legate.

»Bring's rein!« sage ich. »Verfüttere es meinetwegen an die Hunde. Aber laß es nicht draußen im Wald liegen!«

»All right, all right«, sagt Legate. Dann ist auch er weg, und ich weiß, daß ich wieder in dem leeren Zelt liegen kann, zitternd, aber nur vor Kälte, weil nichts mehr da ist, das schwerwiegend genug wäre, einen Mann zum Zittern zu bringen: nur dazu, sich zu erinnern und um das Land zu trauern, das der Mensch innerhalb von zwei Generationen seiner Sümpfe und Bäume und Bäche beraubt hat, damit die Weißen Plantagen besitzen und jeden Abend nach Memphis fahren können und die Schwarzen Plantagen besitzen und im Neger-Abteil nach Chicago fahren können, um dort in Millionärsvillen am Lakeshore Drive zu wohnen; dieses Land, wo die Weißen sich Farmen pachten und wie Nigger leben und wo die Neger Fronpächter werden und wie Tiere leben; wo die Baumwolle sogar in den Ritzen der Bürgersteige mannshoch wächst, Baumwolle, die verpfändet wird, bevor sie auch nur gepflanzt ist; und bevor sie auch nur geerntet wird, ist sie schon verkauft und der Erlös ausgegeben; und Wucher und Verpfändungen und Bankrott und unermeßlicher Reichtum gebären und zeugen allesamt, bis kein Mensch mehr Zeit hat, sich hindurchzufinden oder sich darum zu kümmern…

Dieses Land, sagte der alte Jäger. Kein Wunder, daß der zerstörte Wald, den ich einst kannte, nicht nach Vergeltung schreit.

Gerade die Leute, die ihn zerstört haben, werden seine Vergeltung vollenden.

Zwei Soldaten

Ich und Pete sind immer zum alten Killegrew runtergegangen und horchten auf dem sein Radio. Wir haben bis nach'm Abendbrot gewartet, bis es dunkel war, und dann standen wir draußen vor seinem Wohnzimmerfenster und konnten's gut hören, weil dem alten Killegrew seine Frau schwerhörig ist, und dadrum hat er sein Radio immer so laut angestellt, wie's nur ging, und dadrum konnten ich und Pete es genauso deutlich hören wie dem alten Killegrew seine Frau, glaub ich, trotzdem wir draußen standen und das Fenster zu war.

Und an dem Abend sag ich: »Was? Japaner? Was'n das, 'n Perlhafen?«, und Pete sagt: »Still doch!«

Und so standen wir also da, und es war kalt, und hörten uns an, was der Mensch im Radio redete, und ich konnt nicht draus klug werden. Dann sagt der Mensch, damit sei's für 'n Weilchen genug, und ich und Pete gingen wieder die Straße rauf und nach Hause, und Pete erklärte mir, was los war. Er war nämlich beinah zwanzig und war letzten Juni mit der Landwirtschaftlichen fertig geworden und wußte 'ne Unmasse: von den Japanern, die Bomben auf Pearl Harbour geschmissen hatten, und daß Pearl Harbour hinter 'm großen Wasser drüben war.

»Hinter was für 'n Wasser?« hab ich gefragt. »Hinter 'm Staatsreserwahr oben in Oxford?«

»Ach wo«, sagte Pete. »Hinter 'm großen Wasser. Im Stillen Ozean!«

Wir kamen heim. Ma und Pa schliefen schon, und ich und Pete, wir lagen im Bett, und ich konnt immer noch nicht begreifen, wo es war, und Pete erklärt's mir noch mal: »Im Stillen Ozean!«

»Was'n mit dir los?« sagte Pete. »Du bist doch bald

neun! Bist seit September dauernd in der Schule gewesen! Hast du noch gar nix gelernt?«

»Ich glaub, wir sind noch nicht bis zum Stillen Ozean gekommen«, sag ich.

Wir waren damals noch immer bei der Aussaat von den Futterwicken, die bis zum fünfzehnten November schon längst hätten drin sein sollen, aber Pap war eben hintennach, wie er's immer war, seit ich und Pete ihn kannten. Und wir hätten auch Brennholz einfahren sollen, doch jeden Abend gingen wir runter zum alten Killegrew und standen draußen vorm Wohnzimmerfenster in der Kälte und horchten aufs Radio, und dann sind wir wieder nach Haus gegangen und lagen im Bett, und Pete hat mir erklärt, was los war. Das heißt, ein Weilchen hat er's mir erklärt, und dann nicht mehr. 's war grad so, als wollt er nicht mehr drüber sprechen. Er hat dann immer gesagt, ich soll'n Mund halten, weil er schlafen wollte, und dabei wollt er's gar nicht.

Er lag einfach immer da, viel, viel stiller, als wenn er geschlafen hätte, und etwas war los, und ich konnt's spüren, wie es in ihm rumort hat, genauso als hätt er 'ne Wut auf mich (bloß wußt ich, daß er gar nicht an mich dachte) oder als hätt er sich Sorgen über was gemacht, aber das war's auch nicht, denn er hat sich nie Sorgen gemacht. Er war nie so hintennach wie Pap, und daß er's überhaupt nicht schaffte, sowas gab's nicht bei ihm. Pap schenkte ihm zehn Morgen Land, als er die Prüfung an der Landwirtschaftlichen bestanden hatte, und ich und Pete, wir glaubten beide, Pap wäre verflixt froh, daß er mal mindestens die zehn Morgen los war und ein bißchen weniger hatte, wo er sich noch drum kümmern mußte; und Pete hatte auf den zehn Morgen nichts als Futterwicken angesät und schon geeggt und für 'n Winter gewalzt, und das war's also auch nicht. Aber etwas war's. Und wir gingen immer noch jeden Abend zum alten Killegrew runter und horchten auf dem sein Radio, und jetzt waren sie in den Philippinen zugange, aber General MacArthur hielt sie auf. Dann gingen wir wieder nach Hause und lagen im Bett, und Pete erklärte mir gar nix und sprach überhaupt nicht. Er lag einfach da, so still wie im Hinterhalt, und wenn ich ihn anfaßte, dann fühlte sich seine Seite oder sein Bein so hart und unbeweglich wie Eisen an, und nach 'm Weilchen schlief ich ein.

Eines Abends – es war das erstemal, daß er wieder sprach, außer, daß er mich vorher schon angeschnauzt hatte, weil ich nicht genug Zweige von dem gefällten Baum abgehackt hatte, wo wir grad dran arbeiteten – sagt er zu mir: »Ich muß gehn!«

»Wohin?« frag ich.

»In 'n Krieg«, sagt Pete.

»Noch eh wir's Brennholz fertig reingeschafft haben?«

»Zum Teufel mit dem Brennholz«, sagt Pete.

»Also gut«, sag ich, »wann gehn wir los?«

Aber er hörte nicht mal zu. Er lag im Dunkeln da, hart und still wie Eisen. »Ich muß gehn«, sagte er. »Ich will's mir einfach von niemand nich gefallen lassen, daß die Vereinigten Staaten so behandelt werden!«

»Ja«, sag ich. »Brennholz hin oder her, ich find auch, daß wir gehn müssen.«

Diesmal hatte er's gehört. Er lag noch still da, aber es war 'ne andere Art Stille. »Du?« sagt er. »In den Krieg?«

»Du versohlst die Großen, und ich versohl die Kleinen«, sag ich.

Da sagt er zu mir, ich könnt nicht mit. Zuerst hab ich gedacht, er wollte bloß nicht, daß ich ihm immer am Rockzipfel hänge, wie er mich ja auch nicht mitgenommen hat, wenn er den Tull-Mädchen nachstieg. Dann sagt er, die Soldaten lassen mich nicht mit, weil ich zu klein wär, und da wußt ich, daß es ihm wirklich ernst war und daß ich so oder so nicht mitgehn konnte. Und eigentlich hatt ich bis dahin nicht geglaubt, daß er selbst gehn würde, aber jetzt wußt ich, daß er gehn würde und daß er mich ganz bestimmt nicht mitgehn lassen wollte.

»Dann könnt ich für euch Holz hacken und Wasser schleppen!« sag ich. »Holz und Wasser müßt ihr ja haben!«

Immerhin hat er mir jetzt zugehört. Er war nicht mehr wie aus Eisen.

Er drehte sich auf die Seite und legte mir die Hand auf die Brust, denn jetzt war ich derjenige, der steif und hart auf 'm Rücken lag.

»Nein«, sagt er, »du mußt hierbleiben und Pap helfen.«

»Was denn helfen?« sag ich. »Er schafft's ja doch nie ganz! Noch mehr hintennach kann er gar nicht sein! Er kann doch bestimmt den kleinen Hemdenzipfel Farmland hier allein bewirtschaften, solange ich und du die Japaner versohlen. Ich muß auch gehn! Wenn du gehn mußt, muß ich auch gehn!«

»Nein«, sagte Pete. »Hör jetzt auf! Hör auf!« Und es war ihm ernst, und ich hatte schon gewußt, daß es ihm ernst war. Nur wollt ich's nochmal von ihm bestätigt haben. Ich gab's auf.

»Ich kann also wirklich nicht mit?« sag ich.

»Nein«, sagt Pete, »du kannst wirklich nicht mit. Erstens bist du zu klein, und zweitens ...«

»All right!« sag ich. »Dann halt den Mund und laß mich schlafen!«

Da war er still und drehte sich rum. Und ich lag da, als wär ich schon eingeschlafen, und er war im Nu eingeschlafen, und ich wußte jetzt: was ihn geplagt und ihn immer wach gehalten hatte, war einfach, daß er in den Krieg wollte, und jetzt, wo er sich entschlossen hatte zu gehn, plagte es ihn auch nicht länger.

Am nächsten Morgen sagte er's Ma und Pap. Ma war fein. Sie weinte.

»Nein«, sagt sie. »Ich will nicht, daß er geht. Lieber ging ich selber an seiner Stelle, wenn ich könnte. Ich will unser

Land nicht retten. Die Japaner können's nehmen und behalten, solange sie mich und meine Familie und meine Kinder in Ruhe lassen. Ich erinner' mich noch gut an meinen Bruder Marsh in dem andern Krieg. In den mußt er ja durchaus gehn, als er grad eben neunzehn war, und unsre Mutter konnt's damals genausowenig verstehn, wie ich's jetzt verstehn kann. Aber sie hat zu Marsh gesagt, wenn er gehn müßte, dann müßt er ja wohl gehn. Und wenn Pete jetzt in den hier gehn muß, dann muß er eben gehn. Verlangt bloß nie von mir, daß ich versteh, warum!«

Aber Pap, der war's dann! Der war der Richtige! »In den Krieg?« sagt er. »Kann ich überhaupt nicht einsehn, was das nützen soll. Du bist nicht alt genug für die Aushebung, und wir haben keine Invasion. Unser Präsident in Washington D. C. beobachtet die Entwicklung und wird uns Bescheid geben. Übrigens, in dem andern Krieg, den deine Ma eben erwähnt hat, wurde ich ausgehoben und glattweg bis nach Texas geschickt, und dort behielten sie mich fast acht Monate lang, bis sie Schluß machten mit dem Krieg. Mir scheint, das und obendrein dein Onkel Marsh, der auf dem französischen Kriegsschauplatz 'ne richtige Wunde bekommen hat, ist für mich und meine Familie genug, was wir für den Schutz unsres Landes tun müssen, wenigstens zu meinen Lebzeiten. Und außerdem: wer hilft mir denn noch auf der Farm, wenn du weg bist? Da komm ich ja mächtig hintennach!«

»Du bist immer hintennach, solange ich nur denken kann«, sagt Pete. »Jedenfalls geh ich. Ich muß gehn.«

»Natürlich muß er gehn«, sag ich. »Die Japaner . . .«

»Halt du den Mund!« sagte Ma und weinte. »Keiner hat dich gefragt! Geh und hol mir'n Armvoll Holz! Das darfst du.«

Ich holte ihr also das Holz. Und den ganzen nächsten Tag – während ich und Pete und Pap so viel Holz ranschleppten, wie wir in der kurzen Zeit nur konnten, weil

Pete sagte, Paps Idee von reichlich Holz sei ein einziges übriges Scheit an der Wand, das Ma noch nicht aufs Feuer gelegt hatte – machte Ma Petes Sachen bereit. Sie wusch und flickte alles und kochte ihm 'n Schuhkarton voll Essen. Und an dem Abend lagen Pete und ich im Bett, und wir hörten, wie sie seine Reisetasche packte und weinte, bis Pete nach 'ner Weile aufstand und rüberging, und ich konnt sie sprechen hören, bis Ma schließlich sagte: »Du mußt gehn, und deshalb will ich, daß du gehst. Aber ich versteh's nicht und wer's nie verstehn, und du brauchst es nicht von mir zu erwarten!«

Und Pete kam zurück und ging wieder ins Bett und lag wieder auf 'm Rücken, still und so hart wie Eisen, und dann sagt er – aber nicht zu mir, er sprach zu keinem nicht: »Ich muß gehn, ich muß einfach gehn!«

»Klar mußt du gehn«, sag ich. »Die Japaner...« Er drehte sich mit Schwung rum, er warf sich sozusagen auf die Seite und sah mich im Dunkeln an.

»Immerhin benimmst du dich ordentlich«, sagt er. »Ich hatte gedacht, daß ich mit dir mehr Schwierigkeiten bekommen würde als mit allen andern zusammengenommen.«

»Ich kann's eben auch nicht ändern, scheint mir!« sagte ich. »Aber vielleicht geht's noch 'n paar Jahre, und dann kann ich auch kommen. Vielleicht überrasch ich dich einfach eines Tages mal!«

»Hoffentlich nicht«, sagte Pete. »Die Leute gehn nicht zum Spaß in den Krieg. Kein Mensch verläßt seine weinende Ma einfach zum Spaß!«

»Warum gehst 'n dann?« frag ich.

»Ich muß«, sagt er. »Ich muß eben. Schlaf du jetzt! Ich muß morgen früh den ersten Bus erwischen!«

»Meinetwegen«, sag ich. »Memphis soll 'ne große Stadt sein. Wie willst 'n da rausfinden, wo die Soldaten sind?«

»Ich frag jemand, wo ich hingehn muß, um ins Heer einzutreten. Schlaf du jetzt!«

»Das willst du fragen? Wo du ins Heer eintreten kannst?« sagte ich.

»Ja«, sagt Pete. Er drehte sich wieder auf 'n Rücken. »Sei jetzt still und schlaf!«

Wir schliefen ein. Am nächsten Morgen frühstückten wir bei Lampenlicht, weil der Bus um sechs Uhr durchkam. Ma weinte jetzt nicht. Sie sah bloß finster aus, und als hätt sie keine Zeit, und stellte das Frühstück auf den Tisch, und wir aßen. Dann packte sie Petes Reisetasche fertig, nur daß er keine Reisetasche in den Krieg mitnehmen wollte, doch Ma sagte, anständige Leute gingen nie auf Reisen, ohne Wäsche zum Wechseln mitzunehmen und irgendwas, wo sie's drin tragen können. Sie legte auch den Schuhkarton mit dem Brathuhn und den Brötchen rein, und auch die Bibel steckte sie rein, und dann war's Zeit zum Gehen. Bis dahin hatten wir noch nicht gedacht, daß Ma nicht zum Bus mitkäme. Sie brachte bloß Petes Mütze und Mantel an, und sie weinte noch immer nicht, sie stand bloß da, die Hände auf Petes Schultern, und sie rührte sich nicht, aber irgendwie, als sie Pete so bei den Schultern hielt, sah sie genauso hart und grimmig aus wie Pete, als er sich in der vergangenen Nacht zu mir umgedreht hatte und mir gesagt hatte, daß ich mich ganz ordentlich benähme.

»Sie könnten das Land nehmen und behalten«, sagte sie, »solange sie mich und meine Lieben in Ruhe ließen!« Dann sagte sie: »Vergiß niemals, wer du bist! Du bist nicht reich, und die große Welt außerhalb von Frenchman's Bend weiß nichts von dir. Aber dein Blut ist so gut wie's Blut von irgend jemand, irgendwo, und das sollst du niemals vergessen!«

Dann küßte sie ihn, und dann waren wir aus 'm Haus, und Pap trug Petes Reisetasche, ob Pete es wollte oder nicht. Es war noch immer nicht hell geworden, auch nicht, nachdem wir schon ein Weilchen neben dem Briefkasten an der Landstraße gestanden hatten. Dann sahen wir die

Scheinwerfer vom Bus näher kommen, und ich sah immerzu auf den Bus, bis er da war und Pete ihm winkte, und dann war's tatsächlich hell – der Tag war angebrochen, als ich nicht achtgab. Und jetzt dachten ich und Pete, Pap würde noch was Dummes sagen, so wie er's gestern getan hatte, nämlich über Onkel Marsh, der in Frankreich verwundet wurde, und über die Fahrt nach Texas, die Pap 1918 gemacht hatte, und daß die genügen dürften, um im Jahre 1942 die Vereinigten Staaten zu retten; aber er tat's nicht . . . Er benahm sich auch ordentlich. Er sagte bloß: »Leb wohl, Sohn! Denk immer dran, was deine Ma dir gesagt hat, und schreib ihr, sooft du Zeit hast!« Dann hat er Pete die Hand geschüttelt, und Pete sah mich 'ne Minute lang an und legt mir die Hand auf 'n Kopf und täschelt mir den Kopf so verdammt grob, daß er mir fast 's Genick gebrochen hätte, und sprang in den Bus, und der Fahrer kurbelte die Tür zu, und der Bus begann zu brummen und fuhr an und brummte und kreischte und jaulte immer lauter; er fuhr rasch, und die beiden kleinen roten Lichter hintendran schienen gar nicht kleiner zu werden, sondern sich bloß näher zu kommen, bis sie sich wohl ziemlich bald berühren und bloß noch ein einziges Licht sein würden. Aber dahin kam's nicht, und dann war der Bus weg, und wie's auch sein mochte, ich hätte beinah losgeheult, trotzdem daß ich beinah neun war und so.

Ich und Pap gingen wieder heim. Den ganzen Tag haben wir an dem gefällten Baum gearbeitet, und deshalb hatt ich keine rechte Chance, bis ungefähr mitten am Nachmittag. Dann hab ich meine Schleuder genommen, und ich hätt auch gern all meine Vogeleier genommen, weil Pete mir seine Sammlung geschenkt hatte und mir bei meiner immer geholfen hatte und genauso gern wie ich den Kasten rausgeholt und betrachtet hatte, wenn er auch schon fast zwanzig Jahre alt war. Doch der Kasten war zu groß, um ihn 'ne lange Strecke zu tragen und sich dadrum zu kümmern, deshalb hab ich bloß das Ei von dem kleinen grünen Reiher genommen, weil's das beste war, und hab's gut in 'ner Streichholzschachtel verpackt und es zusammen mit der Schleuder in der Stallecke versteckt. Dann haben wir Abendbrot gegessen und sind zu Bett, und ich hab gedacht, wenn ich noch eine einzigste Nacht in dem Zimmer und in dem Bett hätt zubringen müssen, daß ich das einfach nicht ausgehalten hätte. Dann hab ich gehört, wie Pap schnarchte, aber von Ma hab ich keinen Mucks gehört, ob sie schlief oder nicht, und ich nehm an, sie hat nicht geschlafen. Darum hab ich meine Schuh genommen und sie aus 'm Fenster geworfen und bin aus 'm Fenster geklettert, wie ich's früher bei Pete gesehn hab, als er grad eben siebzehn war und Pap fand, er wär' noch zu jung, sich nachts mit Mädchen rumzutreiben, und ihn deshalb nicht rausließ, und ich zog meine Schuhe an und bin zum Stall und hab die Schleuder und das Reiherei geholt und ging auf die Landstraße.

Es war nicht kalt, es war bloß ganz verflixt dunkel, und die Landstraße streckte sich so vor mir in die Länge, und kein einziger Mensch drauf, als hätt sie sich noch um die Hälfte länger gestreckt, genau wie's einer macht, der sich schlafen legt, so daß es eine Zeitlang ganz so aussah, als würde mich die helle Sonne erwischen, eh ich die zweiundzwanzig Meilen bis Jefferson geschafft hätte. Aber sie tat's nicht. Die Morgendämmerung brach gerade an, als ich bergauf in die Stadt ging. Ich roch's, wie sie in den Hütten Frühstück machten, und ich dachte, wenn ich mir doch bloß 'n Brötchen mitgenommen hätte, aber dafür war's jetzt zu spät. Und Pete hatte mir erzählt, Memphis wär noch 'n gutes Stück hinter Jefferson, aber ich hab nicht gedacht, daß es achtzig Meilen sind. Ich stand also auf dem leeren Square, und es wurde immer heller und heller, aber die Straßenlaternen brannten noch, und der Polizist sah auf mich runter, und ich noch achtzig Meilen weit weg von Memphis, und dabei hatt ich die ganze Nacht gebraucht, um bloß zweiundzwanzig Meilen zu laufen, und bis ich bei dem Tempo in Memphis anlangte, wär Pete schon unterwegs nach Pearl Harbour.

»Wo kommst du her?« fragte der Polizist.

Und ich hab ihm nochmal gesagt: »Ich muß nach Memphis, mein Bruder ist da!«

»Soll das heißen, daß du hier keine Verwandten hast?« fragte der Polizist. »Keinen außer deinem Bruder? Was treibst du denn hier unten, wenn dein Bruder so weit weg in Memphis ist?«

Und ich sagte es ihm nochmal: »Ich muß nach Memphis. Ich hab keine Zeit, lange dadrüber zu reden, und ich hab nicht genug Zeit, um's zu Fuß zu schaffen. Ich muß aber heute hin!«

»Komm mal mit«, sagte der Polizist.

Wir gingen eine andre Straße entlang. Und da war der Bus, grade wie gestern früh, als Pete eingestiegen ist, nur daß jetzt keine Lichter brannten und daß er leer war. 's war 'ne richtige Bus-Staziohn, wie 'ne Bahn-Staziohn, mit 'nem Fahrkartenschalter und 'nem Menschen dahinter, und der Polizist sagt: »Setz dich da drüben hin!«, und ich setz mich auf die Bank, und der Polizist sagt: »Ich möchte mal Ihr Telefon benutzen«, und er sprach 'ne Minute lang ins Telefon rein und legt's hin und sagt zu dem Menschen hinter 'm Schalter: »Behalten Sie'n mal im Auge! Ich bin so rasch wieder da, wie's Mrs. Habersham fertigbringt, aufzustehn und sich anzuziehn!« Dann ging er. Ich stand auf und trat an den Fahrkartenschalter.

»Ich möcht nach Memphis fahren«, sagte ich.

»So siehst du aus«, sagte der Mensch. »Setz dich lieber auf die Bank! Mr. Foote ist gleich wieder da.«

»Ich kenn keinen Mr. Foote«, sag ich. »Ich will mit dem Bus nach Memphis fahren.«

»Hast du Geld?« fragt er. »Es kostet zweiundsiebzig Cents.«

Ich holte die Streichholzschachtel raus und wickelte das Reiherei aus. »Ich tausch es Ihnen gegen 'ne Fahrkarte nach Memphis ein!« sagte ich.

»Was'n das?« sagt er.

»'s ist 'n Reiherei«, sag ich. »Sowas haben Sie noch nie gesehen! Es ist einen Dollar wert! Ich laß es Ihnen für zweiundsiebzig Cent.«

»Nein«, sagt er. »Die Leute, denen der Bus gehört, bestehen auf Bargeld. Wenn ich anfangen wollte, Fahrkarten gegen Vogeleier und Viehzeug und so weiter einzutauschen, dann würden sie mich rausschmeißen. Setz du dich jetzt auf die Bank, wie's dir Mr. Foote . . .«

Ich ging auf die Tür zu, aber er holte mich ein: er stützte sich mit der Hand aufs Schalterbrett und schwang sich drüber und holte mich ein und streckte die Hand aus, um mich beim Hemd zu erwischen. Im Nu hatt ich mein Taschenmesser draußen und ließ es aufschnappen.

»Wenn Sie mich anrühren, hack ich Ihnen Ihre Hand ab!« sagte ich.

Ich hab versucht, ihm zu entwischen, und rannte zur Tür, aber er konnte schneller als jeder Große rennen, den ich je laufen gesehn hab, fast so schnell wie Pete. Er hat mir den Weg abgeschnitten, stand mit dem Rücken gegen die Tür und den einen Fuß 'n bißchen hochgehoben, und ein andrer Ausgang war nicht da. »Geh wieder zu der Bank und bleib dort!« sagt er.

Und es war kein andrer Ausgang da. Und er stand mit dem Rücken gegen die Tür. Ich ging also wieder auf die Bank zurück. Und dann schien's mir auf einmal, als wär die Staziohn voller Leute. Da war wieder der Polizist, und zwei Damen in Pelzmänteln, und ihre Gesichter schon angemalt. Aber sie sahen trotzdem aus, als wären sie in der größten Eile aufgestanden und als paßte es ihnen ganz und gar nicht – eine alte und eine junge, und sie blickten auf mich runter.

»Er hat nicht mal einen Mantel an!« sagte die Alte. »Wie in aller Welt ist er nur ganz allein bis hierher gekommen?«

»Das möcht ich auch mal wissen«, sagte der Polizist. »Ich hab nichts aus ihm rausbringen können, bloß, daß sein Bruder in Memphis ist und daß er da wieder hin will.«

»Stimmt«, sagte ich. »Ich muß heut noch nach Memphis.«

»Natürlich«, sagte die Alte. »Bist du aber sicher, daß du deinen Bruder finden kannst, wenn du nach Memphis kommst?«

»Das glaub ich bestimmt«, sagte ich. »Ich hab bloß den einen, und ich kenn ihn, so lange ich lebe. Ich glaube, daß ich ihn wiederkenne, sowie ich ihn sehe.«

Die Alte blickte mich an. »Er sieht mir eigentlich nicht so aus, als wohnte er in Memphis.«

»Wahrscheinlich tut er's auch nicht«, sagte der Polizist, »aber das weiß man nie. Er kann überall wohnen, ob er Overalls trägt oder nicht. In den heutigen Zeiten kommen sie über Nacht aus jedem verfl... verlassenen Nest an und hoffen auf 'n Frühstück, Jungen und auch Mädchen, fast noch eh sie richtig laufen können. Der hier kann gestern in Mississippi oder Texas gewesen sein, wer weiß das schon? Aber er weiß anscheinend ganz genau, daß sein Bruder in Memphis wohnt. Mir bleibt nichts weiter übrig, als ihn hinzuschicken, und dort kann er dann suchen.«

»Ja«, sagte die Alte.

Die Junge setzte sich neben mich auf die Bank und machte ihre Handtasche auf und holte 'n automatischen Federhalter und Papiere raus.

»So, Kleiner«, sagte die Alte, »wir wollen dir helfen, deinen Bruder zu finden, aber zuerst müssen wir eine Personalakte für die soziale Fürsorge anlegen, wir wollen deinen Namen und den Namen deines Bruders wissen, und wo du geboren wurdest, und wann deine Eltern gestorben sind.«

»Ich brauch keine Personalakte nich«, sagte ich. »Ich will

weiter nix als nach Memphis fahren. Ich muß heute noch hin.«

»Sehn Sie wohl?« sagte der Polizist. Es klang beinah so, als freute er sich. »Ich hab's Ihnen ja gleich gesagt!«

»Und Sie können noch von Glück reden, Mrs. Habersham«, sagte der Bus-Mensch. »Ich glaub ja nicht, daß er 'ne Pistole bei sich hat, aber sein Messer kann er verfl ... ich meine, er kann's schnell genug aufschnappen lassen!«

Aber die Alte stand bloß da und sah mich an.

»Ach je«, sagte sie. »Ach je, ich weiß wirklich nicht, was ich tun soll.«

»Aber ich«, sagte der Bus-Mensch. »Ich zahl ihm 'ne Fahrkarte aus meiner eigenen Tasche, als Vorsichtsmaßnahme, um die Bus-AG gegen Aufruhr und Blutvergießen zu schützen. Und wenn's Mr. Foote dem Gemeinderat berichtet, dann ist's 'ne Staatsaffäre, und sie geben mir mein Geld wieder und obendrein noch 'n Orden! Was, Mr. Foote?«

Aber keiner achtete auf ihn. Die Alte stand noch immer da und sah auf mich runter. Sie sagte wieder: »Ach je!« Dann holte sie einen Dollar aus ihrer Geldtasche und gab ihn dem Bus-Menschen. »Er fährt doch sicher auf Kinderfahrkarte?«

»Hm, ja«, sagte der Bus-Mensch, »ich weiß einfach nicht, wie die Vorschriften lauten. Wahrscheinlich werd ich rausgeschmissen, weil ich'n nicht in 'ne Lattenkiste stecke und draufschreibe GIFT. Aber ich riskier's.«

Dann waren alle weg. Dann kam der Polizist mit 'nem Butterbrot wieder und gab's mir.

»Bist du sicher, daß du deinen Bruder findest?« fragte er.

»Ich kann mir nicht vorstellen, warum nicht«, sagte ich. »Wenn ich Pete nicht zuerst sehe, dann sieht er mich zuerst. Und er kennt mich auch.«

Dann zog der Polizist endlich auch ab, und ich aß das Butterbrot. Dann kamen noch mehr Leute rein und kauften

Fahrkarten, und dann sagte der Bus-Mensch, es wäre Zeit, abzufahren, und ich stieg in den Bus, genau wie Pete, und wir fuhren los.

Ich hab jede einzelne Stadt gesehn. Hab sie alle gesehn. Als der Bus richtig in Fahrt kam, hab ich gemerkt, daß ich zum Umfallen müde war. Aber es war so viel zu sehn, was ich noch nie gesehn hatte. Wir fuhren aus Jefferson raus und vorbei an Feldern und Wäldern, und dann fuhren wir in 'ne andere Stadt, und aus der raus und wieder an Feldern und Wäldern vorbei, und dann in 'ne andere Stadt mit Läden und Baumwollmühlen und Wasserreserwahrs, und ein Weilchen fuhren wir an 'ner Eisenbahn entlang, und ich hab gesehn, wie der Signalmast hochging, und dann hab ich den Zug gesehn, und dann noch 'n paar mehr Städte, und ich war so todmüde, aber ich konnt's nicht riskieren einzuschlafen. Dann fing Memphis an. Mir schien's so, als ginge es meilenlang so weiter. Wir kamen an 'ner Reihe Läden vorbei, und ich dachte, das wär ja wohl bestimmt Memphis, und der Bus hielt sogar. Aber 's war noch nicht das richtige Memphis, und wir fuhren wieder an Wasserreserwahrs vorbei und an Schornsteinen auf Fabriken, und wenn's lauter Baumwollmühlen und Sägemühlen waren, hätt ich nie gedacht, daß es so viele gab, und hab nie welche gesehn, die so groß waren, und ich kann mir gar nicht denken, wo sie genug Baumwolle herbekommen, um den Betrieb in Gang zu halten.

Dann hab ich Memphis gesehen. Ich wußte, daß es diesmal das richtige Memphis war. Es ragte hoch in die Luft rauf. Es sah aus, als wär 'n Dutzend Städte, alle größer als Jefferson, hochkant auf 'n Feld gestellt worden, und als ragten sie da in die Luft, höher als jeder Berg im ganzen Yoknapatawpha-Bezirk. Dann war'n wir mitten drin, und der Bus hielt alle paar Schritt, wie mir schien, und die Autos flitzten auf beiden Seiten dran vorbei, und die Straßen stoppevoll von Menschen, die heute von überallher in die Stadt gekommen waren, bis ich mir nicht mehr vorstellen konnte, daß im ganzen Staat Mississippi überhaupt noch ein einziger Mensch übriggeblieben war, der mir auch nur 'ne Buskarte hätte verkaufen können, und erst recht keiner, der meine Personalakte anlegen wollte. Dann hielt der Bus. Es war wieder 'ne Bus-Staziohn, aber viel, viel größer als die in Jefferson. Und ich hab gesagt: »All right! Wo treten die Leute ins Heer ein?«

»Was?« sagt der Bus-Mensch.

Und ich sagte nochmal: »Wo treten die Leute ins Heer ein?«

»Ach so«, sagte er. Dann hat er mir erklärt, wie ich da hinkomme. Zuerst hatt ich Angst, ich könnt mich in 'ner großen Stadt wie Memphis nicht zurechtfinden. Aber ich hab's schnell kapiert. Ich habe bloß zweimal fragen müssen. Dann war ich da, und ich war verflixt froh, daß ich aus all den sausenden Autos und den drängelnden Leuten und all dem Betrieb mal 'n Weilchen raus war, und ich dachte, jetzt dauert's nicht mehr lange, und ich dachte, wenn da auch wieder so 'ne Menge Leute wären, die alle schon ins Heer eingetreten wären, daß Pete mich dann wahrscheinlich sehen würde, eh ich ihn sehe. Und dann ging ich also rein. Und Pete war nicht da.

Er war nicht mal da. Da war'n Soldat, der hatte auf seinem Ärmel 'n große Pfeilspitze und schrieb, und zwei Menschen standen vor ihm, und 's waren noch mehr Leute da, nehm ich an. In der Erinnerung ist mir ganz so, als wären noch mehr Leute dagewesen.

Ich bin an den Tisch getreten, wo der Soldat was schrieb, und hab gefragt: »Wo's Pete?«, und er sah auf, und ich sag zu ihm: »Mein Bruder! Pete Grier! Wo is'n der?«

»Was?« sagt der Soldat. »Wer?«

Und ich hab's ihm nochmal gesagt. »Gestern ist er beim Heer eingetreten. Er geht nach Pearl Harbour. Und ich auch. Ich muß 'n finden. Wo haben Sie'n gelassen?« Jetzt haben mich alle angesehn, aber ich hab sie gar nicht beachtet. »Los!« hab ich gesagt. »Wo ist er'n?«

Der Soldat hatte aufgehört zu schreiben. Er hatte beide Hände vor sich auf den Tisch gestemmt. »Ach so«, sagt er. »Du gehst auch, ja?«

»Ja«, sag ich. »Holz und Wasser brauchen sie immer. Ich kann's kleinmachen und ranschleppen. Also los! Wo's Pete?«

Der Soldat stand auf. »Wer hat dich hier reingelassen?« sagt er. »Geh raus! Scher dich weg!«

»Verflucht nochmal«, sag ich. »Sagen Sie mir, wo Pete . . .«

Ich laß mich hängen, wenn der nicht noch schneller springen konnte als der Bus-Mensch. Er sprang gar nicht über 'n Tisch, er kam außenrum und hatte mich gepackt, fast eh ich's merkte, und ich hatte grade noch Zeit, zurückzuspringen und mein Messer rauszuziehen und draufloszustechen, und er schrie und sprang zurück und hielt sich die eine Hand mit der andern und stand da und fluchte und schrie.

Einer von den Burschen hatte mich von hinten zu fassen gekriegt, und ich stach mit dem Messer nach ihm, aber ich kam nicht an ihn ran.

Dann packten mich beide Burschen von hinten, und dann kam noch ein Soldat aus einer Hintertür. Er hatte einen Gürtel umgeschnallt, mit 'nem Sattelriemen über der einen Schulter.

»Was zum Teufel ist hier los?« sagt er.

»Das kleine Bürschchen ist mit 'm Messer auf mich losgegangen!« rief der erste Soldat. Als er das sagte, wollte ich wieder auf ihn losgehn, aber die beiden Burschen hielten mich fest, zwei gegen einen, und der Soldat mit dem Sattelriemen sagte: »Aber, aber! Steck dein Messer weg, Bürschchen! Keiner von uns ist bewaffnet! Man geht doch nicht auf andre los, die unbewaffnet sind!« Da verstand ich allmählich, was er sagte. Es klang genauso, als wenn Pete mit mir redete. »Laßt ihn los!« sagt er. Sie ließen mich los. »Was soll das ganze Theater?« Und ich erzählte es ihm. »Ach so«, sagt er. »Und du kamst her, um nachzusehen, ob's ihm auch gut geht, ehe er ausrückt?«

»Nein«, sag ich. »Ich kam her, weil . . .«

Aber er drehte sich schon zu dem ersten Soldaten um, der sich gerade 'n Taschentuch um die Hand wickelte.

»Haben Sie ihn gefunden?« sagt er. Der erste Soldat ging wieder an seinen Tisch und sah in den Papieren nach.

»Da ist er!« sagte er. »Hat sich gestern freiwillig gemeldet. Er ist in einer Abteilung, die heute nach Little Rock abkommandiert wurde.« Er hatte 'ne Uhr um den Arm geschnallt. Er schaute sie an. »Der Zug fährt in etwa fünfzig Minuten ab. Wie ich die jungen Burschen vom Lande kenne, sind sie wahrscheinlich jetzt schon alle auf 'm Bahnhof!«

»Lassen Sie ihn herkommen!« sagte der mit dem Schulterriemen. »Rufen Sie im Bahnhof an. Sagen Sie dem Träger, er soll ihm ein Taxi besorgen! Und du kommst jetzt mit«, sagte er zu mir.

Es war noch ein Büro, hinter dem ersten, und bloß ein Tisch und ein paar Stühle standen drin. Wir saßen da, und der Soldat rauchte. Es dauerte nicht lange: ich erkannte Petes Schritte, sowie ich sie hörte. Dann machte der erste Soldat die Tür auf, und Pete kam rein. Er hatte noch gar kein Soldatenzeugs an. Er sah noch genauso aus wie gestern früh, als er in den Bus stieg, bloß daß es mir mindestens wie 'ne Woche vorkam, so viel war passiert, und so viel hatt ich rumreisen müssen. Er kam rein, und da war er, und er sah mich an, als wär er nie von zu Hause weggegangen, bloß daß wir hier in Memphis waren, unterwegs nach Pearl Harbour.

»Was zum Kuckuck machst du denn hier?« sagt er.

Und ich hab's ihm gesagt: »Ihr braucht Holz und Wasser, damit ihr kochen könnt. Ich kann's kleinhacken und 's euch ranschleppen.«

»Nein«, sagte Pete. »Du mußt wieder nach Haus!«

»Nein, Pete«, sag ich. »Ich muß auch gehn. Ich muß! Es macht mir Herzweh, Pete!«

»Nein«, sagte Pete. Er sah den Soldaten an. »Ich weiß wirklich nicht, Herr Leutnant, was in ihn gefahren ist!« sagte er. »Noch nie in seinem ganzen Leben ist er mit dem Messer auf jemanden losgegangen!« Er sah mich an. »Warum hast'n das getan?«

»Ich weiß es nicht«, sagte ich. »Ich mußt's tun. Ich mußte hierherkommen. Ich mußte dich einfach finden!«

»Well, tu mir das ja niemals wieder, hörst du?« sagte Pete. »Steck das Messer in deine Tasche und hol's nicht wieder raus. Wenn ich's je nochmals wieder hören sollte, daß du damit auf jemand losgehst, dann komm ich aber, einerlei, wo ich grade bin, und hau dich windelweich. Hast du mich verstanden?«

»Ich würd jemand die Kehle durchschneiden, wenn du dann wiederkämst und bei uns bliebst«, sagte ich. »Pete!« sagte ich. »Pete!«

»Nein«, sagte Pete. Jetzt war seine Stimme nicht mehr hart und fix, jetzt war sie beinah ruhig, und da wußt ich, daß ich ihn nicht ändern konnte. »Du mußt nach Hause gehn. Du mußt dich um Ma kümmern, und ich verlaß mich auf dich, daß du dich um meine zehn Morgen Land kümmerst. Ich möchte, daß du nach Hause gehst. Heute! Hast du's verstanden?«

»Ich hab's verstanden«, sag ich.

»Kann er ganz allein nach Hause gehn?« fragte der Soldat.

»Er ist auch ganz allein hergekommen«, sagte Pete.

»Ich glaub schon, daß ich wieder zurück kann«, sagte ich. »Ich wohn ja bloß in einem einzigen Haus. Und das wird ja noch auf 'm gleichen Fleck stehn!«

Pete holte 'n Dollar aus seiner Tasche und gab ihn mir. »Damit kannst du dir die Bus-Fahrkarte bis direkt vor unsern Briefkasten kaufen«, sagte er. »Ich möchte, daß du auf den Leutnant hörst. Er schickt dich zum Bus. Und du fährst nach Hause und kümmerst dich um Ma und um meine zehn Morgen, und du behältst das verdammte Messer in deiner Tasche drin! Verstanden?«

»Ja, Pete«, sag ich.

»All right«, sagte Pete. »Und jetzt muß ich gehn!« Er legte mir wieder die Hand auf 'n Kopf. Aber diesmal hat er mir nicht beinah 's Genick gebrochen. Er ließ seine Hand einfach 'ne Minute auf meinem Kopf liegen. Und dann, weiß der Teufel, bückt er sich und gibt mir 'n Kuß, und ich hab seine Schritte gehört und dann die Tür, und ich hab gar nicht den Kopf gehoben, und das war alles: ich saß da und rieb mir die Stelle, wo Pete mich geküßt hatte, und der Soldat lehnte sich in seinem Sessel an und sah aus 'm Fenster und hustete. Er faßte in die Tasche und gab mir was, ohne sich zu mir umzudrehn. Es war'n Kaugummi.

»Besten Dank«, sagte ich. »Well, ich glaub, ich sollte jetzt lieber losziehn. Ich hab's ganz schön weit bis nach Hause!«

»Wart mal 'n bißchen!« sagte der Soldat. Dann telefonierte er wieder, und ich sagte wieder, ich sollte lieber losziehn, und er sagte wieder: »Wart noch 'n bißchen! Denk dran, was Pete dir gesagt hat!«

Wir warteten also, und dann kam nochmal 'ne Dame rein, auch wieder 'ne alte, auch wieder in 'nem Pelzmantel, aber sie roch besser, und sie hatte keinen automatischen Federhalter nicht und auch keine Personalakte. Sie kam rein, und der Soldat sprang auf, und sie blickt sich rasch um, bis sie mich sah, und kommt und legt mir ihre Hand auf die Schulter — so leicht und rasch und nett, grade, als hätt's Ma getan.

»Komm mit«, sagte sie. »Wolln nach Haus gehn und Mittag essen!«

»No, Ma'am«, sagte ich. »Ich muß den Bus nach Jefferson erwischen.«

»Ich weiß. Du hast noch reichlich Zeit. Wir wolln nach Hause gehn und erst Mittag essen.«

Sie hatte ein Auto. Und jetzt waren wir mitten im Gewühl zwischen all den andern Autos. Wir waren beinah unter den Autobussen, und all die Scharen von Leuten auf der Straße so nah, daß ich mit ihnen hätte sprechen können, wenn ich gewußt hätte, wer sie waren. Nach 'ner Weile hielt sie. »Hier sind wir!« sagte sie, und ich besah's mir, und wenn das alles ihr Zuhause war, dann hatte sie bestimmt 'ne große Familie. Aber 's war nicht alles ihrs. Wir gingen durch eine Halle, in der wuchsen Bäume, und dann gingen wir in ein kleines Zimmer, da war gar nix drin, bloß ein Nigger, in eine Uniform verkleidet, die war aber viel, viel schöner als die von den Soldaten, und dann machte der Nigger die Tür zu, und dann schrie ich: »Obacht!« und hielt mich fest, aber 's war ganz in Ordnung, das kleine Zimmer stieg einfach ganz und gar nach oben und hielt an, und die Tür ging auf und wir waren in 'ner andern Halle, und die Dame schloß eine Tür auf, und wir gingen rein, und da war noch ein Soldat, ein alter Knabe, auch mit 'nem Sattelriemen um, und auf jeder Schulter hatt er 'n silbrigen Vogel.

»Da sind wir«, sagte die Dame. »Das ist Oberst McKellogg. Was möchtest du gern zum Mittagessen haben?«

»Ich glaub, ich möcht bloß Schinken mit Ei und 'ne Tasse Kaffee«, sagte ich. Sie hatte schon den Telefonhörer aufgehoben. Dann unterbrach sie sich. »Kaffee?« sagte sie. »Wann hast du denn angefangen, Kaffee zu trinken?«

»Das weiß ich nicht«, sagte ich. »Es ist, glaub ich, so lange her, daß ich mich nicht mehr dran erinnern kann.«

»Du bist ungefähr acht, nicht wahr?«

»No, Ma'am«, sagte ich. »Ich bin acht Jahre und zehn Monate. Ich bin schon im elften Monat!«

Dann telefonierte sie. Dann saßen wir da, und ich erzählte ihnen, wie Pete grade an dem Morgen nach Pearl Harbour abgereist ist und daß ich hab mit ihm gehen wollen, daß ich aber wieder nach Hause mußte, weil ich mich um Ma und um Petes zehn Morgen Land kümmern sollte, und sie hat mir erzählt, sie hätten auch 'n kleinen Jungen, etwa so groß wie ich, und er wär in einer Schule im Osten. Dann rollte ein Nigger, aber ein andrer, in 'ner Art kurzer Affenjacke, 'ne Art Schubkarren ins Zimmer. Da stand mein Schinken mit den Eiern drauf und ein Glas Milch und auch 'n Stück Obstkuchen, und ich dacht, ich wär hungrig. Aber als ich den ersten Bissen im Mund hatte, da hab ich gemerkt, daß ich ihn nicht runterschlucken konnte, und ich bin rasch aufgestanden.

»Ich muß gehn«, sagte ich.

»Warte noch«, sagte sie.

»Ich muß gehn«, sagte ich.

»Nur noch eine Minute«, sagte sie. »Ich hab schon dem Wagen telefoniert. Es dauert jetzt nur noch eine Minute. Kannst du nicht mal die Milch trinken? Oder vielleicht etwas von deinem Kaffee?«

»No, Ma'am«, sagte ich. »Ich bin nicht hungrig. Ich kann essen, wenn ich wieder zu Hause bin.« Dann läutete das Telefon. Sie nahm gar nicht erst den Hörer ab.

»So!« sagte sie. »Das ist der Wagen!« Und wir fuhren in dem kleinen beweglichen Zimmer mit dem verkleideten Nigger wieder nach unten. Diesmal war's ein großes Auto, und ein Soldat war der Fahrer. Ich stieg zu ihm auf 'n Vordersitz. Sie gab dem Soldat 'n Dollar. »Vielleicht bekommt er unterwegs Hunger«, sagte sie. »Suchen Sie dann ein nettes Restaurant für ihn!«

»O. k., Mrs. McKellogg«, sagte der Soldat.

Dann fuhren wir weg. Und jetzt konnte ich Memphis gut sehen, im hellsten Sonnenschein, während wir daran vorbeisausten. Und dann mußt ich doch staunen, als wir wieder auf der gleichen Überlandstraße waren, auf der am Morgen der Bus entlanggefahren war, mit den Gruppen von großen Baumwollmühlen und Sägemühlen, und mir schien's, als streckte sich Memphis meilenweit hin, ehe es so langsam aufhörte. Dann fuhren wir wieder zwischen den Feldern und Wäldern, und fuhren jetzt schnell, und wenn der Soldat nicht gewesen wäre, hätt ich geglaubt, ich wär nie nach Memphis gefahren. Wir fuhren jetzt schnell. Bei dem Tempo würden wir, eh ich's merkte, bald wieder zu Hause sein, und ich malte mir aus, wie ich in dem großen Auto, das von einem Soldaten gelenkt wurde, bis Frenchman's Bend fuhr, und ganz plötzlich fing ich an zu weinen. Ich hatte gar nicht gewußt, daß ich weinen müßte, und ich konnte nicht wieder aufhören. Ich saß neben dem Soldaten und weinte. Wir fuhren mächtig schnell.

Wenn die Sonne untergeht

I

Heute unterscheidet sich der Montag von keinem andern Wochentag in Jefferson. Die Straßen sind jetzt gepflastert, und die Telefongesellschaft und das Elektrizitätswerk fällen einen schattigen Straßenbaum nach dem andern – Sumpfeichen und Ahorne, Akazien und Ulmen –, um Platz zu schaffen für eiserne Masten, an denen büschelweise aufgedunsene und geisterhaft blutleere Lichttrauben hängen; und wir haben jetzt eine Städtische Waschanstalt, deren leuchtend lackierte Spezialautos am Montagmorgen die Runde machen und die Wäschebündel einsammeln: die schmutzige Wäsche einer ganzen Woche entflieht jetzt wie ein Spuk hinter schnellen und leicht erregbaren elektrischen Signalhupen und einem lange anhaltenden und allmählich verhallenden Geräusch von Gummi auf Asphalt, das an reißende Seide erinnert; und sogar die Negerinnen, die noch nach alter Sitte die Wäsche von den Weißen zum Waschen annehmen, pflegen sie in Autos zu holen und abzuliefern.

Doch vor fünfzehn Jahren waren die stillen, verstaubten, schattigen Straßen am Montagmorgen voll von Negerinnen, die in Leintücher eingeknüpfte Wäschebündel – beinah ebenso groß wie Baumwollballen – auf ihrem unbeweglichen und mit einem Turban umwickelten Kopf balancierten und sie so, ohne sie mit der Hand festzuhalten, von der Küchentür der weißen Familie zu den rauchgeschwärzten Waschkesseln neben der Tür ihrer Hütte im Negerquartier trugen.

Nancy setzte sich zuerst das Bündel auf den Kopf, und auf das Bündel setzte sie dann den schwarzen Matrosen-

Strohhut, den sie im Winter wie im Sommer trug. Sie war groß und hatte ein langes, trauriges Gesicht, das dort, wo ihre Zähne fehlten, etwas eingesunken war. Manchmal begleiteten wir sie eine kleine Strecke den Fußweg hinunter und quer übers Weideland, um gespannt das balancierte Bündel und den Hut zu beobachten, der niemals schwankte oder rutschte, auch nicht, wenn sie in den Graben hinunter- und auf der andern Seite wieder hinaufstieg oder sich bückte, um unter dem Zaun hindurchzuschlüpfen. Sie ließ sich dabei auf ihre Hände und Knie nieder und kroch mit starr in den Nacken gelegtem Kopf, auf dem das Bündel so ruhig wie ein Stein und so leicht wie ein Ballon lag, durch die Lücke und richtete sich wieder zu voller Größe auf und ging weiter.

Manchmal übernahmen die Männer der Waschfrauen das Holen und Abliefern der Wäsche, aber Jesus tat das nie für Nancy, auch nicht, bevor Vater ihm verboten hatte, in unser Haus zu kommen, und auch nicht, als Dilsey krank war und Nancy zu uns zum Kochen kam.

Und dann mußten wir auch wer weiß wie oft den Fußweg zu Nancys Hütte hinuntergehen und ihr bestellen, sie solle zu uns kommen und Frühstück machen. Am Graben blieben wir stehen, weil Vater uns eingeschärft hatte, wir sollten uns nicht mit Jesus einlassen – er war ein kleiner schwarzer Mann mit einer großen Rasiermessernarbe quer übers Gesicht –, und von dort aus warfen wir Steine auf Nancys Hütte, bis sie an die Tür kam und, da sie keine Kleider anhatte, nur den Kopf durch den Türspalt steckte.

»Was soll'n das, Steine auf mein Haus schmeißen?« rief Nancy. »Was soll'n das, ihr kleinen Teufel?«

»Vater sagt, du sollst kommen und Frühstück machen«, sagte Caddy. »Vater sagt, du hast dich schon 'ne halbe Stunde verspätet, und du mußt sofort kommen.«

»Hab keine Lust zum Frühstückmachen«, sagte Nancy. »Ich muß ausschlafen.«

»Du bist sicher betrunken«, sagte Jason. »Vater sagt, du bist betrunken. Bist du betrunken, Nancy?«

»Wie kann einer so was sagen!« rief Nancy. »Ich muß ausschlafen. Hab keine Lust zum Frühstückmachen!«

Deshalb hörten wir nach einem Weilchen auf, die Steine auf ihre Hütte zu werfen, und gingen wieder nach Hause. Als sie endlich kam, war es so spät, daß ich nicht mehr in die Schule gehen konnte. Deshalb dachten wir, es sei der Whisky, bis zu dem Tag, als sie wieder verhaftet wurde und auf dem Weg zum Gefängnis an Mr. Stovall vorbeikam. Er war Kassierer der Bank und Diakon der Baptistengemeinde, und Nancy fing an:

»Wann zahln Sie mir was, weißer Mann? Wann zahln Sie mir was, weißer Mann? Jetzt war's schon dreimal, und Sie haben noch immer keinen Cent bezahlt!« Mr. Stovall schlug sie, so daß sie hinfiel, und als sie dauernd weiterrief: »Wann zahln Sie mir was, weißer Mann? Jetzt war's schon dreimal, und Sie ...«, da trat ihr Mr. Stovall mit dem Absatz in den Mund, und Nancy lag auf der Straße und lachte. Sie drehte den Kopf auf die Seite und spuckte ein bißchen Blut und Zähne aus und sagte: »Jetzt war's schon dreimal, und er hat mir noch keinen Cent bezahlt!«

So kam es, daß sie ihre Zähne verlor, und den ganzen Tag sprachen die Leute über Nancy und Mr. Stovall, und den ganzen Abend konnten alle, die am Gefängnis vorbeikamen, Nancy singen und kreischen hören. Sie konnten sehen, wie ihre Hände die Gitterstäbe umklammerten, und eine Menge Leute blieben am Zaun stehen und hörten zu, ihr und dem Gefängniswärter, der versuchte, sie zum Schweigen zu bringen. Sie schwieg aber erst kurz vor Tagesanbruch: da hörte der Gefängniswärter in der Zelle über sich ein Bummern und Scharren, und er ging hinauf und fand Nancy, die an einer Gitterstange hing. Er sagte, es sei nicht der Whisky, sondern Kokain, denn kein Nigger würde je versuchen, sich das Leben zu nehmen, ausgenommen, wenn er voll Kokain stecke, denn ein Nigger voll Kokain sei kein Nigger mehr.

Der Gefängniswärter schnitt sie ab und brachte sie wieder zur Besinnung; dann hat er sie verprügelt, sie ausgepeitscht. Sie hatte sich an ihrem Kleid aufgehängt. Sie hatte es gut festgemacht, aber als sie verhaftet worden war, hatte sie nichts weiter an als das Kleid, und deshalb hatte sie nichts, um sich die Hände zu binden, und sie brachte es nicht zustande, daß ihre Hände das Fenstersims losließen. Deshalb hörte der Gefängniswärter den Lärm und rannte hinauf und fand Nancy, die splitternackt am Fenster baumelte, und ihr Bauch war schon geschwollen und stand wie ein kleiner Ballon vor.

Als Dilsey krank in ihrer Hütte lag und Nancy für uns kochte, konnten wir sehen, daß ihr die Schürze kugelrund abstand; das war, noch ehe Vater dem Jesus gesagt hatte, er dürfe nicht mehr zu uns ins Haus kommen. Jesus saß in der Küche hinter dem Herd, und die Rasiermessernarbe in seinem schwarzen Gesicht sah wie ein Stück schmutziger Bindfaden aus. Er sagte, Nancy hätte eine Wassermelone unter ihrer Schürze.

»Stammt aber wahrhaftig nicht von deinem Stengel«, sagte Nancy.

»Von was für 'nem Stengel?« fragte Caddy.

»Ich kann den Stengel abschneiden, wo sie von herstammt«, sagte Jesus.

»Was mußt du denn so vor den Kindern hier reden?« schalt Nancy. »Warum gehst'n nicht arbeiten? Hast doch gegessen! Möchtest du, daß Mister Jason dich hier erwischt, wie du in seiner Küche rumsitzt und so vor den Kindern redest?«

»Wie redest?« fragte Caddy. »Was für 'n Stengel?«

»Ich darf nicht in der Küche vom weißen Mann rumsitzen, aber der weiße Mann darf in meiner rumsitzen: der weiße Mann kann in mein Haus kommen, und ich kann's ihm nicht verbieten. Wenn der weiße Mann in mein Haus kommen will, hab ich keins mehr. Ich kann's ihm nicht verbieten, aber er kann mich nicht rausschmeißen. Das kann er nicht.«

Dilsey lag noch immer krank in ihrer Hütte. Vater sagte zu Jesus, er dürfe nicht mehr in unser Haus kommen. Dilsey war immer noch krank. Lange. Nach dem Abendbrot saßen wir in der Bibliothek.

»Ist denn Nancy noch nicht fertig mit der Küche?« fragte Mutter. »Mir scheint, sie braucht reichlich lange für das Geschirr!«

»Laß Quentin hingehen und nachsehn«, sagte Vater. »Quentin, geh hin und sieh nach, ob Nancy noch nicht fertig ist! Sag ihr, sie könne nach Hause gehen!«

Ich ging in die Küche. Nancy war fertig. Das Geschirr war fortgeräumt, und im Herd brannte kein Feuer mehr. Nancy saß dicht vor dem kalten Herd auf einem Stuhl. Sie sah mich an.

»Mutter möchte wissen, ob du fertig bist«, sagte ich.

»Ja«, sagte Nancy. Sie sah mich an. »Bin fertig.« Sie sah mich an.

»Was ist los?« fragte ich. »Was ist los?«

»Ich bin bloß 'n Nigger«, sagte sie. »Ist nicht meine Schuld.«

Sie sah mich an, wie sie da vor dem kalten Herd auf dem Stuhl saß, mit dem Matrosenhut auf dem Kopf. Ich ging wieder in die Bibliothek zurück. Es war der kalte Herd und all das: wo man sich doch eine Küche immer warm und lebendig und munter vorstellt. Statt dessen ein kalter Herd, und das ganze Geschirr weggeräumt, und um die Zeit wollte ja auch niemand mehr was essen.

»Ist sie fertig?« fragte Mutter.

»Ja«, sagte ich.

»Was macht sie denn noch?« fragte Mutter.

»Sie macht gar nichts. Sie ist fertig.«

»Ich will mal nachsehn«, sagte Vater.

»Vielleicht wartet sie drauf, daß Jesus kommt und sie nach Hause bringt«, sagte Caddy.

»Jesus ist weg«, sagte ich. Nancy hatte uns erzählt, wie sie eines Morgens aufwachte und Jesus weg war.

»Er hat mich im Stich gelassen«, sagte Nancy. »Ist nach Memphis, glaub ich. Muß wohl 'ne Zeitlang vor der Polizei hier ausreißen, glaub ich.«

»Gut, daß sie ihn los ist«, sagte Vater. »Hoffentlich bleibt er weg.«

»Nancy grault sich im Dunkeln«, sagte Jason.

»Du dich auch«, sagte Caddy.

»Nicht wahr«, sagte Jason.

»Angsthase«, sagte Caddy.

»Bin ich nicht«, sagte Jason.

»Laß das, Candace!« rief Mutter. Vater kam zurück.

»Ich will Nancy den Fußweg hinunterbegleiten«, sagte er. »Sie sagt, Jesus ist wieder da.«

»Hat sie ihn gesehen?« fragte Mutter.

»Nein. Ein Neger hat ihr ausgerichtet, daß er wieder in der Stadt ist. Ich bleibe nicht lange weg.«

»Und mich willst du allein lassen, um Nancy nach Hause zu bringen?« sagte Mutter. »Ist dir ihre Sicherheit wichtiger als meine?«

»Ich bleibe nicht lange weg«, sagte Vater.

»Du willst die Kinder ohne Schutz lassen, wo der Neger hier in der Nähe ist?«

»Ich geh mit«, sagte Caddy. »Vater, laß mich mit!«

»Was sollte er wohl mit ihnen anfangen, wenn es das Unglück wollte, daß sie ihm in die Hände fielen?« fragte Vater.

»Ich will auch gehn«, sagte Jason.

»Jason!« rief Mutter. Sie meinte Vater damit. Man merkte es an der Art, wie sie seinen Namen aussprach. Als glaubte sie, Vater hätte den ganzen Tag nachgedacht, um herauszufinden, was ihr am allerunangenehmsten wäre, und als hätte sie die ganze Zeit gewußt, daß es ihm schließlich einfallen würde. Ich rührte mich nicht, denn Vater und ich, wir wußten beide, daß Mutter von ihm verlangen würde, mich bei ihr zu lassen – falls sie rechtzeitig daran dachte. Deshalb blickte Vater mich nicht an. Ich war der älteste. Ich war neun, und Caddy war sieben, und Jason war fünf.

»Unsinn«, sagte Vater. »Wir bleiben nicht lange weg!«

Nancy hatte ihren Hut auf. Wir kamen an den Fußweg. »Jesus ist immer gut zu mir gewesen«, sagte Nancy. »Jedesmal, wenn er zwei Dollar hatte, hab ich einen davon bekommen.« Wir gingen den Weg entlang. »Wenn ich den Weg hinter mir habe«, sagte Nancy, »dann kann ich schon allein weiter.«

Der Weg war immer dunkel. »Das hier ist die Stelle, wo Jason an Hallowe'en Angst bekommen hat!« sagte Caddy.

»Ist nicht wahr!« sagte Jason.

»Könnte Tantchen Rachel nicht mit ihm reden?« fragte Vater. Tantchen Rachel war alt. Sie wohnte allein in einer kleinen Hütte, ein bißchen weiter noch als Nancy. Sie hatte weißes Haar und saß den ganzen Tag in der Tür und rauchte Pfeife; sie arbeitete nicht mehr. Es hieß, sie wäre die Mutter von Jesus. Manchmal sagte sie, ja, sie wär's, und dann wieder sagte sie, daß sie mit Jesus überhaupt nicht verwandt wäre.

»Doch, es ist wahr!« sagte Caddy. »Du hast mehr Angst gehabt als Frony. Sogar mehr als T. P. Mehr Angst als die Niggers.«

»Keiner kann mit ihm reden«, sagte Nancy. »Er sagt, ich hätt den Teufel in ihm aufgeweckt, und er wüßt nur ein einziges Mittel, um ihn wieder still zu machen.«

»Jedenfalls ist er jetzt fort«, sagte Vater. »Deshalb brauchst du jetzt keine Angst zu haben. Und es wäre besser, wenn du den Weißen aus dem Wege gehen würdest.«

»Den Weißen aus 'm Weg?« fragte Caddy. »Wie geht man ihnen aus 'm Weg?«

»Er ist nicht weg«, sagte Nancy. »Ich spür's, daß er da ist. Ich spür ihn jetzt, hier auf dem Weg. Er hört uns sprechen, jedes Wort, ist irgendwo versteckt und lauert. Ich hab'n nich' gesehn, und ich seh'n bloß noch ein einziges Mal, mit dem Rasiermesser im Mund. Mit dem Rasiermesser, das ihm an der Schnur den Rücken runterhängt, in seinem Hemd drin. Und dann werd ich mich nicht mal wundern.«

»Ich hab keine Angst gehabt«, sagte Jason.

»Wenn du dich ordentlich benommen hättest, wär's nicht so weit gekommen«, sagte Vater. »Aber es ist ja jetzt vorbei: wahrscheinlich ist er jetzt in St. Louis. Er hat wahrscheinlich 'ne andere Frau und denkt nicht mehr an dich.«

»Wenn er 'ne andre hat, dann soll er sich in acht nehmen, daß ich's nicht merke«, sagte Nancy. »Ich würd mich über sie stellen, und jedesmal, wenn er sie packen will, würd ich ihm den Arm abhacken, und den Kopf abhacken, und ihr würde ich den Bauch aufschlitzen und rein . . .«

»Still!« sagte Vater.

»Wem willst du'n Bauch aufschlitzen, Nancy?« fragte Caddy.

»Ich hab keine Angst gehabt«, sagte Jason. »Ich könnt den Weg ganz allein runtergehn!«

»Ach du!« sagte Caddy. »Nicht einen Fuß würdest du hier auf den Weg setzen, wenn wir nicht auch da wären!«

II

Dilsey war noch immer krank, deshalb brachten wir Nancy jeden Abend nach Hause, bis Mutter sagte: »Wieviel länger soll das noch so weitergehn? Mich hier ganz allein zu lassen in dem großen Haus, bloß, weil du 'ne furchtsame Negerin nach Hause begleiten willst?«

Wir richteten in der Küche ein Matratzenlager für Nancy her. Eines Nachts wachten wir auf und hörten ein Getön. Es war nicht Singen, und es war nicht Weinen, und es kam die dunkle Treppe rauf. In Mutters Zimmer brannte Licht, und wir hörten, daß Vater den Flur entlang und die Hintertreppe runterging, und Caddy und ich gingen auf den Flur. Der Fußboden war kalt. Unsre Zehen zuckten davor zurück, während wir dastanden und auf das Getön lauschten. Es war wie Singen und doch kein Singen – eben ein Getön, wie die Neger es machen.

Dann wurde es still, und wir hörten Vater die Hintertreppe runtergehen, und wir gingen an den oberen Treppenabsatz. Da fing es wieder an, im Treppenhaus, nicht laut, und auf der halben Treppe konnten wir dicht vor der Wand Nancys Augen sehen. Sie glichen Katzenaugen, und Nancy glich einer großen Katze, die uns von der Wand aus anstarrte. Als wir die Treppe runtergingen, bis dorthin, wo sie stand, verstummte das Getön, und wir standen da, bis Vater wieder von der Küche raufkam, in der Hand seine Pistole. Er ging mit Nancy runter, und dann kamen sie mit Nancys Strohsack an.

Wir legten den Strohsack in unser Zimmer. Als das Licht in Mutters Zimmer ausging, konnten wir wieder Nancys Augen sehen. »Nancy?« flüsterte Caddy. »Schläfst du, Nancy?«

Nancy flüsterte auch. Es klang wie »Oh« oder »No« – ich weiß es nicht genau. Als hätte kein Mensch es gesagt, als wär's von nirgendwoher gekommen und ginge nirgendwohin, bis es schien, als wäre Nancy überhaupt nicht mehr da und als hätte ich ihre Augen im Treppenhaus so lange angestarrt, daß sie sich meinen Augen eingeprägt hatten, wie es einem mit der Sonne geht, wenn man die Augen zumacht.

»Jesus«, flüsterte Nancy. »Jesus.«

»War es Jesus?« sagte Caddy. »Wollte er sich in die Küche schleichen?«

»Jesus«, sagte Nancy. So etwa: Jeeeeeeeeeeeeeeeeesus, bis der Ton erlosch, wie ein Streichholz oder eine Kerze.

»Sie meint den andern Jesus«, sagte ich.

»Kannst du uns sehen, Nancy?« flüsterte Caddy. »Kannst du unsre Augen auch sehen?«

»Ich bin bloß 'n Nigger«, sagte Nancy. »Gott weiß es. Gott weiß es.«

»Was hast du unten in der Küche gesehen?« fragte Nancy. »Was wollte zu dir rein?«

»Gott weiß es«, flüsterte Nancy. Wir konnten ihre Augen sehen. »Gott weiß es.«

Dilsey wurde wieder gesund. Sie kochte unser Mittagessen. »Du hättest lieber noch ein, zwei Tage im Bett bleiben sollen«, sagte Vater.

»Warum denn?« sagte Dilsey. »Wenn ich noch'n Tag länger weggeblieben wär, hätt die Küche hier wie'n Schutthaufen ausgesehn! Geht alle hier raus, damit ich wieder Ordnung in meiner Küche schaff!«

Dilsey kochte auch das Abendessen. Und am gleichen Abend, kurz bevor es dunkel wurde, kam Nancy in die Küche.

»Woher willst'n wissen, daß er wieder da ist?« fragte Dilsey. »Hast'n doch nicht gesehn!«

»Jesus ist 'n Nigger«, sagte Jason.

»Ich kann ihn spüren«, sagte Nancy. »Ich kann's spüren, daß er da unten im Graben liegt.«

»Heut abend?« fragte Dilsey. »Ist er heut abend auch da?«

»Dilsey ist auch 'n Nigger«, sagte Jason.

»Versuch mal was zu essen!« sagte Dilsey.

»Ich möcht nichts«, sagte Nancy.

»Ich bin kein Nigger«, sagte Jason.

»Trink 'n bißchen Kaffee!« sagte Dilsey. Sie schenkte Nancy eine Tasse Kaffee ein. »Weißt du genau, daß er heute abend unten ist? Woher weißt du, daß es grade heut abend ist?«

»Ich weiß es«, sagte Nancy. »Er ist da, und er lauert. Ich weiß es. Hab lange genug mit ihm zusammengelebt. Ich weiß, was er vorhat, noch eh er's selber weiß.«

»Trink 'n bißchen Kaffee!« sagte Dilsey.

Nancy hielt die Tasse an ihren Mund und blies auf den Kaffee. Ihre Lippen stülpten sich vor wie 'ne Hakennatter, wie der Anfang von 'nem Gummischlauch, als hätt sie alle Farbe von ihren Lippen weggeblasen, während sie auf den Kaffee blies.

»Ich bin kein Nigger«, sagte Jason. »Bist du 'n Nigger, Nancy?«

»Ich bin in der Hölle geboren, mein Kleiner«, sagte Nancy. »Und bald bin ich gar nix mehr. Bald geh ich wieder hin, wo ich herkomm.«

III

Sie begann ihren Kaffee zu schlürfen. Während sie trank, die Tasse in beiden Händen, fing sie wieder mit ihrem Getön an. Sie blies es in die Tasse rein, und der Kaffee spritzte umher, auf ihre Hände und auf ihr Kleid. Ihre Augen starrten uns an, und sie saß da, die Ellbogen auf die Knie gestützt, die Tasse in beiden Händen, und blickte uns über ihre vollgeschwappte Tasse hinweg an und machte ihr Getön. »Seht mal Nancy an«, sagte Jason. »Nancy kann jetzt nicht mehr für uns kochen. Dilsey ist wieder gesund.«

»Halt den Mund, du!« sagte Dilsey. Nancy hielt die Tasse in beiden Händen, blickte uns an und machte ihr Getön, als wären zwei Nancys da, die eine, die uns anblickte, und die andre, von der das Getön herkam. »Warum bittest du nicht Mister Jason, daß er mit der Polizei telefommiert?« sagte Dilsey. Danach schwieg Nancy und hielt nur die Tasse in ihren langen braunen Händen. Sie versuchte, nochmal Kaffee zu trinken, aber er schwappte über, auf ihre Hände und ihr Kleid, und sie stellte die Tasse hin. Jason beobachtete sie.

»Ich kann'n nicht schlucken«, sagte Nancy. »Ich trink, und er will nicht runterrutschen.«

»Geh doch in meine Hütte runter«, sagte Dilsey. »Frony kann dir'n Strohsack hinlegen, und ich komm auch gleich nach.«

»Den kann kein Nigger aufhalten«, sagte Nancy.

»Ich bin kein Nigger«, sagte Jason. »Nicht wahr, Dilsey?«

»Sicher nicht«, sagte Dilsey. Sie blickte Nancy an. »Sicher nicht, scheint mir. Was willst'n also machen?«

Nancy sah uns an. Ihre Augen flogen rasch hin und her, als hätte sie Angst, daß ihr nicht mehr genug Zeit zum Sehen bliebe, und dabei rührte sie sich kaum. Sie sah uns an, uns alle drei gleichzeitig. »Wißt ihr noch die Nacht, wo ich bei euch im Kinderzimmer geschlafen hab?« fragte sie. Sie sagte, wie wir am nächsten Morgen so früh aufgewacht wären und gespielt hätten. Wir hatten leise spielen müssen, auf ihrem Strohsack, bis Vater aufwachte und es Zeit war, Frühstück zu machen. »Geht und bittet eure Ma, daß sie mich heut nacht hier schlafen läßt«, sagte Nancy. »Ich brauch keinen Strohsack. Dann können wir wieder spielen!«

Caddy ging zu Mutter und fragte. Jason ging mit. »Ich will nicht, daß Neger in unsern Schlafzimmern übernachten«, sagte Mutter. Jason heulte los. Er heulte so lange, bis Mutter sagte, er bekäme drei Tage lang keinen Nachtisch, wenn er nicht gleich aufhörte. Da sagte Jason, er würde aufhören, wenn Dilsey uns einen Schokoladekuchen backen würde. Vater war auch da.

»Warum unternimmst du nichts?« fragte Mutter. »Wofür haben wir die Polizei?«

»Was können die Polizisten denn ausrichten?« sagte Vater. »Wenn Nancy ihn nicht gesehen hat, wie soll ihn da die Polizei finden?«

»Warum hat sie dann Angst?« fragte Mutter.

»Sie sagt, er ist da. Sie sagt, sie weiß, daß er heute nacht da ist.«

»Und dabei bezahlen wir Steuern!« sagte Mutter. »Ich muß hier in dem großen Haus allein bleiben, während du ein Negerweib nach Hause bringst!«

»Du weißt, daß ich nicht mit meinem Rasiermesser draußen auf der Lauer liege«, sagte Vater.

»Ich hör auf, wenn Dilsey uns einen Schokoladekuchen bäckt«, sagte Jason. Mutter sagte, wir sollten wieder gehen, und Vater sagte, er wüßte nicht, ob Jason einen Schokoladekuchen bekäme, aber er wüßte ganz genau, was Jason in der nächsten Minute bekäme. Wir gingen wieder in die Küche und bestellten es Nancy.

»Vater hat gesagt, du sollst nach Hause gehn und die Tür zuriegeln, dann wärst du sicher!« sagte Caddy. »Wovor sicher, Nancy? Ist Jesus wütend auf dich?« Nancy hielt die Kaffeetasse in beiden Händen, die Ellbogen flach auf den Knien: ihre Hände hielten die Tasse zwischen den Knien. Sie blickte in die Tasse. »Was hast du angestellt? Warum ist Jesus wütend?« fragte Caddy. Nancys Hände ließen die Tasse los. Sie zerschellte nicht auf dem Fußboden, aber der Kaffee floß aus; Nancy blieb sitzen, und ihre hohlen Hände schienen noch immer die Tasse zu halten. Sie fing wieder mit ihrem Getön an, doch nicht laut. Kein Singen und kein Nicht-Singen war's. Wir sahen sie an.

»Heh!« sagte Dilsey. »Hör jetzt damit auf! Rappel dich 'n bißchen zusammen! Warte hier! Ich geh Versh holen, der kann dich nach Hause begleiten.«

Dilsey ging hinaus.

Wir blickten Nancy an. Ihre Schultern zitterten immerzu, aber das Getön hatte aufgehört. Wir sahen sie an. »Was will Jesus dir antun?« sagte Caddy. »Er ist doch fort!«

Nancy sah uns an. »Wir hatten doch Spaß zusammen, als ich die Nacht in eurem Zimmer war, wißt ihr noch?«

»Ich nicht«, sagte Jason. »Ich hatte keinen Spaß!«

»Du hast ja in Mutters Zimmer geschlafen«, sagte Caddy. »Du warst überhaupt nicht bei uns.«

»Wir wollen zu meiner Hütte runtergehn«, sagte Nancy. »Dann können wir wieder Spaß zusammen haben!«

»Mutter läßt uns nicht«, sagte ich. »Es ist jetzt zu spät.«

»Ihr braucht sie nicht zu stören«, sagte Nancy. »Wir können's ihr morgen früh sagen. Das macht ihr nichts.«

»Sie läßt uns nicht«, sagte ich.

»Fragt sie jetzt nicht«, sagte Nancy. »Stört sie nicht!«

»Sie hat nicht gesagt, daß wir nicht dürfen«, sagte Caddy.

»Wir haben nicht gefragt«, sagte ich.

»Wenn ihr geht, sag ich's Mutter«, sagte Jason.

»Wir hätten Spaß zusammen«, sagte Nancy. »Es macht ihr nichts. Bloß bis zu meiner Hütte. Ich hab ja schon so lange für euch gearbeitet. Es macht ihr nichts.«

»Ich hab keine Angst mitzukommen. Aber Jason, der hat Angst. Er will's verraten.«

»Ich hab keine Angst«, sagte Jason.

»Doch, du hast Angst«, sagte Caddy. »Du willst's verraten!«

»Ich verrat's nicht«, sagte Jason. »Ich habe keine Angst.«

»Jason hat keine Angst, mit mir zu gehen«, sagte Nancy. »Nicht wahr, Jason?«

»Jason will's verraten«, sagte Caddy. Der Weg war dunkel. Wir gingen am Gatter zur Viehweide vorbei. »Wenn jetzt wer hinter dem Gatter vorspringen würde, dann würde Jason schön brüllen, da wett ich drauf!«

»Würd ich gar nicht!« sagte Jason. Wir gingen den Fußweg hinunter. Nancy sprach laut.

»Warum sprichst du so laut, Nancy?« fragte Caddy.

»Wer? Ich?« sagte Nancy. »Hört euch das an: Quentin und Caddy und Jason sagen, daß ich laut spreche!«

»Du redest, als wären wir fünf«, sagte Caddy. »Du redest, als ob Vater auch hier wäre!«

»Wer? Rede ich denn laut, Mister Jason?« sagte Nancy.

»Nancy nennt Jason ›Mister‹«, sagte Caddy.

»Hört euch das an, wie Caddy und Quentin und Jason reden!« sagte Nancy.

»Wir reden gar nicht laut«, sagte Caddy. »Du redest so, als wär Vater . . .«

»Still«, sagte Nancy. »Still, Mister Jason!«

»Nancy hat Jason wieder ›Mister‹ genannt . . .«

»Still!« sagte Nancy. Sie sprach sehr laut, während wir durch den Graben gingen und durch den Zaun krochen, wo sie sich immer, mit der Wäsche auf dem Kopf, ducken mußte. Dann kamen wir zu ihrer Hütte. Wir waren das letzte Stück schnell gegangen. Sie machte die Tür auf. Die Hütte roch wie die Lampe, und Nancy roch wie der Docht, als hätten sie bloß aufeinander gewartet, um gemeinsam so zu riechen. Sie zündete die Lampe an und schloß die Tür, dann schob sie den Riegel vor. Dann sprach sie nicht mehr so laut, sondern blickte uns an.

»Was wollen wir jetzt machen?« fragte Caddy.

»Was wollt ihr denn gern machen?« fragte Nancy.

Es war etwas los mit Nancys Haus; man konnte es riechen; etwas, das man noch außer Nancy und dem Haus riechen konnte. Sogar Jason roch es. »Ich will nicht hierbleiben«, sagte er. »Ich will nach Hause gehn.«

»Dann geh doch«, sagte Caddy.

»Ich möchte nicht allein gehen«, sagte Jason.

»Wir wollen Spaß zusammen haben«, sagte Nancy.

»Wie denn?« sagte Caddy.

Nancy stand an der Tür. Sie blickte uns an; nur schien es, als hätte sie ihre Augen leergemacht, als hätte sie aufgehört, sie noch zu benutzen. »Was möchtet ihr gern machen?« fragte sie.

»Erzähl uns eine Geschichte!« sagte Caddy. »Kannst du uns eine Geschichte erzählen?«

»Ja«, sagte Nancy.

»Erzähle!« sagte Caddy.

Wir blickten Nancy an.

»Du kennst gar keine Gesichte!«

»Doch«, sagte Nancy. »Doch, ich kenn welche.«

Sie kam näher und setzte sich auf einen Stuhl vor der Feuerstelle. Ein kleines Feuer brannte. Nancy schichtete mehr auf, obwohl es in der Hütte schon heiß war. Sie ließ die Flammen lodern. Sie erzählte uns eine Geschichte. Sie sprach so, wie ihre Augen aussahen – als ob ihre Augen, die uns sahen, und ihre Stimme, die zu uns sprach, nicht zu ihr gehörten. Als ob sie woanders war, woanders wartete. Sie war gar nicht in der Hütte. Ihre Stimme war drin, ihr Körper auch – die Nancy, die unter einem Stacheldraht durchkriechen konnte, mit einem Wäschebündel auf dem Kopf, als wäre er so leicht wie ein Ballon –, die Nancy war da. Aber das war alles. »Und dann kam also die Königin zu dem Graben, wo sich der böse Mann versteckt hatte. Sie ging bis zu dem Graben, und dann sagte sie: ›Wenn ich bloß hier über den Graben könnte!‹ sagte sie . . .«

»Über welchen Graben?« fragte Caddy. »Einen Graben wie den draußen? Warum will eine Königin über so einen Graben?«

»Damit sie in ihr Haus kann«, sagte Nancy. Sie sah uns an. »Sie mußte durch den Graben, damit sie rasch in ihr Haus kam und die Tür zuriegeln konnte.«

»Warum wollte sie nach Hause gehen und die Tür zuriegeln?« fragte Caddy.

Nancy blickte uns an. Sie hörte auf zu sprechen. Sie sah uns an. Jasons Beine stachen weit aus seiner Hose raus, wie er da auf Nancys Schoß saß. »Ich find die Geschichte nicht schön«, sagte er. »Ich möcht nach Hause gehn!«

»Vielleicht sollten wir alle gehn«, sagte Caddy. Sie stand vom Fußboden auf. »Bestimmt suchen sie uns schon.« Sie wollte auf die Tür zugehen.

»Nicht!« rief Nancy. »Mach nicht auf!« Sie stand schnell auf und überholte Caddy. Sie rührte die Tür und den Holzriegel nicht an.

»Warum nicht?« sagte Caddy.

»Komm wieder an die Lampe!« sagte Nancy. »Wir wollen Spaß haben! Ihr müßt nicht gehn.«

»Wir sollten gehn«, sagte Caddy, »wenn wir nicht ganz tollen Spaß haben!« Sie und Nancy kamen zum Feuer, zur Lampe zurück.

»Ich möchte nach Haus gehn«, sagte Jason. »Ich sag's Mutter!«

»Ich kenn eine andre Geschichte«, sagte Nancy. Sie stand dicht vor der Lampe. Sie blickte Caddy an, wie man ein Stöckchen anblickt, das man auf der Nase balanciert. Sie mußte nach unten blicken, wenn sie Caddy sehen wollte, aber ihre Augen sahen so aus, wie wenn man ein Stöckchen balanciert.

»Ich will nicht zuhören«, sagte Jason. »Ich hämmer auf 'n Fußboden!«

»Es ist eine schöne Geschichte«, sagte Nancy. »Sie ist besser als die vorige!«

»Worüber?« fragte Caddy.

Nancy stand vor der Lampe. Ihre Hand lag auf der Lampe, lag lang und braun über dem Licht.

»Du hast ja die Hand auf der heißen Glocke«, sagte Caddy. »Fühlt sich's denn für deine Hand nicht heiß an?«

Nancy sah ihre Hand auf der Glasglocke liegen. Langsam zog sie die Hand fort. Sie stand da, blickte auf Caddy und zerrte an ihrer langen Hand, als wäre sie mit einer Schnur an ihr Handgelenk gebunden.

»Wolln was andres machen!« sagte Caddy.

»Ich will nach Hause gehn!« sagte Jason.

»Ich hab Röstmais da«, sagte Nancy. Sie blickte Caddy an, und dann Jason und dann mich und dann wieder Caddy. »Ich hab Röstmais da!«

»Ich will keinen Röstmais«, sagte Jason. »Ich möcht lieber Bonbon!«

Nancy sah Jason an. »Du kannst das Rösteisen halten!« Sie zerrte noch immer an ihrer Hand. Sie war lang und schlaff und braun.

»Also gut«, sagte Jason. »Wenn ich das machen darf, dann bleib ich noch 'n Weilchen. Aber Caddy soll's nicht halten! Wenn Caddy das Rösteisen halten darf, will ich wieder nach Haus!«

Nancy legte Holz nach. »Sieh mal, wie Nancy ihre Hand ins Feuer hält!« sagte Caddy. »Was ist denn mit dir, Nancy?«

»'s ist Röstmais da«, sagte Nancy. »Hab 'n irgendwo.« Sie holte das Rösteisen unter dem Bett hervor. Es war kaputt. Jason fing an zu weinen.

»Jetzt können wir keinen Röstmais machen!« sagte er.

»Wir müssen ja doch nach Hause gehn«, sagte Caddy. »Komm, Quentin!«

»Wartet doch!« sagte Nancy. »Wartet! Ich kann's ausbessern! Wollt ihr mir nicht helfen, wenn ich's ausbeßre?«

»Nein«, sagte Jason. »Ich will nach Haus.«

»Still«, sagte Nancy. »Still! Da sieh mal! Sieh mal her! Ich will's so ausbessern, daß Jason es halten kann und den Mais röstet.« Sie nahm ein Stückchen Draht und besserte das Rösteisen aus.

»Das hält nicht«, sagte Caddy.

»Doch, es hält!« sagte Nancy. »Paß nur auf! Und jetzt helft ihr mir, den Mais auspalen.«

Der Röstmais war auch unter dem Bett. Wir palten ihn aus, ins Rösteisen rein, und Nancy half Jason, das Rösteisen übers Feuer zu halten.

»Er pufft nicht«, sagte Jason. »Ich will nach Hause!«

»Warte nur«, sagte Nancy. »Gleich fängt's an zu puffen! Dann haben wir Spaß zusammen!« Sie saß dicht vor dem Feuer. Den Docht hatte sie so hochgeschraubt, daß die Lampe zu blaken anfing.

»Warum schraubst du ihn nicht 'n bißchen runter?« sagte ich.

»Macht nix«, sagte Nancy. »Ich kann sie nachher putzen. Warte nur! Der Mais fängt gleich an zu puffen, nur noch 'ne Minute!«

»Ich glaub nicht, daß er's tut«, sagte Caddy. »Wir sollten doch nach Hause gehn. Sie werden Angst haben.«

»Nein«, sagte Nancy. »Jetzt fängt er an. Und Dilsey hat ihnen erzählt, daß ihr alle bei mir seid. Ich hab so lange für euch gearbeitet. Es macht ihnen nichts, wenn ihr alle in meiner Hütte seid. Wartet nur! Jetzt geht's jede Minute los!«

Dann bekam Jason etwas Rauch in die Augen und fing an zu weinen. Er ließ das Rösteisen ins Feuer fallen. Nancy holte einen nassen Lappen und wischte ihm das Gesicht ab, aber er hörte nicht auf.

»Still«, sagte sie. »Still!« Aber er war nicht still. Caddy holte das Rösteisen aus dem Feuer.

»Ist ganz verbrannt«, sagte sie. »Du mußt noch mehr Mais holen, Nancy!«

»Habt ihr alles reingetan?« fragte Nancy.

»Ja«, sagte Caddy. Nancy blickte Caddy an. Dann nahm sie das Rösteisen und öffnete es und schüttete das Verkohlte in ihre Schürze und begann die Körner auszusortieren, und ihre Hände waren lang und braun, und wir sahen ihr zu.

»Hast du keinen mehr?« fragte Caddy.

»Doch«, sagte Nancy. »Doch. Da seht mal! Der hier ist nicht verbrannt. Wir müssen ihn bloß . . .«

»Ich will nach Hause«, sagte Jason. »Ich sag's Mutter!«

»Pst!« sagte Caddy. Wir horchten alle. Nancy hatte ihren Kopf zur verriegelten Tür hingewandt, in ihren Augen das rote Lampenlicht. »'s kommt einer«, sagte Caddy.

Da fing Nancy wieder an, solch Getön zu machen, nicht laut, und saß da, übers Feuer gebeugt, und ihre langen Hände baumelten zwischen den Knien; plötzlich sprang Wasser in großen Tropfen aus ihrem Gesicht und rann hinunter, und in jedem Tropfen kreiselte ein kleiner runder Feuerschein, wie ein Funken, bis er ihr vom Kinn fiel. »Sie weint nicht«, sagte ich.

»Ich weine nicht«, sagte Nancy. Ihre Augen waren geschlossen. »Ich weine nicht. Wer ist da?«

»Ich weiß es nicht«, sagte Caddy. Sie trat an die Tür und sah hinaus. »Jetzt müssen wir gehen«, sagte sie. »Da kommt Vater schon.«

»Ich sag's ihm«, sagte Jason. »Ich wollte nicht mit. Ihr seid schuld!«

Das Wasser lief noch immer über Nancys Gesicht. Sie drehte sich auf ihrem Stuhl um. »Hört mal! Sagt's ihm! Sagt's ihm, daß wir Spaß haben. Sagt ihm, daß ich mich gut um euch kümmern will bis morgen früh! Sagt ihm, er soll mich mitnehmen und bei euch auf 'm Fußboden schlafen lassen. Sagt ihm, ich brauch keinen Strohsack. Wir wollen Spaß haben. Wißt ihr noch 's letztemal, was für Spaß wir hatten?«

»Ich hab gar keinen Spaß gehabt«, sagte Jason. »Du hast mir weh getan. Du hast mir die Augen voll Rauch gemacht. Ich sag's ihm!«

V

Vater kam in die Hütte. Er sah uns an. Nancy stand nicht auf.

»Sagt's ihm!« sagte sie.

»Caddy ist schuld, daß wir hier sind«, sagte Jason. »Ich wollte nicht mit.«

Vater trat ans Feuer. Nancy blickte zu ihm auf. »Kannst du nicht zu Tantchen Rachel gehen und bei ihr bleiben?« sagte er. Nancy blickte zu Vater auf, die Hände zwischen den Knien.

»Er ist nicht hier«, sagte Vater. »Ich hätte ihn sonst gesehen. Keine Menschenseele weit und breit.«

»Er 's im Graben!« sagte Nancy. »Er lauert da hinten im Graben.«

»Unsinn!« sagte Vater. Er blickte Nancy an. »Weißt du, daß er da ist?«

»Ich hab sein Zeichen«, sagte Nancy.

»Was für ein Zeichen?«

»Ich hab's bekommen. Es lag auf dem Tisch, als ich reinkam. Neben der Lampe lag's, ein Schweinsknochen, noch mit blutigem Fleisch dran. Er 's draußen. Wenn ihr alle aus der Tür geht, bin ich fertig.«

»Womit bist du fertig, Nancy?« fragte Caddy.

»Ich bin keine Klatschbase«, sagte Jason.

»Unsinn!« sagte Vater.

»Er 's da draußen«, sagte Nancy. »Jetzt in der Minute sieht er da durchs Fenster und wartet, daß ihr alle geht. Dann bin ich fertig.«

»Unsinn!« sagte Vater. »Schließ dein Haus zu, und dann bringen wir dich zu Tantchen Rachel!«

»'s nützt ja doch nichts«, sagte Nancy. Sie blickte Vater jetzt nicht an, aber er blickte auf sie nieder, auf ihre langen, schlaffen, unruhigen Hände. »Verschieben nützt nichts.«

»Was willst du denn machen?« fragte Vater.

»Ich weiß es nicht«, sagte Nancy. »Ich kann nix machen. Bloß verschieben. Und das nützt nichts. Ich glaub, ich muß es einstecken. Ich glaub, es gehört mir. Ich glaub, was ich bekommen soll, das gehört mir eben.«

»Was bekommst du?« fragte Caddy.

»Nichts!« sagte Vater. »Ihr müßt jetzt alle ins Bett!«

»Caddy ist schuld, daß ich hier bin«, sagte Jason.

»Geh zu Tantchen Rachel!« sagte Vater.

»Es nützt nichts«, sagte Nancy. Sie saß vor dem Feuer, die Ellbogen auf den Knien, ihre langen Hände zwischen den Knien. »Nicht mal Ihre eigene Küche nützt was! Nicht mal, daß ich im Zimmer von Ihren Kindern auf 'm Fußboden schlafe, und am nächsten Morgen passiert's, und dann das blutige . . .«

»Still!« sagte Vater. »Schließ die Tür und lösch die Lampe aus und geh zu Bett!«

»Ich fürcht mich im Dunkeln«, sagte Nancy. »Ich hab Angst, daß es im Dunkeln passiert.«

»Willst du etwa so hier sitzen bleiben, bei der brennenden Lampe?« fragte Vater. Da begann Nancy wieder mit ihrem Getön, wie sie vor dem Feuer saß, die langen Hände zwischen den Knien. »Ach, hol's der Kuckuck!« sagte Vater. »Kommt jetzt mit, Kinder. Ihr solltet längst im Bett liegen!«

»Wenn ihr nach Haus geht, bin ich fertig«, sagte Nancy. Sie sprach jetzt ruhiger. Ihr Gesicht sah ruhiger aus, und ihre Hände auch. »Jedenfalls hab ich mein Sarggeld bei Mr. Lovelady gespart.« Mr. Lovelady war ein kleiner, schmächtiger Mann, der bei den Negern das Geld für die Versicherungen einkassierte: jeden Samstagmorgen ging er zu den Hütten oder in die Küchen und sammelte fünfzehn Cents ein. Er und seine Frau hatten im Hotel gewohnt. Eines Morgens beging die Frau Selbstmord. Sie hatten ein Kind, ein kleines Mädchen. Er reiste mit dem Kind weg. Nach ein oder zwei Wochen kam er zurück, allein. An den

Samstagen sahen wir ihn morgens die Seitenstraßen und Fußwege entlanggehen.

»Unsinn!« sagte Vater. »Das erste, was ich morgen früh in der Küche sehe, das bist du!«

»Sie werden schon sehen, was Sie sehn werden«, sagte Nancy. »Aber der Herr allein weiß, was es sein wird.«

VI

Wir ließen sie dort vor dem Feuer, allein.

»Komm und schieb den Riegel vor!« sagte Vater. Aber sie rührte sich nicht. Sie sah uns nicht wieder an, saß still zwischen Lampenlicht und Feuerschein. Aus einiger Entfernung konnten wir den Weg zurückblicken und sahen sie durch die offene Tür.

»Was ist, Vater?« fragte Caddy. »Was passiert denn?«

»Nichts«, sagte Vater. Jason ritt huckepack auf Vaters Rücken, so daß er der größte von uns allen war. Wir stiegen in den Graben hinunter. Ich sah mich ruhig um. Wo sich der Mondschein und die Schatten vermischten, konnte ich nicht viel erkennen.

»Wenn Jesus sich hier versteckt hat, kann er uns sehen, nicht wahr?« fragte Caddy.

»Er ist nicht da«, sagte Vater. »Er ist schon vor langer Zeit fortgegangen.«

»Du bist schuld, daß ich mitgekommen bin!« rief Jason von oben herunter; gegen den Himmel sah es aus, als hätte Vater zwei Köpfe, einen kleinen und einen großen. »Ich wollte nicht mit!«

Wir kletterten aus dem Graben raus. Wir konnten noch immer Nancys Hütte und die offene Tür sehen, aber Nancy konnten wir nicht mehr vor dem Feuer sitzen sehen, bei offener Tür, weil sie müde war. »Ich bin todmüde«, hatte sie gesagt. »Ich bin bloß 'n Nigger. 's ist nicht meine Schuld.«

Aber hören konnten wir sie, denn sowie wir aus dem Graben herauskamen, fing sie wieder mit dem Getön an, das kein Singen und auch kein Nicht-Singen war. »Wer wird jetzt für uns waschen, Vater?« sagte ich.

»Ich bin kein Nigger«, sagte Jason hoch oben und dicht an Vaters Kopf.

»Du bist schlimmer«, sagte Caddy. »Du bist 'ne Klatschbase. Und wenn hier was rausspringen würde, hättest du mehr Angst als ein Nigger!«

»Hätt ich gar nicht!«

»Du würdest weinen!«

»Caddy!« sagte Vater.

»Würd ich gar nicht!« sagte Jason.

»Angsthase!« sagte Caddy.

»Candace!« sagte Vater.

Eine Rose für Emily

I

Als Miss Emily Grierson starb, ging unser ganzes Städtchen zum Begräbnis: die Männer aus einer Art verehrungsvoller Anhänglichkeit an ein gestürztes Monument, die Frauen meistens aus Neugier, um das Innere des Hauses zu sehen, das in den letzten zehn Jahren niemand außer einem alten Diener – der gleichzeitig Koch und Gärtner war –, gesehen hatte.

Es war ein großes, fast quadratisches Holzhaus, das, ehemals weiß, mit Kuppeln und Spitztürmchen und verschnörkelten Balkonen im überladen eleganten Stil der siebziger Jahre verziert war, und es lag an einer Straße, die sich einst als unsre vornehmste präsentiert hatte. Aber Garagen und Baumwollmühlen hatten selbst die erlauchten Namen jener Gegend verdrängt und ausgelöscht; einzig Miss Emilys Haus war übriggeblieben und erhob sich in all seinem Verfall hartnäckig und kokett über die Baumwollwagen und Benzinpumpen – ein Schandfleck unter Schandflecken. Und nun war Miss Emily verschieden, um sich zu den Trägern der erlauchten Namen auf dem von nachdenklichen Zedern bestandenen Friedhof zu gesellen, wo sie zwischen den Gräbern der unionistischen und konföderierten Offiziere und unbekannten Soldaten lagen, die in der Schlacht von Jefferson gefallen waren.

Zu ihren Lebzeiten war Miss Emily eine Tradition, eine Pflicht und eine Sorge gewesen, eine Art erblicher Verpflichtung unseres Städtchens, die von jenem Tag im Jahre 1894 datierte, da der Oberst Sartoris, unser Bürgermeister – es war der gleiche, von dem die Verfügung stammte, daß keine Negerin ohne Schürze auf der Straße erscheinen dürfe –, ihr die Steuern erließ, und diese Dispensation galt vom Tode ihres Vaters an auf ewige Zeiten. Nicht etwa, daß Miss Emily Wohltaten empfangen hätte. Oberst Sartoris erfand eine verwickelte Geschichte, die dahin lautete, daß Miss Emilys Vater der Stadt Geld geliehen habe, das die Stadt aus geschäftlichen Gründen auf diese Weise zurückzuzahlen vorzog. Nur ein Mann von Oberst Sartoris' Generation und Denkart hätte so etwas erfinden und nur eine Frau hätte es glauben können.

Als die nächste Generation mit ihren moderneren Ideen zu Bürgermeistern und Stadtverordneten aufrückte, erregte das Abkommen leisen Unwillen. Am Ersten des Jahres schickten sie ihr mit der Post einen Steuerzettel zu. Der Februar kam, aber keine Antwort. Sie schrieben ihr einen formellen Brief mit der Bitte, zu einer ihr passenden Stunde im Büro des Sheriffs vorzusprechen. Eine Woche drauf schrieb ihr der Bürgermeister persönlich und bot ihr an, sie aufzusuchen oder sie in seinem Wagen abholen zu lassen; darauf erhielt er auf einem Briefblatt von altmodischem Format mit verblaßter Tinte in feiner, flüssiger Handschrift die Antwort, daß sie überhaupt nie mehr ausginge. Der Steuerzettel lag bei, ohne irgendwie erwähnt worden zu sein.

Daraufhin wurden die Stadtverordneten zu einer Sondersitzung zusammengerufen. Eine Abordnung suchte Miss Emily auf und klopfte an die Haustür, durch die kein Besucher mehr gegangen war, seit sie vor acht oder zehn Jahren aufgehört hatte, Unterricht in Porzellanmalerei zu erteilen. Der alte Neger ließ sie in einen dunklen Flur eintreten, von dem eine Treppe zu noch dunkleren Schatten emporführte. Es roch nach Staub und unbenützten Räumen – ein dumpfiger, modriger Geruch. Der Neger führte sie in einen Salon mit schweren Ledermöbeln. Als er die Stores an einem Fenster hochzog, konnten sie sehen, wie brüchig das Leder war, und als sie sich niederließen, stieg um ihre Schenkel ein feiner, träger Staub auf und kreiselte mit langsamen Sonnenstäubchen durch den einzigen Sonnenstrahl. Vor dem Kamin stand ein Pastellbildnis von Miss Emilys Vater auf einer schwarz angelaufenen, vergoldeten Staffelei.

Sie erhoben sich, als sie eintrat – eine kleine, fette Frau in Schwarz mit einer feinen Goldkette, die bis zur Taille niederhing und in ihrem Gürtel verschwand; sie stützte sich auf einen Ebenholzstock mit blindem Goldknauf. Ihr Knochengerüst war fein und schmächtig; das war vielleicht der Grund, weshalb das, was bei einer andern Frau nur rundlich gewesen wäre, bei ihr als aufgeschwemmt wirkte. Ihre Haut sah aufgedunsen aus wie bei einer Leiche, die lange in stagnierendem Wasser gelegen hat, und zeigte die gleiche Blässe. Ihre Augen, die sich in den Fettpolstern ihres Gesichts verkrochen, sahen wie zwei in einen Teig gedrückte Kohlestückchen aus, als sie von einem Gesicht zum andern wanderten, während die Besucher sich ihres Auftrags entledigten.

Sie forderte sie nicht zum Sitzen auf. Sie stand einfach in der Tür und hörte stumm zu, bis der Sprecher der Abordnung stockte. Dann konnten sie die unsichtbare Uhr am Ende der goldenen Kette ticken hören.

Ihre Stimme war trocken und kalt. »Ich bin in Jefferson nicht steuerpflichtig. Oberst Sartoris hat es mir erklärt. Vielleicht kann einer von Ihnen Einblick in die Akten der Stadt nehmen und sich davon überzeugen.«

»Aber das haben wir getan! Wir verkörpern die städtische Behörde, Miss Emily! Haben Sie den Brief vom Sheriff nicht erhalten, den er selbst unterschrieben hat?«

»Ich habe ein Papier bekommen, doch«, sagte Miss Emily. »Vielleicht hält er sich für den Sheriff. Ich bin in Jefferson nicht steuerpflichtig.«

»Aber das geht aus den Büchern nicht hervor. Wir müssen uns nach dem richten, was . . .«

»Sprechen Sie mit Oberst Sartoris! Ich bin in Jefferson

nicht steuerpflichtig!« (Oberst Sartoris war seit beinahe zehn Jahren tot.) »Tobe!« Der Neger erschien. »Begleite die Herren hinaus!«

II

Sie siegte also auf der ganzen Linie – genau wie sie vor dreißig Jahren ihre Väter besiegt hatte, als es um den Geruch ging. Es war zwei Jahre nach ihres Vaters Tod gewesen und kurz nachdem ihr Liebhaber – von dem wir geglaubt hatten, er würde sie heiraten – sie sitzengelassen hatte. Nach ihres Vaters Tod ging sie nur sehr wenig aus; nachdem ihr Liebhaber fort war, sah man sie fast nie mehr. Ein paar Damen besaßen die Dreistigkeit, ihr eine Visite zu machen, aber sie wurden nicht empfangen, und das einzige Anzeichen von Leben auf dem Anwesen war der Neger – damals noch ein junger Mann –, der mit einem Marktkorb ein und aus ging.

»Als ob ein Mann – egal, wer – eine Küche instand halten könnte!« sagten die Damen; sie waren daher nicht überrascht, als der Geruch auftrat. Es war ein neues Bindeglied zwischen der vulgären, wimmelnden Welt und den hochmütigen, stolzen Griersons.

Eine Nachbarin beschwerte sich beim Bürgermeister, Richter Stevens, der damals achtzig Jahre alt war.

»Aber was meinen Sie denn, Madam, was ich in der Sache tun soll?« fragte er.

»Oh, schreiben Sie ihr, es müsse aufhören«, sagte die Frau. »Wir haben doch schließlich Gesetze!«

»So weit brauchen wir sicher nicht gleich zu gehen«, sagte Richter Stevens. »Wahrscheinlich handelt es sich nur um eine Schlange oder Ratte, die ihr Nigger im Hof totgeschlagen hat. Ich kann ja mit ihm darüber reden.«

Am nächsten Tag wurden ihm zwei weitere Beschwerden vorgetragen, die eine von einem Mann, der mit einer bescheidenen, aber flehentlichen Bitte kam. »Wir müssen wirklich etwas dagegen tun, Richter Stevens! Ich bin gewiß der letzte, der Miss Emily belästigen will, aber wir müssen etwas dagegen tun!« Am Abend traten die Stadtverordneten zusammen, drei Graubärte und ein jüngerer Mann – einer von der kommenden Generation.

»Ist doch ganz einfach«, sagte er. »Geben Sie ihr Anweisung, ihr Haus säubern zu lassen! Räumen Sie ihr eine bestimmte Frist ein, und wenn sie es nicht tut . . .«

»Verdammt noch mal, sir«, sagte Richter Stevens, »wollen Sie einer Dame ins Gesicht sagen, daß es bei ihr schlecht riecht?«

Also schlichen sich am folgenden Abend bald nach Mitternacht vier Männer über Miss Emilys Rasen und wie Einbrecher ums Haus: sie schnupperten am Backsteinfundament und an den Kellerluken, während einer mit gleichmäßiger, säender Gebärde seiner Hand etwas aus dem an seiner Schulter hängenden Sack holte. Sie brachen die Kellertür auf und streuten dort und in allen Nebengebäuden Kalk aus. Als sie den Rasen wieder überqueren wollten, war ein Fenster, das vorher dunkel gewesen war, erleuchtet: Miss Emily saß dort, hinter sich das Licht, und so gerade und reglos wie ein Götzenbild. Sie schlichen leise über den Rasen und in den Schatten der Akazien, die längs der Straße wuchsen. Nach ein oder zwei Wochen war der Geruch verschwunden.

Damals war's, als die Leute anfingen, sie richtig zu bedauern. In unserm Städtchen erinnerte man sich daran, wie ihre Großtante, die alte Dame Wyatt, auf ihre alten Tage vollkommen verrückt wurde, und man fand, die Griersons seien mehr als nötig von sich eingenommen. Keiner von den jungen Männern erschien Miss Emily gut genug und so weiter. Lange Zeit hatten wir sie uns wie ein Bild vorgestellt, Emily im Hintergrund, eine schlanke Gestalt in Weiß, ihr Vater breitbeinig im Vordergrund sitzend, den Rücken ihr

zugekehrt, die Reitpeitsche in der Hand, und beide eingerahmt von der weit geöffneten Haustür. Als sie daher auf
die Dreißig zuging und immer noch ledig war, empfanden
wir nicht gerade Schadenfreude, aber immerhin Genugtu-
ung: selbst wenn sie Wahnsinn in der Familie hatten, hätte sie kaum jede Heiratsaussicht ausgeschlagen, falls sie tatsächlich feste Form angenommen hätte.

Als ihr Vater starb, sprach es sich herum, das Haus sei
alles, was er ihr hinterlassen habe, und irgendwie waren
die Leute froh darüber. Endlich konnten sie Miss Emily
bemitleiden. Jetzt war sie alleinstehend und verarmt und
dadurch menschlicher geworden. Jetzt würde auch sie die alte
Erfahrung machen und um einen Penny mehr oder weniger
zittern oder verzweifeln.

Am Tage nach ihres Vaters Tod schickten sich alle Damen
an, einen Besuch bei ihr abzustatten und ihr Trost und Hilfe anzubieten, wie das bei uns Sitte ist. Miss Emily empfing
sie an der Haustür, alltäglich gekleidet und ohne eine Spur
von Trauer im Gesicht. Sie sagte ihnen, ihr Vater sei nicht
tot. Das machte sie drei Tage lang, während Pfarrer und
Ärzte kamen und sie zu überreden versuchten, den Leich-
nam herauszugeben. Erst als sie auf Gewalt und Gesetz
zurückgreifen wollten, brach sie zusammen, und der Vater
wurde schleunigst begraben.

Damals sagten wir nicht, sie sei verrückt. Wir glaubten,
sie müsse so handeln. Wir erinnerten uns an all die jungen
Leute, die ihr Vater verscheucht hatte, und wir wußten,
daß sie sich nun, da ihr nichts mehr geblieben war, an den
klammerte, der sie beraubt hatte, denn so geht es eben zu.

III

Lange Zeit war sie krank. Als wir sie wiedersahen, war
ihr Haar kurzgeschnitten, wodurch sie wie ein junges Mäd-

chen aussah und entfernt an die Engel auf bunten Kirchenfenstern erinnerte – durch eine gewisse tragische Gelassenheit.

Die Stadt hatte gerade die Kontrakte zur Pflasterung der Bürgersteige abgeschlossen, und im Sommer nach ihres Vaters Tode wurde mit der Arbeit begonnen. Die Baugesellschaft kam mit Niggern und Maultieren und Maschinen und einem Vorarbeiter namens Homer Barron, einem großen, dunklen, gewandten Yankee mit voller Stimme und Augen, die heller als sein Gesicht waren. Die kleinen Jungen liefen ihm in Scharen nach, um ihn über die Nigger fluchen und die Nigger im Takt zum Auf und Ab der Spitzhacke singen zu hören. Bald kannte er jedermann in der Stadt. Sooft man irgendwo auf dem Square schallendes Gelächter hörte, war Homer Barron der Mittelpunkt der Gruppe. Bald sahen wir dann, wie er und Miss Emily an den Sonntagnachmittagen mit dem gelbrädrigen Buggy und den Braunen, einem Passer-Gespann aus dem Mietstall, zusammen ausfuhren.

Zuerst waren wir froh, daß Miss Emily wieder etwas Interesse zeigte, denn alle Damen sagten: »Natürlich kann eine Grierson nicht im Ernst an einen Nordstaatler denken, und noch dazu einen Arbeiter!« Aber es waren auch andre da, ältere Leute, die meinten, nicht einmal Kummer dürfe eine wahre Dame dahin bringen, daß sie das *noblesse oblige* vergäße – natürlich bezeichneten sie es nicht als *noblesse oblige*. Sie sagten einfach: »Die arme Emily! Ihre Verwandten sollten herkommen!« Sie hatte Verwandte in Alabama, aber ihr Vater hatte sich schon vor Jahren wegen des Vermögens der Dame Wyatt, der verrückten Alten, mit ihnen zerstritten, und zwischen den beiden Familien bestand keine Verbindung mehr; sie waren nicht einmal bei der Beerdigung vertreten.

Und sobald die alten Leute sagten: »Arme Emily!«, da begann auch schon das Getuschel: »Glauben Sie, daß es

wirklich so ist?« fragte einer den andern. »Natürlich! Was
sonst könnte ...« Das raunte man hinter der vorgehal-
tenen Hand; dann das Rascheln von hälsereckenden Seiden-
und Atlaskleidern hinter Jalousien, die gegen die sonntag-
nachmittägliche Sonne heruntergelassen waren, während das
helle, flinke ›Trapp, trapp, trapp‹ des Gespanns vor-
übertrabte. »Arme Emily!«

Sie trug ihren Kopf hoch genug – sogar, als wir glaubten, sie sei gefallen. Es war, als verlange sie mehr denn je
die Anerkennung ihrer Würde als der letzten Grierson; als
habe es noch dieses Kontakts mit dem Weltlichen bedurft,
um ihre Unantastbarkeit erneut zu bekräftigen. So wie damals, als sie das Rattengift kaufte, das Arsen.

Es war über ein Jahr her, seit sie begonnen hatten, »Arme
Emily!« zu sagen, und um die Zeit, als die zwei Basen zu
Besuch kamen.

»Ich möchte ein Gift haben«, sagte sie zum Apotheker. Sie
war damals über dreißig, noch immer eine schmächtige Frau,
jedoch magerer als sonst, mit kalten, hochmütigen schwarzen Augen in einem Gesicht, dessen Fleisch sich über die
Schläfen und um die Augenhöhlen spannte – etwa so, wie
man sich das Gesicht eines Leuchtturmwärters vorstellen
mag. »Ich möchte ein Gift haben«, sagte sie.

»Gern, Miss Emily. Was für eine Art Gift? Gegen Ratten
und dergleichen? Ich empfeh ...«

»Ich möchte das beste haben. Die Art ist mir gleich.«

Der Apotheker nannte mehrere Gifte. »Damit kann man
alles umbringen, sogar Elefanten! Was Sie aber brauchen,
ist ...«

»Arsen«, sagte Miss Emily. »Ist das gut?«

»Ob ... Arsen? Ja, Ma'am. Was Sie aber brauchen ...«

»Ich brauche Arsen.«

Der Apotheker blickte auf sie herunter. Sie erwiderte seinen Blick mit erhobenem Kopf und einem Gesicht wie ein
straffgespanntes Banner. »Gewiß«, sagte der Apotheker.

»Wenn Sie gerade das wollen. Aber es ist gesetzliche Vorschrift, daß man angibt, wofür man es verwenden will.«

Miss Emily hatte den Kopf so weit in den Nacken gelegt, daß sie ihm fest ins Auge blicken konnte, und starrte ihn einfach an, bis er wegsah und fortging, um das Arsen zurechtzumachen und einzuwickeln. Der farbige Austräger übergab ihr das Päckchen; der Apotheker erschien nicht wieder. Als sie das Päckchen zu Hause öffnete, stand auf der Schachtel unter dem Totenkopf und den gekreuzten Knochen: ›Gegen Ratten.‹

IV

Am folgenden Tag sagten wir alle: »Sie will sich umbringen!«, und wir fanden, es wäre das beste für sie. Als sie sich zuerst mit Homer Barron blicken ließ, hatten wir gesagt: »Sie will ihn heiraten.« Dann hatten wir gesagt: »Sie wird ihn schon noch einfangen«, denn Homer hatte selbst erklärt (er ging gern unter Männer, und es war bekannt, daß er im Elch-Klub mit jungen Leuten zechte), er tauge nicht für die Ehe. Später – wenn sie am Sonntagnachmittag im glitzernden Buggy vorbeifuhren, Miss Emily mit hocherhobenem Haupt und Homer Barron mit schief aufgesetztem Hut und einer Zigarre zwischen den Zähnen und Zügel und Peitsche im gelben Handschuh – sagten wir hinter den Jalousien: »Die arme Emily!«

Dann sagten allmählich ein paar Damen, es sei eine Schande für die Stadt und ein schlechtes Beispiel für die Jugend. Die Männer wollten sich nicht einmischen, aber schließlich zwangen die Damen den Baptistenpfarrer – Miss Emilys Familie gehörte der Episkopalkirche an –, sie aufzusuchen. Er wollte nie enthüllen, was bei dem Besuch geschah, weigerte sich jedoch, ihn zu wiederholen. Am nächsten Sonntag fuhren die beiden wieder durch die Straßen, und am

Tage drauf schrieb die Frau des Pfarrers an Miss Emilys Verwandte in Alabama.

Sie hatte also wieder Verwandte unter ihrem Dach, und wir warteten die Entwicklung der Dinge ab. Dann gelangten wir zu der Überzeugung, daß sie heiraten wollten. Wir hörten, daß Miss Emily beim Juwelier gewesen und eine silberne Herren-Toilettengarnitur mit dem Monogramm H. B. auf jedem Stück bestellt hatte. Zwei Tage später erfuhren wir, daß sie eine vollständige Herrengarderobe einschließlich Nachthemd gekauft habe, und wir sagten: »Sie sind verheiratet!« Wir freuten uns gewaltig darüber. Wir freuten uns nämlich deshalb, weil die beiden Basen noch viel mehr Grierson waren, als es Miss Emily je gewesen.

Daher wunderten wir uns also nicht, daß Homer Barron nicht mehr da war (die Straßen waren schon seit einiger Zeit fertig). Wir waren ein bißchen enttäuscht, daß kein öffentlicher Abschied stattfand, aber wir glaubten, er sei weggefahren, um Miss Emilys Einzug vorzubereiten oder ihr Gelegenheit zu geben, die beiden Basen loszuwerden. (Es war mittlerweile zu einem Komplott gekommen, und wir waren samt und sonders auf Miss Emilys Seite und halfen ihr, die Basen hinters Licht zu führen.) Tatsächlich reisten sie nach einer weiteren Woche ab. Und, wie wir es längst erwartet hatten: innerhalb von drei Tagen war Homer Barron wieder in der Stadt. Ein Nachbar hatte gesehen, wie der farbige Diener ihn eines Abends in der Dämmerstunde zur Küchentür einließ.

Und das war das letzte, was wir von Homer Barron zu sehen bekamen. Und eine Zeitlang auch von Miss Emily. Der Neger ging mit dem Marktkorb ein und aus, aber die Haustür blieb geschlossen. Dann und wann sahen wir sie wohl einen Augenblick am Fenster – so wie die Männer in der Nacht, als sie den Kalk streuten –, aber fast ein halbes Jahr lang erschien sie nicht auf der Straße. Dann begriffen wir; auch das war zu erwarten gewesen; es war, als ob die Eigenart ihres Vaters, der ihr Leben als Frau vereitelt hatte, zu kräftig und zu wild gewesen sei, um sterben zu können.

Als wir Miss Emiliy dann wiedersahen, war sie dick geworden, und ihr Haar fing an zu ergrauen. Während der nächsten Jahre wurde es immer grauer, bis es ein gleichmäßiges Eisengrau geworden war und aufhörte, sich noch zu verändern. Bis zu ihrem Sterbetag in ihrem vierundsiebzigsten Lebensjahr blieb es das gleiche kräftige Eisengrau – wie das Haar eines rüstigen Mannes.

Von jener Zeit an blieb ihre Haustür verschlossen, ausgenommen eine kurze Zeit von sechs oder sieben Jahren, als sie etwa vierzig war und Unterricht in Porzellanmalerei erteilte. In einem Zimmer im Erdgeschoß richtete sie ein Atelier ein, wohin die Töchter und Enkelinnen der Zeitgenossen Oberst Sartoris' mit der gleichen Regelmäßigkeit und aus der gleichen Gesinnung geschickt wurden, wie man sie sonntags mit einem Fünfundzwanzig-Cents-Stück für die Kollekte in die Kirche schickte. Inzwischen waren ihr die Steuern erlassen worden.

Dann wurde die jüngere Generation Rückgrat und Seele unserer Stadt, und die Malschülerinnen wurden älter und blieben fort und schickten ihr auch nicht ihre Kinder mit Farbkästen und langweiligen Pinseln und den aus Damenzeitschriften ausgeschnittenen Bildchen. Die vordere Haustür schloß sich hinter der letzten Schülerin und blieb endgültig geschlossen. Als die Stadt freie Postzustellung für jedes Haus erhielt, weigerte sich einzig Miss Emily, ein metallenes Nummernschild und einen Briefkasten an der Haustür anbringen zu lassen. Davon wollte sie nichts wissen.

Tag um Tag, Monat um Monat und Jahr um Jahr sahen wir den Neger grauer werden und gebückter mit seinem Marktkorb ein und aus gehen. Ende Dezember schickten wir ihr alljährlich einen Steuerzettel, der eine Woche später mit dem Vermerk ›Unbestellbar‹ durch die Post zurückgeschickt wurde. Hin und wieder sahen wir sie an einem der unteren Fenster – offenbar hatte sie das Obergeschoß abgeschlossen –, sahen sie wie den Torso eines gemeißelten Götzenbildes in einer Nische; ob sie uns anblickte oder nicht, konnten wir nie sagen. So gelangte sie von Generation zu Generation: teuer, unvermeidbar und unantastbar, unangefochten und verschroben.

Und so starb sie. Wurde krank in dem Haus voller Staub und Schatten, in dem nur ein zitteriger Neger zu ihrer Bedienung da war. Wir wußten nicht einmal, daß sie krank war; wir hatten es längst aufgegeben, aus dem Neger eine Auskunft herauszuholen. Er sprach mit niemand, wahrscheinlich auch nicht mit ihr, denn seine Stimme klang harsch und verrostet, als ob sie seit Jahren nicht gebraucht worden war.

Sie starb in einem der unteren Zimmer in einem schweren Nußbaumbett mit Vorhängen, den grauen Kopf gegen ein Kissen gelehnt, das vor Alter und Lichtmangel gelb und stockfleckig war.

V

Der Neger empfing die ersten Damen an der Haustür, ließ sie ein mit ihren gedämpften, zischelnden Stimmen und den raschen, neugierigen Blicken – und verschwand. Er ging schnurstracks durchs Haus und zur Hoftür hinaus und ward nie mehr gesehen.

Die beiden Basen kamen umgehend. Die Trauerfeier fand zwei Tage darauf statt, und das ganze Städtchen erschien, um Miss Emily unter einer Fülle von gekauften Blumen liegen zu sehen, während das kreidige Gesicht ihres Vaters gedankenverloren auf die Bahre blickte und die Damen unheimlich wisperten; und die sehr alten Männer – manche noch in ihrer frisch ausgebürsteten Konföderierten-Uniform – standen auf der Veranda und auf dem Rasen und sprachen von Miss Emily, als ob sie aus ihrer Generation stammte, und waren überzeugt, mit ihr getanzt und vielleicht geflirtet zu haben, und brachten die Zeit mit ihrem mathematischen Vorrücken durcheinander – ganz nach alter Leute Art, denen die Vergangenheit nicht eine schmaler werdende Straße, sondern im Gegenteil eine weite Wiese ist, die kein Winter je ganz berührt und von der sie jetzt nur durch den Engpaß des allerletzten Jahrzehnts getrennt sind.

Wir wußten bereits, daß sich in den oberen Regionen des Hauses ein Zimmer befand, das seit vierzig Jahren kein Mensch betreten hatte und das aufgebrochen werden mußte. Man wartete, bis Miss Emily in Ehren unter der Erde lag, ehe man es öffnete.

Die Gewalt, unter der die Tür niederbrach, schien das Zimmer mit alles durchdringendem Staub zu erfüllen. Ein dünner, ätzender Grabeshauch schien gleich einem Leichentuch über dem ganzen Zimmer zu liegen, das wie ein Brautgemach geschmückt und ausgestattet war: über den Bettvorhängen in verblichenem Rosenrot, über den rosig abgeschirmten Lämpchen, auf dem Frisiertisch, auf dem elegant angeordneten Kristall und den männlichen Toilettengegenständen mit ihren dunkel angelaufenen Silberrücken – so dunkel angelaufen, daß das Monogramm unkenntlich war. Dazwischen lagen ein Kragen und eine Krawatte, als ob sie gerade erst abgelegt worden wären, und als man sie aufhob, hinterließen sie im Staub einen bleichen Sichelmond. Auf einem Stuhl hing, sorgsam gefaltet, der Anzug; darunter standen die beiden stummen Schuhe und die abgestreiften Socken.

Der Mann aber lag im Bett.

Lange Zeit standen wir nur da und blickten auf das eingefallene, fleischlose Grinsen. Der Körper hatte offensichtlich einst in liebender Umarmung gelegen, doch jetzt hatte der lange Schlaf, der die Liebe überdauert und sogar das Zerrbild der Liebe besiegt, ihn zum Hahnrei gemacht. Was von ihm noch übrig war, was verwest war unter den Resten des Nachthemds, war vom Bett, auf dem er lag, nicht zu trennen; und auf ihm und auf dem Kissen neben ihm lag der gleichmäßige Überzug geduldigen und beharrlichen Staubes.

Dann bemerkten wir auf dem zweiten Kissen den Abdruck eines Kopfes. Einer von uns nahm etwas vom Kissen auf, und als wir uns vorbeugten und der schwache, kaum sichtbare Staub uns trocken und ätzend in die Nase stieg, sahen wir es: ein langes eisengraues Haar.

Rauch

Anselm Holland kam vor vielen Jahren nach Jefferson. Woher, das wußte keiner. Aber er war damals jung und ein gescheiter Kopf oder doch mindestens von gescheitem Auftreten, denn es waren noch keine drei Jahre verstrichen, da hatte er die einzige Tochter eines Mannes geheiratet, der achthundert Hektar des besten Bodens in unserm Land besaß, und er siedelte ins Haus seines Schwiegervaters über, wo ihm seine Frau zwei Jahre später Zwillinge gebar und wo noch ein paar Jahre später der Schwiegervater starb und seinem Schwiegersohn den uneingeschränkten Besitz des Gutes überließ, das auf den Namen seiner Frau lautete. Doch sogar schon vor jenem Ereignis hatten wir Jeffersoner ihn ein bißchen reichlich laut von ›seinem Land‹ und ›seinen Ernten‹ sprechen hören, und alle, deren Väter und Großväter hier aufgewachsen waren, betrachteten ihn etwas kalt und mit schiefen Blicken und hielten ihn für einen schamlosen Menschen und (nach dem, was sich sowohl weiße wie Neger-Pächter und andere Leute über ihn erzählten, die mit ihm zu tun hatten) auch für einen gewalttätigen Mann. Doch aus Rücksicht auf seine Frau und aus Ehrerbietung vor seinem Schwiegervater behandelten wir ihn höflich, wenn auch nicht achtungsvoll. Als daher seine Frau ebenfalls starb, während die Zwillingssöhne noch Kinder waren, glaubten wir, er sei daran schuld und ihre Gesundheit sei durch die grobe Gewalttätigkeit eines schlechterzogenen Fremdlings untergraben worden. Und als seine Söhne volljährig wurden und zuerst der eine und dann der andre sein Elternhaus ein für allemal verließ, da waren wir nicht überrascht. Und als man ihn vor einem halben Jahr tot auffand, den Fuß unlösbar im Steigbügel des gesattelten Pferdes, das er geritten hatte, und den Körper ziemlich übel zugerichtet, weil das Pferd ihn offenbar durch eine Einzäunung geschleift hatte (der Rücken und die Flanken des Pferdes wiesen noch Anzeichen der Schläge auf, die er ihm in einem seiner Wutanfälle versetzt hatte), da trauerte ihm keiner von uns nach, denn kurze Zeit davor hatte er etwas begangen, was für die Männer unsrer Stadt und Zeit und Lebensanschauung die unverzeihlichste Sünde darstellte. Am Tage, als er starb, erfuhren wir, er habe die Gräber der Familien-Ruhestätte aufgebrochen, in der die Angehörigen seiner Frau beigesetzt waren, unter anderen auch das Grab, in dem seine Frau nun dreißig Jahre lang gelegen hatte. Jetzt wurde der verrückte, von Haß verzehrte Mann inmitten der Gräber beerdigt, die er zu schänden versucht hatte, und zur gegebenen Zeit wurde sein Testament gerichtlich bestätigt. Wir nahmen den Inhalt des Testaments ohne Überraschung zur Kenntnis. Wir wunderten uns gar nicht, daß er selbst über das Grab hinaus denen, die allein er jetzt noch kränken und verletzen konnte, einen letzten Hieb versetzt hatte: seinem überlebenden Fleisch und Blut.

Zur Zeit von ihres Vaters Tod waren die Zwillingssöhne vierzig Jahre alt. Der jüngere, Anselm junior, soll seiner Mutter Liebling gewesen sein – vermutlich, weil er am meisten dem Vater glich. Jedenfalls hörten wir seit ihrem Tode, und als die Knaben noch beinah Kinder waren, immer wieder von Streitigkeiten zwischen dem alten Anse und dem jungen Anse, wobei Virginius, der andere Zwilling, als Mittler waltete und für seine Mühen sowohl vom Vater wie auch vom Bruder beschimpft wurde – aber so war er nun mal, der Virginius. Und auch der junge Anse verleugnete seine Art nicht: Noch ehe er zwanzig war, lief er von zu Hause fort und blieb zehn Jahre abwesend. Als er zurückkehrte, waren er und sein Bruder volljährig, und Anselm erhob bei seinem Vater förmlichen Anspruch auf das Land, das, wie wir jetzt erfuhren, der alte Anse nur verwaltet hatte: Es sollte geteilt werden, und er, der junge Anse, verlangte seinen Anteil. Der alte Anse schlug es ihm aufs heftigste ab. Zweifellos war die Bitte ebenso heftig gestellt worden, denn die beiden, der alte und der junge Anse, waren einander so ähnlich. Und wir hörten, daß Virginius seltsamerweise seines Vaters Partei ergriffen hatte. Wir hörten es, wie gesagt. Denn das Land blieb unangetastet, und wir hörten, daß der junge Anse nach einem Auftritt, der selbst bei ihnen an Heftigkeit nicht seinesgleichen hatte – einem Auftritt von einer solchen Heftigkeit, daß alle Neger-Diener aus dem Hause flohen und die Nacht über in alle Himmelsrichtungen zerstoben –, daß der junge Anse dem Elternhaus den Rücken kehrte und nur das Maultiergespann mitnahm, das ihm gehörte; und von dem Tage an bis zu seines Vaters Tode, und sogar noch über den Tod hinaus, an dem auch Virginius sich gezwungen sah, aus dem Haus zu gehen, sprach Anselm weder mit seinem Vater noch mit seinem Bruder. Jedoch verließ er diesmal nicht unsern Landkreis. Er verzog sich einfach in die Berge (›wo er beobachten kann, was der alte Mann und Virginius tun‹, sagten einige von uns und dachten alle); und während der folgenden fünfzehn Jahre lebte er allein in einer zweiräumigen Hütte mit gestampftem Lehmfußboden, lebte wie ein Einsiedler, kochte selbst und kam mit seinen beiden Maultieren keine viermal jährlich in die Stadt. Etwas früher war er einmal verhaftet und verurteilt worden, weil er versucht hatte, Whisky zu brennen; er ließ sich nicht verteidigen, bekannte sich weder schuldig noch nicht schuldig, wurde gleichzeitig für das ihm zur Last gelegte Vergehen wie auch wegen Mißachtung des Gerichts bestraft und bekam genauso einen Wutanfall wie sein Vater, als Virginius sich erbot, die Geldstrafe zu zahlen. Im Gerichtssaal versuchte er sich auf Virginius zu stürzen, ging dann auf eigenen Wunsch ins Gefängnis und wurde acht Monate später wegen seines guten Verhaltens begnadigt. Er kehrte in seine Hütte zurück – ein finsterer, schweigsamer Mann mit Adlernase, den zu besuchen sich Nachbarn wie Fremde wohlweislich hüteten.

Der andere Zwilling, Virginius, blieb dort und bearbeitete das Land, das der Vater seit jeher vernachlässigt hatte. (Es hieß vom alten Anse: ›Wo er auch herkam und was er auch gelernt haben mag, er war nie ein Farmer.‹ Und unter uns sagten wir und waren überzeugt, daß es der Wahrheit entsprach: ›Das ist die Ursache des Streits zwischen ihm und dem jungen Anse, der mitansehen muß, wie sein Vater mit dem Land umgeht, das seine Mutter ihm und Virginius zugedacht hatte.‹) Aber Virginius blieb. Es kann keine reine Freude für ihn gewesen sein, und später sagten wir, Virginius hätte sich's ja denken können, daß eine solche Zusammenarbeit nicht von Bestand sein konnte. Und noch später sagten wir dann: ›Vielleicht hat er's doch gewußt.‹ Virginius war nämlich so. Man wußte nicht, was er gerade dachte – nie.

Der alte Anse und der junge Anse waren wie Wasser. Vielleicht wie dunkles Wasser, zugegeben, aber man konnte doch sehen, was sie vorhatten. Doch bei Virginius wußte man immer erst hinterher, was er dachte oder tat. Wir wußten auch nicht, was sich an dem Tag zugetragen hatte, als Virginius, der es zehn Jahre lang ganz allein ausgehalten hatte, nachdem der junge Anse weggezogen war, nun seinerseits fortgejagt wurde; er verriet es niemandem, vermutlich nicht einmal Granby Dodge. Doch wir kannten den alten Anse, und wir kannten Virginius, und wir konnten uns vorstellen, daß es etwa so verlaufen war:

Ungefähr ein Jahr lang, nachdem der junge Anse seine Maultiere genommen hatte und in die Berge gegangen war, sahen wir den alten Anse stumm seinen Groll nähren. Eines Tages dann brach er los, vielleicht so: »Du glaubst wohl, jetzt, wo dein Bruder weg ist, kannst du hier herumlungern und alles allein einstecken, was?«

»Ich will nicht alles für mich haben«, erwiderte Virginius, »ich möchte nur meinen Anteil haben.«

»Aha«, sagte der alte Anse, »willst es jetzt wohl auch zerstückelt haben, was? Glaubst wohl wie dein Bruder, es hätt aufgeteilt werden sollen, als du und er volljährig wurden?«

»Ich möchte lieber ein kleines Stück haben und es richtig bearbeiten, als das Ganze in dem Zustand sehen, in dem es jetzt ist«, antwortete Virginius – noch immer gerecht, noch immer gelassen: Kein Mensch in der ganzen Gegend hat je gesehen, daß Virginius die Beherrschung verlor oder sich auch nur aufregte, selbst an dem Tage im Gerichtssaal nicht, als der junge Anse sich wegen der Geldbuße auf ihn stürzen wollte.

»Sieh mal an, das willst du?« rief der alte Anse. »Und ich hab versucht, überhaupt einen Ertrag rauszuziehen, und habe die Steuern bezahlt, während du und dein Bruder Jahr für Jahr Geld gescheffelt habt – steuerfrei.«

»Du weißt genau, daß Anse nie im Leben auch nur einen Cent gespart hat«, entgegnete Virginius. »Du kannst ihm nachsagen, was du willst, aber du kannst ihn nicht beschuldigen, wohlhabend zu sein.«

»Und doch, verdammt, war er dreist genug, herzukommen und zu verlangen, was er für seinen Anteil hielt, und sich fortzuscheren, als er's nicht bekam. Du aber – du lungerst hier herum, du alter Speichellecker, und wartest drauf, daß ich abkratze! Zahl mir die Steuern auf deinen Anteil mit Rückwirkung bis zu dem Tag, an dem deine Mutter starb, dann kannst du es haben!«

»Nein«, antwortete Virginius, »das will ich nicht.«

»Nein?« sagte der alte Anse. »Nein! O nein! Warum denn dein Geld für die Hälfte ausgeben, wenn du es eines Tages alles bekommen kannst, ohne auch nur einen Cent dafür auszugeben!« Und dann, so glaubten wir (wir hatten sie uns bis dahin sitzend vorgestellt, wie manierliche Männer im Gespräch begriffen), erhob sich der alte Anse mit seinem Zottelkopf und seinen buschigen Augenbrauen und rief: »Scher dich aus meinem Haus!« Aber Virginius rührte sich nicht, blieb sitzen und betrachtete seinen Vater. Der alte Anse kam auf ihn zu und hatte die Hand erhoben. »Geh! Scher dich aus meinem Haus! Verdammtnochmal, geh, oder ich...«

Daraufhin ging Virginius. Er beeilte sich nicht, er überstürzte nichts. Er packte seine Habseligkeiten zusammen (bestimmt besaß er mehr als Anse, allerhand kleinen Kram) und zog vier oder fünf Meilen weiter, um bei einem Vetter zu wohnen, dem Sohn eines entfernten Verwandten seiner Mutter. Der Vetter hauste allein, auch auf einer guten Farm, die aber mittlerweile mit Hypotheken überlastet war, weil auch der Vetter kein Farmer war: halb Viehhändler und halb Laienprediger, war er vermutlich in beiden Berufen nicht tüchtiger als in der Landbestellung, der kleine sandfarbene, fade Mann, an dessen Gesicht man sich schon nicht mehr erinnern konnte, nachdem man eine Minute weggeblickt hatte. Virginius brach also ohne Hast auf, und nicht so töricht wie sein Bruder, der in seiner Wut alle Brücken hinter sich abbrach, was wir dem jungen Anse seltsamerweise gar nicht übelnahmen, trotz all seiner Anstalten und seiner Herrschsucht. Ja, wir hatten den Virginius auch immer ein bißchen scheel angesehen; er war uns ein wenig zu selbstsicher. Denn es liegt in der menschlichen Natur, zuerst denen zu trauen, die unsicher sind. Wir nannten Virginius ein stilles Wasser; daher waren wir auch nicht überrascht, als wir erfuhren, er habe seine Ersparnisse benutzt, um die Hypotheken auf seines Vetters Farm abzulösen. Und wir wunderten uns auch nicht, als wir ein Jahr später hörten, der alte Anse habe sich geweigert, die Steuern für sein Land zu zahlen, und zwei Tage vor der gerichtlichen Beschlagnahme der Farm erhielt der Sheriff mit der Post von einem unbekannten Absender den Betrag, der auf den Cent genau den Schulden Hollands entsprach. »Sieh mal den Virginius!« sagten wir, da wir bestimmt zu wissen glaubten, weshalb der Absender nicht genannt zu werden brauchte. Der Sheriff hatte den alten Anse benachrichtigt.

»Schreiben Sie's zum Verkauf aus, zum Teufel!« rief der

alte Anse. »Wenn die sich einbilden, daß sie bloß herumsitzen und abwarten können, die verdammte Blase...«

Der Sheriff benachrichtigte den jungen Anse. »Es ist nicht meine Farm«, ließ der junge Anse bestellen.

Der Sheriff benachrichtigte Virginius. Virginius kam in die Stadt und nahm Einblick in die Steuerbücher. »Ich habe selbst schon genug auf dem Buckel«, sagte er. »Wenn er es natürlich aufgibt, dann hoffe ich, es zu erwerben. Aber ich weiß nicht recht – eine so gute Farm bleibt nicht lange ohne Käufer und geht nicht billig weg.« Und das war alles. Kein Zorn, keine Überraschung, kein Bedauern. Aber es war eben ein Heimlichtuer. Wir waren nicht überrascht, als wir erfuhren, der Sheriff habe den Packen Geld mit einem nicht unterzeichneten Briefchen erhalten: »Steuern für die Farm Anselm Hollands. Empfangsbescheinigung bitte an Anselm Holland senior schicken.« Und wir sagten: »Sieh einer den Virginius an!« Im Verlauf des nächsten Jahres dachten wir sehr häufig an Virginius, der da draußen in einem fremden Haus wohnte und fremden Boden bestellte und dabei die Farm und das Haus beobachtete, wo er geboren war und die rechtmäßig ihm gehörten – wie sie jetzt dem Verfall entgegengingen. Denn der alte Mann ließ jetzt alles zum Teufel gehen: Die brachliegenden Felder wurden von Jahr zu Jahr stärker von Quecken und Dornen überwuchert, obwohl der Sheriff noch immer zu Beginn jedes Jahres mit der Post die Geldsumme von dem unbekannten Absender erhielt und die Empfangsbestätigung an den alten Anse schickte, denn der alte Mann hatte es jetzt gänzlich aufgegeben, in die Stadt zu kommen, und das Haus fiel ihm buchstäblich über dem Kopf zusammen, und außer Virginius suchte ihn nie jemand auf. Fünf- oder sechsmal im Jahr ritt er vor die Veranda, und dann kam der alte Mann heraus und überschüttete ihn mit wilden und lauten Schmähungen, die Virginius gelassen hinnahm. Nachdem er sich mit eigenen Augen überzeugt hatte, daß sein Vater wohlauf war, sprach er kurz mit den paar Negern, die noch auf der Farm geblieben waren, und ritt dann weg. Doch sonst erschien nie eine Menschenseele auf der Farm, wohl aber sah man hin und wieder aus einiger Entfernung den alten Mann, wie er auf dem Schimmel, der ihn eines Tages töten sollte, über die erbarmungswürdigen, verkrauteten Felder ritt.

Dann hörten wir im vergangenen Sommer, er breche die Gräber in dem Zedernhain auf, in denen fünf Generationen der Vorfahren seiner Frau ruhten. Ein Neger berichtete es, und der Beamte vom Kreisgesundheitsamt ging hinaus und fand den Schimmel, der an einen Baum gebunden war, und dann erschien der Alte selbst zwischen den Stämmen, in der Hand ein Gewehr. Der Beamte kehrte zurück, und zwei Tage drauf ging ein Deputy des Sheriffs hinaus und fand den alten Mann neben dem Pferd liegend, den Fuß unlösbar im Steigbügel, und auf der Kruppe des Pferdes die grausamen Spuren der Hiebe – nicht einer Peitsche, sondern eines Stockes –, die auf das Tier niedergeprasselt waren.

Er wurde also inmitten der Gräber beerdigt, die er selber geschändet hatte. Virginius und der Vetter kamen zur Beerdigung. Sie bildeten das ganze Trauergeleit. Denn Anse junior kam nicht. Auch hinterher kam er nicht auf das Gut, obwohl Virginius noch lange genug blieb, um das Haus zu verschließen und die Neger zu entlohnen. Doch dann kehrte er zu seinem Vetter zurück, und zu gegebener Zeit wurde das Testament des alten Anse dem Richter Dukinfield zur gerichtlichen Bestätigung vorgelegt. Der Inhalt des Testaments blieb kein Geheimnis; wir kannten ihn alle. Es war ordnungsgemäß aufgesetzt, und wir wunderten uns weder darüber noch über den Inhalt noch über die Ausdrucksweise:

...mit Ausnahme der beiden nachfolgenden Legate schenke und vermache ich... meinen gesamten Besitz meinem älteren Sohn Virginius, vorausgesetzt, daß dem... Gerichtspräsidenten ein zuverlässiger Beweis erbracht werden kann, daß es besagter Virginius war, der die Steuern für meine

Farm bezahlt hat, und der... Gerichtspräsident soll einzig und allein ermächtigt sein, diesen Beweis gutzuheißen.

Die anderen beiden Legate lauteten folgendermaßen:

Meinem jüngeren Sohn Anselm vermache ich zwei vollständige Maultiergeschirre, mit der Auflage, daß besagter Anselm das Geschirr zu einem Besuch meines Grabes benutzt. Andernfalls wird... das Geschirr wieder ein Bestandteil... meines oben beschriebenen Besitztums.

Meinem Vetter Granby Dodge vermache ich... einen Dollar in bar, zum Ankauf eines oder mehrerer Gesangbücher zu verwenden, als ein Zeichen meiner Dankbarkeit, weil er meinen Sohn Virginius beherbergt und verpflegt hat, seit... Virginius mein Haus verlassen hat.

Das war also das Testament. Und wir hielten Augen und Ohren offen, um herauszubringen, was der junge Anse sagen oder tun würde. Und wir sahen und hörten nichts. Und wir paßten auf, um zu sehen, was Virginius tun würde. Und er tat nichts. Oder wir wußten wieder einmal nicht, was er tat und was er dachte. Doch so war eben Virginius. Denn es war ja ohnehin einstweilen alles geregelt. Er mußte nur noch abwarten, daß der Richter Dukinfield das Testament für rechtsgültig erklärte, und dann konnte Virginius seinem Bruder Anse dessen Hälfte geben – falls das seine Absicht war. Hier teilten sich die Meinungen. »Er und Anse hatten niemals Streit miteinander«, sagten einige. »Virginius hatte nie mit irgend jemand Streit«, sagten andere. »Wenn man danach gehen wollte, müßte er die Farm mit dem ganzen Landkreis teilen.« Woraufhin die ersten bemerkten: »Aber Virginius war's, der Anses Geldbuße zu zahlen versuchte.« Und die zweiten entgegneten: »Aber Virginius hielt zu seinem Vater, als Anse das Land aufteilen wollte.«

Folglich warteten und beobachteten wir. Wir beobachteten jetzt den Richter Dukinfield; es schien plötzlich, als wäre die ganze Sache unversehens in seine Hände geglitten; als throne er göttergleich über dem rachsüchtigen und höhnischen

Gelächter des alten Mannes, der sogar unter der Erde nicht sterben wollte, und über den beiden unversöhnlichen Brüdern, die fünfzehn Jahre lang so gut wie tot für einander gewesen waren. Doch wir glaubten, daß sich der alte Anse mit seinem letzten Streich selber hereingelegt hatte und daß, als er den Richter Dukinfield wählte, seine eigene Wut ihn schachmatt gesetzt hatte. Wir glaubten nämlich, daß der alte Anse mit dem Richter Dukinfield den einen unter uns gewählt hatte, der genügend Redlichkeit und Ehre und gesunden Menschenverstand besaß: eine Redlichkeit und Ehre, die noch nicht durch ein zu ausschließliches Studium des Gesetzes verwirrt und unschlüssig geworden war. Gerade die Tatsache, daß er für die Bestätigung eines durchaus nicht komplizierten Dokuments unverhältnismäßig viel Zeit benötigte, war uns nur ein neuer Beweis dafür, daß der Richter Dukinfield der eine Mann unter uns sei, der überzeugt war, daß die Gerechtigkeit zu fünfzig Prozent in der Kenntnis der Gesetze und zu fünfzig Prozent in Bedachtsamkeit und Vertrauen zu sich selbst und zu Gott besteht.

Als daher das Ende der gesetzlichen Frist näherrückte, beobachteten wir die täglichen Wege des Richters Dukinfield zwischen seinem Haus und seinem Amtszimmer im Gerichtsgebäude. Entschlossen und ohne Hast schritt er aus – ein Witwer von mehr als sechzig Jahren, stattlich, weißhaarig, mit einer aufrechten und würdevollen Haltung, die von den Negern ›steifrückig‹ genannt wird. Vor siebzehn Jahren war er zum Gerichtspräsidenten ernannt worden; er besaß nur geringe juristische Kenntnisse, aber sehr viel nüchternen gesunden Menschenverstand; seit dreizehn Jahren hatte sich niemand seiner Wiederwahl entgegengestellt, und selbst jene Einwohner, die sich am meisten über seine Miene freundlicher und liebenswürdiger Herablassung empörten, stimmten, wenn die Gelegenheit sich ergab, mit einer Art kindlichem Vertrauen und Glauben für ihn. Daher beobachteten wir ihn ohne Ungeduld, denn wir wußten, daß es richtig sein würde, was er schließlich tat – nicht, weil er es *tat,* sondern weil er weder sich noch anderen gestatten würde, überhaupt etwas zu tun, ehe es richtig war. Jeden Morgen sahen wir ihn also genau zehn Minuten nach acht den Platz überqueren und zum Gerichtsgebäude gehen, wohin ihm der Türsteher, ein Neger, mit der automatischen Pünktlichkeit eines Bahnsignals, das die Ankunft eines Zuges meldet, um genau zehn Minuten vorausgegangen war und das Amtszimmer aufgeschlossen hatte. Der Richter betrat sein Büro, und der Neger nahm seinen Platz auf einem mit Draht geflickten Holzspanstuhl in dem fliesenbelegten Durchgang ein, der das Büro vom eigentlichen Gericht trennte und wo er den ganzen Tag zu sitzen und zu dösen pflegte, wie er das seit siebzehn Jahren getan hatte. Um fünf Uhr nachmittags erwachte dann der Neger und betrat das Amtszimmer des Richters, der vielleicht seinerseits erwachte, denn er hatte lange genug gelebt, um erlernt zu haben, daß die Bürde jedes Amtes gewöhnlich nur in den Gehirnen von Theoretikern besteht, die kein eigenes Amt zu verwalten haben; und dann sahen wir sie im Gänsemarsch den Platz überqueren und die Straße entlanggehen, die nach Hause führte, alle beide den Blick geradeaus gerichtet und mit etwa fünf Meter Abstand voneinander, und so aufrecht gingen sie, daß die beiden Gehröcke, vom gleichen Schneider nach den Maßen des Richters gearbeitet, von den beiden Schulterpaaren wie ein glattes Brett und ohne die geringste Andeutung einer Taillen- oder Hüft-Linie niederfielen.

Eines Nachmittags dann, kurz nach fünf Uhr, begannen die Leute plötzlich über den Platz zum Gericht zu laufen. Andere Männer sahen sie und liefen ebenfalls mit schweren Schritten zwischen Wagen und Autos über das Pflaster, und ihre Stimmen fragten gespannt und dringlich: »Was ist? Was ist denn?« – »Richter Dukinfield!« hieß es. Und sie liefen weiter und betraten den fliesenbelegten Durchgang zwischen dem Gericht und dem Amtszimmer, wo der alte Neger in seinem ererbten Gehrock stand und die Hände in die Luft warf. Sie liefen an ihm vorbei und stürzten ins Amtszimmer. Hinter dem Schreibtisch saß der Richter, ein wenig in seinem Stuhl zurückgelehnt und ganz behaglich. Die Augen standen weit offen, und er war mit einer Kugel erschossen worden, die sehr säuberlich durch die Nasenwurzel gegangen war, so daß er drei Augen in einer Reihe zu haben schien. Es war eine Kugel, und doch hatte an jenem Tag kein Mensch auf dem Platz draußen und ebenfalls nicht der alte Neger, der die ganze Zeit auf seinem Stuhl gesessen hatte, auch nur das geringste Geräusch gehört.

Gavin Stevens brauchte an jenem Tag sehr viel Zeit, er und die kleine Messingdose. Denn zuerst wußten die Geschworenen gar nicht, worauf er hinauswollte – falls es überhaupt jemand an jenem Tag und in jenem Zimmer wußte: die Geschworenen, die beiden Brüder, der Vetter, der alte Neger. Deshalb fragte ihn der Obmann der Geschworenen schließlich ohne Umschweife:

»Wollen Sie behaupten, Gavin, daß zwischen Mr. Hollands Testament und Richter Dukinfields Ermordung ein Zusammenhang besteht?«

»Ja«, sagte der Anwalt. »Und ich werde noch viel mehr behaupten!«

Sie beobachteten ihn: die Geschworenen und die beiden Brüder. Einzig der alte Neger und der Vetter sahen ihn nicht an. In der vergangenen Woche war der Neger offensichtlich um fünfzig Jahre gealtert. Er war gleichzeitig mit dem Richter in den öffentlichen Dienst getreten, und zwar aus dem einfachen Grunde, daß er länger in den Diensten der Familie des Richters gestanden hatte, als einer von uns sich erinnern konnte. Er war älter als der Richter, obwohl er bis zu jenem Nachmittag vor einer Woche noch vierzig Jahre jünger ausgesehen hatte – eine eingeschrumpfte Gestalt, wie verloren in dem zu weiten Gehrock. Er betrat zehn Minuten vor dem Richter das Amtszimmer und öffnete es und fegte es und staubte den Tisch ab, ohne irgendeinen Gegenstand darauf von der Stelle zu rücken, und alles mit einer geschickten Lässigkeit, die das Ergebnis siebzehnjähriger Praxis war, und dann zog er sich auf seinen mit Draht geflickten Stuhl im Durchgang zurück, um dort zu schlafen. Das heißt, er schien zu schlafen. (Die einzige andere Möglichkeit, das Amtszimmer des Richters zu erreichen, war die schmale Privattreppe, die vom Gerichtssaal hinunterführte und nur während der Sitzungen vom Richter selbst benutzt wurde, der auch dann noch den Gang überqueren und in zweieinhalb Meter Entfernung am Stuhl des Negers vorbeigehen mußte, falls er nicht dem Gang bis zu der Stelle folgte, wo er unter dem einzigen Fenster des Amtszimmers einen rechten Winkel bildete, und dort durch das Fenster kletterte.) Nun war aber niemand, weder Mann noch Frau, jemals an dem Stuhl vorbeigegangen, ohne zu sehen, wie sich die runzligen Augenlider des auf dem Stuhl Sitzenden sofort über den braunen Augen öffneten, die vor hohem Alter ohne Iris zu sein schienen. Hin und wieder blieben wir wohl einmal stehen und schwatzten mit ihm, um zu hören, wie er mit tiefer, volltönender Stimme und gänzlich verkehrter Aussprache sinnlose juristische Phrasen drechselte, die er ahnungslos aufgegabelt hatte – wie Keime einer ansteckenden Krankheit – und die er nun mit einer unerschütterlichen Tiefgründigkeit von sich gab, was mehr als einen von uns veranlaßte, auch dem Richter selbst mit liebevollem Vergnügen zuzuhören. Doch trotz alledem – er war ein Greis, der hin und wieder unsre Namen vergaß und uns untereinander verwechselte, und da er auch unsre Gesichter und Generationen verwechselte, erwachte er manchmal aus seinem leichten Schlummer und rief Besucher an, die gar nicht da waren, die schon seit vielen Jahren tot waren. Aber noch nie war unsres Wissens jemand an ihm vorbeigegangen, ohne daß er es bemerkt hätte.

Doch die andern im Amtszimmer beobachteten Stevens:

die um den Tisch sitzenden Geschworenen und die beiden Brüder an den entgegengesetzten Enden der Bank mit ihren dunklen, sich gleichenden Gesichtern mit der Adlernase und den in der gleichen Haltung verschränkten Armen. »Behaupten Sie, daß Richter Dukinfields Mörder sich in diesem Zimmer befindet?« fragte der Obmann.

Der Anwalt betrachtete sie und ihre Gesichter, die ihn beobachteten. »Ja, und ich werde sogar noch mehr behaupten«, antwortete er.

»Behaupten?« fragte Anselm, der jüngere der beiden Zwillinge. Er saß allein an seinem Ende der Bank, deren ganze Länge sich zwischen ihm und dem Bruder ausdehnte, mit dem er seit fünfzehn Jahren nicht mehr gesprochen hatte; und er starrte Stevens mit einem harten, zornigen, unerschrockenen Blick an.

»Ja«, sagte Stevens. Er stand an der Schmalseite des Tisches. Er begann zu sprechen, ohne einen von uns besonders ins Auge zu fassen, und sprach mit unbeteiligter Stimme, als erzähle er eine Anekdote, erzählte, was wir bereits wußten, und wandte sich dann und wann an den andern Zwilling, Virginius, als erwarte er dessen Bestätigung. Er erzählte von dem jungen Anse und seinem Vater. Sein Ton klang gerecht und freundlich. Es schien, als setze er sich für den Überlebenden ein; er erzählte, wie der junge Anse sein Elternhaus in vollem Zorn verlassen habe, in berechtigtem Zorn wegen der Art, wie sein Vater mit dem Boden umging, der seiner Mutter gehört hatte und von dem ihm damals die Hälfte rechtmäßig zustand. Stevens' Ton war gerecht, überzeugend und freimütig, falls nicht gar eine gewisse Sympathie für den jungen Anse mitschwang. Ja, tatsächlich. Und wegen dieser kaum merklichen Anteilnahme, wegen des scheinbaren Beschönigens begann sich ein Bild von dem jungen Anse zu entfalten, das ihn zu etwas verdammte, über das wir uns im Augenblick noch nicht klar waren, ihn gerade wegen des Wunsches nach Gerechtigkeit und der Liebe zu seiner toten Mutter verdammte, eines durch die Gewalttätigkeit entstellten Wunsches, die er von eben dem Mann geerbt hatte, der ihm das Unrecht zufügte. Und die beiden Brüder saßen da, getrennt durch die Länge der blankgeriebenen Bank: der jüngere starrte Stevens mit Blicken verhaltenen Zorns an, und der ältere blickte ihn ebenso gespannt, aber mit unergründlichem Gesichtsausdruck an. Stevens erzählte jetzt, wie der junge Anse im Zorn fortging und wie ein Jahr später auch Virginius, der ruhigere, der stillere, der mehr als einmal versucht hatte, den Frieden zwischen Vater und Bruder wiederherzustellen, aus dem Elternhaus vertrieben wurde. Und wieder entwarf Stevens ein ansprechendes und freimütiges Bild: von den Brüdern, zwischen denen nicht der noch lebende Vater stand, sondern das, was jeder von ihm geerbt hatte, und die doch auch verbunden waren und genährt worden waren durch das Land, das rechtmäßig ihnen gehörte und in dem ihrer Mutter sterbliche Überreste ruhten.

»In dieser Lage befanden sie sich also: Aus der Ferne mußten sie mitansehen, wie das gute Land allmählich verdarb, wie das Haus, in dem sie geboren wurden und in dem ihre Mutter geboren wurde, wegen eines verrückten alten Mannes verfiel, der zu guter Letzt, nachdem er sie fortgejagt und ihnen nichts anderes zufügen konnte, noch versuchte, sie ein für allemal ihres Erbes zu berauben, indem er es wegen unbezahlter Steuern zum Verkauf freigab. Doch dieser Plan wurde ihm von jemand durchkreuzt, der genügend Einsicht und Selbstbeherrschung besaß, um sich auszuschweigen über das, was ohnehin seine eigene Angelegenheit war, solange die Steuern bezahlt wurden. Daher hatten sie alle nichts weiter zu tun, als auf den Tod des alten Mannes zu warten. Denn alt war er ja, und selbst wenn er jung gewesen wäre, hätte die Wartezeit einem so beherrschten Mann nicht viel ausgemacht, auch wenn er den Inhalt des Testaments nicht kannte. Aber die Wartezeit wäre einem hitzigen und heftigen Mann viel weniger leichtgefallen, besonders, wenn der heftige Mann den Inhalt des Testaments zufällig gekannt oder geahnt hätte und überdies völlig überzeugt gewesen wäre, daß alles ihm zugefügte Unrecht nie wieder gutzumachen war, daß er seiner Rechte als Bürger und seines guten Namens durch die Machenschaften eines Mannes beraubt worden war, der ihn schon ausgeplündert und um die besten Jahre seines Lebens unter seinesgleichen gebracht und ihn gezwungen hatte, wie ein Einsiedler in einer Berghütte zu hausen. Ein solcher Mann hätte wohl weder Geduld noch Neigung, seine Gedanken an das Warten oder Nicht-Warten zu vergeuden.«

Die beiden Brüder wandten kein Auge von ihm ab. Man hätte sie für Steinbilder halten können, wären nicht Anselms Augen gewesen. Stevens sprach ruhig und ohne jemand direkt anzublicken. Er war fast ebenso lange Kreis-Anwalt gewesen, wie Richter Dukinfield Gerichtspräsident war. Er hatte in Harvard sein Diplom erhalten, ein Mann von schlotteriger Haltung mit einer Mähne wirren eisengrauen Haars, der sich mit Universitätsprofessoren über Einstein unterhalten konnte und ganze Nachmittage mit Männern zubrachte, die sich an die Wände von Dorfläden räkelten, wo er in ihrem Dialekt mit ihnen schwatzte. Er nannte das seinen Urlaub.

»Dann kam die Zeit, daß der Vater starb, was sich jeder Mann mit einiger Beherrschung und Einsicht hatte denken können. Und sein Testament wurde zur Bestätigung dem Gericht vorgelegt, und selbst die Hinterwäldler erfuhren, was darin stand, und hörten, daß der so schlecht verwaltete Boden endlich seinem rechtmäßigen Eigentümer gehören würde. Vielmehr, seinen Eigentümern, denn Anse Holland weiß ebensogut wie wir, daß Virge nicht mehr als die ihm zustehende Hälfte nehmen würde, Testament hin oder her, und jetzt ebensowenig wie früher, wenn sein Vater ihm die Gelegenheit gegeben hätte. Anse weiß es, weil er auch weiß, daß er genauso handeln würde, wäre er an Virginius' Stelle. Denn wenn sie auch beide die Kinder von Anselm Holland sind, so sind sie doch auch die Kinder von Cornelia Mardis.

Aber selbst wenn Anse das nicht gewußt und geglaubt hätte, so hätte er doch gewußt, daß der Boden, der seiner Mutter gehört hatte und in dem ihre Gebeine ruhten, von jetzt an gut behandelt würde. Und jene Nacht, als er von seines Vaters Tod gehört hatte, war vielleicht, seit Anse ein Kind gewesen, und noch vor dem Tode seiner Mutter, wenn sie abends nach oben ging und ins Zimmer blickte, in dem er schlief, und wieder ging – jene Nacht war vielleicht seit damals die erste, in der Anse schlafen konnte. Denn nun war nämlich alles gerächt: die Kränkung, die Ungerechtigkeit, der eingebüßte gute Name und der Schandfleck seiner Haft – alles war jetzt verflogen wie ein Traum. Es konnte jetzt vergessen werden, denn jetzt war alles in Ordnung. Denn mittlerweile hatte er sich nämlich daran gewöhnt, wie ein Einsiedler zu leben und allein zu sein; er hätte sich nach einer so langen Zeit nicht mehr ändern können. Er war glücklicher, wo er war – allein in den Bergen oben. Und nun wußte er also, daß alles wie ein böser Traum verflogen war und daß der Boden, seiner Mutter Besitz, ihr Erbe und ihre Grabstätte, jetzt in den Händen des einen Mannes war, dem er trauen konnte und wollte, selbst wenn sie nicht miteinander sprachen. Verstehen Sie es jetzt?«

Wir sahen ihn an, während wir um den Tisch saßen, auf welchem seit dem Tage, an dem der Richter Dukinfield starb, nichts von der Stelle gerückt worden war und auf dem noch die Dinge lagen, die er – nebst der Pistolenmündung – als letztes auf Erden erblickt hatte und mit denen wir alle seit Jahren vertraut waren: die Dokumente, das verkleckste Tintenfaß, die abgestumpften Federhalter, auf die der Richter solchen Wert gelegt hatte, und die kleine Messingdose, die sein eigentlich überflüssiger Briefbeschwerer war. Die beiden Zwillingsbrüder saßen jeder an seinem Bankende und beobachteten Stevens – unbeweglich, voll verhaltener Spannung.

»Nein, wir verstehen es nicht«, erklärte der Obmann. »Worauf wollen Sie hinaus? Welcher Zusammenhang besteht zwischen alledem und der Ermordung des Richters?«

»Dahin komme ich jetzt«, erklärte Stevens. »Richter Dukinfield war im Begriff, das Testament zu bestätigen, als er ermordet wurde. Es war ein wunderliches Testament, aber das hatten wir alle von Mr. Holland gar nicht anders erwartet. Doch es ist durchaus in Ordnung, und die Erben sind alle befriedigt; wir wissen alle, daß die Hälfte der Farm an Anselm fällt, sowie er Anspruch darauf erhebt. Das Testament ist also in Ordnung, und seine gerichtliche Bestätigung wäre eigentlich nur eine Formalität gewesen. Und doch hatte Richter Dukinfield schon vierzehn Tage damit zugewartet. Und daher war der Mann, der glaubte, er brauche weiter nichts zu tun, als zu warten...«

»Welcher Mann?« fragte der Obmann.

»Einen Augenblick«, erwiderte Stevens. »Der Mann glaubte, er brauche weiter nichts zu tun, als zu warten. Aber nicht das Warten war's, das ihn beunruhigte, da er ja schon seit fünfzehn Jahren gewartet hatte. Nein, das war es nicht. Es war etwas anderes, eine Sache, die er erfuhr (oder an die er sich erinnerte), als es bereits zu spät war, eine Sache, die er nicht hätte vergessen dürfen, denn er ist ein schlauer Mann, einer, der sich beherrschen und vorausehen kann, der sich so gut beherrschen kann, daß er fünfzehn Jahre lang auf seine Gelegenheit wartet, und der so weit vorausehen kann, daß er gegen alles Unvorhergesehene gedeckt ist – bis auf eins: eine Lücke in seinem Gedächtnis. Denn als es zu spät war, erinnerte er sich daran, daß noch ein anderer Mann da war, der das wußte, was er vergessen hatte. Und der andere Mann, der es wußte, war Richter Dukinfield. Und die Sache, die er ebenfalls wußte, war die: daß der Schimmel nicht die Ursache von Mr. Hollands Tod war.«

Als er schwieg, war kein Laut im Zimmer zu hören. Die Geschworenen saßen still um den Tisch und blickten zu Mr. Stevens auf. Anselm drehte sein verzerrtes und wütendes Gesicht auf die Seite und warf seinem Bruder einen einzigen Blick zu, dann faßte er wieder Stevens ins Auge und beugte sich jetzt ein wenig vor. Virginius hatte sich nicht gerührt; sein ernster, gespannter Ausdruck war unverändert der gleiche geblieben. Zwischen ihm und der Wand hatte der Vetter Platz genommen; seine Hände lagen auf den Knien, und den Kopf hatte er ein wenig gesenkt, als wäre er in der Kirche. Wir wußten von ihm nur, daß er eine Art Wanderprediger war und daß er gelegentlich eine Koppel struppiger Pferdchen und Maultiere zusammenbrachte und sie irgendwo hinführte und dort verkaufte oder tauschte. Er war ein schweigsamer Mensch, der im Umgang mit andern Menschen eine so qualvolle Schüchternheit und einen solchen Mangel an Selbstgefühl an den Tag legte, daß er unser Mitleid erregte, und zwar jene Art von mitleidigem Widerwillen, den man für einen getretenen Wurm empfindet, so daß wir uns scheuten, ihn der Qual auszusetzen, eine Frage mit ›ja‹ oder ›nein‹ beantworten zu müssen. Doch hatten wir vernommen, daß er sonntags auf den Kanzeln der Dorfkirchen ein ganz anderer Mann wurde und sich förmlich verwandelte: Seine Stimme wurde dann volltönend und eindringlich und so selbstsicher, daß der Gegensatz zu seiner kümmerlichen Art und Haltung auffallend war.

»Stellen Sie sich jetzt das Warten dieses Mannes vor«, sagte Stevens, »der wußte, was geschehen würde, noch ehe es geschehen war, der nun endlich wußte, daß der Grund, weshalb nichts geschah, weshalb das Testament vor aller Augen im Büro des Richters Dukinfield gelandet und dann wie von der Erdoberfläche verschwunden war und aller Kenntnis entzogen blieb, einfach der war, daß er etwas vergessen hatte, was er nicht hätte vergessen dürfen. Daß nämlich auch Richter Dukinfield wußte, daß Mr. Holland nicht der Mann war, der das Pferd geschlagen hatte. Er wußte, daß Richter Dukinfield wußte, daß der Mann, der das Pferd mit dem Stock geschlagen und die Spuren dieser Behandlung auf dem Rücken des Pferdes hinterlassen hatte, der gleiche Mann war, der zuerst Mr. Holland getötet und dann seinen

Fuß im Steigbügel verhakt und schließlich das Pferd mit dem Stock angetrieben hatte, damit es durchgehe. Aber das Pferd ging nicht durch. Der Mann wußte von vornherein, daß es nicht durchgehen würde; jahrelang hatte er gewußt, daß es nicht durchgehen würde, und dann hatte er es vergessen. Als es nämlich noch ein Fohlen gewesen war, wurde es einmal so grausam geschlagen, daß es sich seitdem beim Anblick auch nur einer Gerte in der Hand seines Reiters sofort auf die Erde legte – was Mr. Holland wußte, wie es auch alle andern wußten, die Mr. Hollands Familie nahestanden. Doch anfänglich machte das weiter nichts; es war im Grunde genauso recht. Solches dachte der Mann etwa eine Woche lang, wenn er nachts in seinem Bett lag und wartete – er, der schon seit fünfzehn Jahren wartete. Weil er sich nämlich sogar dann, als es zu spät war und er begriff, daß er einen Fehler gemacht hatte, noch nicht an alles erinnerte, was er nie hätte vergessen dürfen. Und schließlich erinnerte er sich auch daran – als es zu spät war und nachdem die Leiche gefunden und die Spuren der Stockschläge auf dem Pferd gesehen und beachtet worden waren und es zu spät war, sie zu entfernen. Vielleicht waren sie mittlerweile ohnehin schon nicht mehr zu sehen. Doch um sie aus dem Gedächtnis der Leute zu entfernen, dafür konnte er nur ein einziges Werkzeug benutzen. Stellen Sie sich nun den Mann vor, sein Entsetzen, seine Empörung, sein Gefühl, hereingelegt worden zu sein und es nicht wieder rückgängig machen zu können, sein ungestümes Verlangen, die Zeit rückwärts laufen zu lassen, wär's auch nur eine Minute lang, um ungeschehen zu machen oder zu vollenden, wofür es jetzt zu spät ist! Denn die letzte Sache, an die er sich erinnerte, als es bereits zu spät war, war nämlich die, daß Mr. Holland das Pferd von Richter Dukinfield gekauft hatte, von dem Mann, der hier an diesem Tisch gesessen hatte, um sich über die Gültigkeit eines Testaments zu äußern, das achthundert Hektar des besten Bodens in unsrer Gegend vergab. Und er wartete, da er nur ein einziges Werkzeug hatte, das die Spuren der Stockhiebe beseitigen konnte, und nichts geschah. Und nichts geschah, und er wußte, warum. Und er wartete, solange er es nur irgend wagte und bis er überzeugt war, daß mehr auf dem Spiele stand als nur ein paar Hektar Erde. Was sonst konnte er also tun als das, was er getan hat?«

Er hatte kaum zu reden aufgehört, als Anselm das Wort ergriff. Seine Stimme klang rauh und schroff. »Sie täuschen sich«, sagte er.

Wie auf Befehl blickten wir alle einmütig dorthin, wo er vorgebeugt auf der Bank saß, in schmutzigen Stiefeln und abgetragenem Overall, und Stevens anfunkelte; sogar Virginius wandte sich zu ihm um und betrachtete ihn einen Augenblick. Der Vetter und der alte Neger waren die einzigen, die sich nicht rührten. Sie schienen nicht zuzuhören. »Worin täusche ich mich?« fragte Stevens.

Aber Anselm antwortete nicht. Er funkelte Stevens an. »Bekommt Virginius das Gut, trotzdem... trotzdem...«

»Trotzdem... was?« fragte Stevens.

»Obwohl er... daß...«

»Sprechen Sie von Ihrem Vater? Ob er starb oder ermordet wurde?«

»Ja«, sagte Anselm.

»Doch. Sie und Virginius bekommen das Gut, einerlei, ob das Testament gültig ist oder nicht – vorausgesetzt natürlich, daß Virginius mit Ihnen teilt, falls das Testament bestätigt wird. Der Mann jedoch, der Ihren Vater getötet hat, war dessen nicht sicher, und zu fragen wagte er nicht. Denn das wollte er gar nicht. Er wollte, Virginius sollte das Ganze bekommen. Und deshalb wollte er auch, daß das Testament als gültig bestätigt würde.«

»Sie täuschen sich«, sagte Anselm mit seiner rauhen, heftigen Stimme. »Ich habe ihn getötet. Aber nicht wegen der verdammten Farm. Jetzt können Sie Ihren Sheriff kommen lassen!«

Und nun war es Stevens, der Anselms wütendes Gesicht

unerschüttert ansah und ruhig sagte: »Und ich behaupte, daß Sie sich täuschen, Anse!«

Einige Augenblicke danach saßen wir Zuschauer und Zuhörer wie nach einer Schicksalswendung in einem traumartigen Zustand da und schienen im voraus zu wissen, was geschehen würde, und wußten doch gleichzeitig, daß es nicht darauf ankam, weil wir bald erwachen würden. Es war, als befänden wir uns außerhalb der Zeit und beobachteten von außen her, was sich abspielte – noch immer außerhalb und jenseits der Zeit –, seit jenem ersten Augenblick, da wir Anselm von neuem ansahen, als hätten wir ihn vorher nie gesehen. Ein Geräusch war zu vernehmen, ein leises Seufzen, nicht laut; vielleicht ein Seufzer der Erleichterung – oder dergleichen. Vielleicht dachten wir alle, Anselms Alpdruck müsse nun wirklich überstanden sein; es schien, als wären auch wir plötzlich in jene Zeit zurückversetzt worden, als er, ein kleines Kind, in seinem Bette lag, und seine Mutter – von der es hieß, sie liebe ihn besonders, sie, deren Erbschaft ihm entgangen war und der nun die letzte Ruhestätte ihres beklagenswerten und so lange schon stillen Staubes schändlich entweiht worden war – hereinkam und einen Augenblick nach ihm schaute. Weit zurück lagen jene Zeiten, so gerade der Weg auch zu ihnen führte. Und so gerade die Strecke sein mochte, der Knabe, der damals ahnungslos in seinem Bett gelegen hatte, hatte sich doch unterwegs verlaufen, wie wir es alle tun, tun müssen und immer tun werden; der Knabe war so tot wie jeder andere seines Blutes in dem geschändeten Zedernhain, und der Mann, den wir anblickten, den blickten wir über einen unwiderruflichen Abgrund hinweg an, vielleicht voller Mitgefühl, aber nicht voller Erbarmen. Deshalb brauchten wir fast ebenso lange wie Anse, um in den Sinn von Stevens' Worten einzudringen; er mußte sie wiederholen: »Und ich behaupte jetzt, Anse, daß Sie sich täuschen.«

»Was?« fragte Anse. Dann bewegte er sich. Er stand nicht

auf, und trotzdem schien er jählings und heftig auszuholen.
»Sie sind ein Lügner! Sie...«

»Sie täuschen sich, Anse. Sie haben Ihren Vater nicht getötet. Der Mann, der Ihren Vater getötet hat, war der gleiche Mann, der es sich ausdenken und planen konnte, wie er den alten Mann töten wollte, der hier jeden Tag, tagein, tagaus, hinter diesem Tisch saß, bis ein alter Neger hereinkam und ihn weckte und ihm sagte, es sei Zeit, nach Hause zu gehen – ein Mann, der nie jemandem, ob Mann, Frau oder Kind, etwas anderes als Gutes angetan hatte, denn er glaubte, daß nur er und Gott es sähen. Nicht Sie haben Ihren Vater umgebracht! Sie verlangten von ihm, was Sie für Ihr Eigentum hielten, und als er sich weigerte, es Ihnen zu geben, da gingen Sie, gingen für immer fort und sprachen nie wieder mit ihm. Sie hörten, wie schlecht er den Boden bewirtschaftete, doch Sie mischten sich nicht ein, weil das Land für Sie einfach ›die verdammte Farm‹ war. Sie mischten sich nicht ein, bis Sie hörten, daß ein Verrückter die Gräber aufbrach, in denen Ihrer Mutter Blutsverwandte begraben lagen, die auch Ihre eigenen waren. Dann erst, und nicht vorher, gingen Sie zu ihm, um Einspruch zu erheben. Doch Sie waren nicht der Mann, Einspruch zu erheben, und er war nicht der Mann, der einen Einspruch beachtete. Deshalb fanden Sie ihn dort im Zedernhain mit dem Gewehr. Ich glaube nicht einmal, daß Sie dem Gewehr große Bedeutung beigelegt haben. Ich stelle mir nur vor, daß Sie es ihm einfach weggenommen und ihn mit Ihren bloßen Fäusten durchgeprügelt und dann neben seinem Pferde liegen gelassen haben. Vielleicht hielten Sie ihn für tot. Dann, nachdem Sie fortgegangen waren, kam zufällig jemand vorbei und fand ihn; vielleicht war dieser Jemand die ganze Zeit über dagewesen und hatte Sie beobachtet. Jemand, der auch seinen Tod wünschte – nicht, weil er zornig oder gekränkt war, sondern aus abgefeimter Berechnung. Vielleicht, um Nutzen daraus zu ziehen – aus einem Testament. Er trat also näher und fand, was Sie unfertig liegen gelassen hatten, und beendete es: Er befestigte den Fuß Ihres Vaters im Steigbügel und versuchte, das Pferd mit Schlägen zum Durchgehen zu bewegen, damit es ganz natürlich aussähe, und vergaß dabei, was er nicht hätte vergessen sollen. Doch Sie sind es nicht gewesen. Denn Sie gingen nach Hause, und als Sie hörten, was man vorgefunden hatte, schwiegen Sie. Weil Sie damals etwas glaubten, was Sie nicht einmal sich selbst sagen wollten. Und als Sie hörten, was in dem Testament stand, da glaubten Sie, Gewißheit erlangt zu haben. Und Sie waren zufrieden, denn Sie hatten allein gelebt, bis Jugend und jugendliche Wünsche von Ihnen gewichen waren, und Sie wollten nichts weiter als Frieden, Frieden für sich und für Ihrer Mutter Gebeine. Und überdies: Was konnten Grund und Boden und eine Stellung unter Mitbürgern einem Manne bedeuten, der seine Bürgerrechte verloren hatte und dessen Name entehrt worden war?«

Wir lauschten gebannt, wie Stevens' Stimme in dem kleinen Zimmer verhallte, in dem sich nie ein Lufthauch regte, in dem wegen seiner Lage nie ein Durchzug entstand, denn durch das Gerichtsgebäude war es windgeschützt.

»Sie haben Ihren Vater nicht getötet, Anse, weder Ihren Vater noch den Richter Dukinfield. Wenn nämlich der Mann, der Ihren Vater getötet hat, sich noch rechtzeitig erinnert hätte, daß der Schimmel einst dem Richter Dukinfield gehört hatte, dann wäre der Richter heute noch am Leben.«

Wir atmeten leise und saßen um den Tisch, hinter dem der Richter gesessen hatte, als er aufblickte und die auf sich gerichtete Pistolenmündung sah. Die Sachen auf dem Tisch waren nicht angerührt worden. Da lagen noch immer die Dokumente, die Federn, da stand das Tintenfaß und dort die kleine, seltsam ziselierte Messingdose, die ihm seine Tochter vor zwölf Jahren aus Europa mitgebracht hatte – zu welchem Zweck, das wußte weder sie noch der Richter, denn sie war nur für Badesalz oder Tabak geeignet, und der Richter benutzte weder das eine noch das andere – und die er als

Briefbeschwerer aufbewahrte, doch auch das war im Grunde unnötig, da hier nie ein Luftzug wehte. Aber er bewahrte sie hier auf dem Tisch auf, und wir alle kannten sie und hatten mit angesehen, wie er damit spielte, während er sprach, den Deckel mit dem Schnappschloß öffnete und zusah, wie er bei der geringsten Berührung gehässig wieder zuschnappte.

Wenn ich mich jetzt zurückversetze, finde ich, daß der Schluß der Sitzung nicht so lange hätte dauern müssen; mir scheint es jetzt, als hätten wir's schon die ganze Zeit über begriffen, und mir scheint, ich verspüre noch immer jenen Ekel ohne Erbarmen, der zuletzt an Stelle des Mitleids tritt, wenn man zum Beispiel einen weichen Wurm auf einer Nadel aufgespießt sieht und vor Widerwillen Brechreiz bekommt und sich doch der bloßen Handfläche bedient, wenn man sonst nichts anderes hat, und denkt: »Los! Zerdrücke ihn! Zerquetsche ihn! Mach Schluß damit!« Doch das lag nicht in Stevens' Plan. Er hatte nämlich einen Plan, und wir begriffen es hinterher: Weil Stevens den Mann nicht überführen konnte, mußte sich der Mann selbst überführen. Und es war unfair, wie Stevens es machte; hinterher sagten wir es ihm. (»Oh«, antwortete er, »ist die Gerechtigkeit nicht stets unfair? Ist sie nicht immer zu gleichen Teilen aus Ungerechtigkeit und Glückszufall und Banalitäten zusammengesetzt?«)

Aber jedenfalls konnten wir noch nicht sehen, worauf er hinauswollte, als er wieder in jenem Ton zu sprechen begann: gleichmütig, wie ein Anekdoten-Erzähler, die Hand jetzt auf der Messingdose. Doch die Menschen lassen sich so leicht durch vorgefaßte Meinungen beeinflussen. Nicht die Gegebenheiten und Umstände setzen uns in Erstaunen, sondern das Zusammentreffen von Dingen, die wir hätten erkennen sollen, wenn wir nur nicht so fest an etwas geglaubt hätten, was wir (wie wir bei späterem Zusehen entdeckten) aus keinem andern Grunde für die Wahrheit gehalten hatten, als weil wir es in jenem Augenblick zufällig glaubten. Er sprach wieder vom Rauchen, und wie ein Mann den Tabak erst dann richtig genießt, wenn er zu glauben beginnt, daß er ihm schade, und wie den Nichtrauchern eine der größten Daseinsfreuden eines sensiblen Menschen entgeht: das Bewußtsein, einem Laster zu unterliegen, das nur ihm selbst schaden kann.

»Rauchen Sie, Anse?« fragte er.

»Nein«, antwortete Anse.

»Und Sie auch nicht, nicht wahr, Virge?«

»Nein«, antwortete Virginius. »Keiner von uns hat je geraucht, weder Vater noch Anse noch ich. Es liegt in der Familie, wie mir scheint.«

»Ein Familienzug!« sagte Stevens. »Liegt es auch in Ihrer Mutter Familie? In Ihrer Seitenlinie, Granby?«

Der Vetter blickte Stevens an – kaum eine Sekunde lang. Ohne sich zu rühren, schien er sich doch in seinem zwar ordentlichen, aber billigen Anzug zu krümmen und zu winden. »Nein, Sir. Ich habe nie geraucht.«

»Vielleicht, weil Sie ein Prediger sind«, sagte Stevens. Der Vetter gab keine Antwort darauf. Mit seinem sanften, noch immer hoffnungslos schüchternen Blick sah er Stevens wieder an. »Ich«, sagte Stevens, »ich habe stets geraucht. Ohne Unterbrechung, seit mir, im Alter von vierzehn Jahren, endlich nie mehr schlecht wurde vom Tabak. Das ist lange her, so lange, daß ich nun in der Wahl meines Tabaks heikel bin. Doch das sind die meisten Raucher, trotz der Psychologen und der genormten Tabaksorten. Oder vielleicht sind's auch nur die Zigarettensorten, die genormt sind. Oder vielleicht kommen sie auch nur den Laien, den Nichtrauchern, genormt vor. Denn ich habe beobachtet, wie Nichtraucher in Tabakfragen leicht zu hastig urteilen, genau wie wir alle zu hastig über etwas urteilen, was wir nicht selbst tun, womit wir nicht vertraut sind, denn der Mensch läßt sich von seinen vorgefaßten (oder auch falsch gefaßten) Meinungen leiten. Nehmen Sie zum Beispiel einen Mann, der Tabak verkauft, auch wenn er nicht selber raucht, der nun mit ansieht, wie ein

Kunde nach dem andern vor seiner Nase am Ladentisch das Päckchen aufreißt und sich eine Zigarette anzündet. Fragen Sie ihn, ob aller Tabak für ihn gleich rieche, ob er nicht durch den Geruch die eine Art von der andern unterscheiden könne. Vorausgesetzt, daß es nicht die Form und Farbe der Verpackung sind, in der er den Tabak erhält; denn sogar die Psychologen haben uns noch nicht genau sagen können, wo das Sehen endet und das Riechen beginnt, oder wo das Hören endet und das Sehen beginnt. Das kann Ihnen jeder Anwalt bestätigen.«

Wieder unterbrach ihn der Obmann. Wir hatten ihm ziemlich geduldig zugehört, aber ich glaube, wir fanden alle, daß es nicht das gleiche sei, ob er den Mörder im Ungewissen ließ – oder uns, die Geschworenen. »Sie hätten Ihre ganze Untersuchung vornehmen sollen, ehe Sie uns hier zusammenriefen«, wandte der Obmann ein. »Selbst wenn das hier der Beweis sein sollte – zu was nützt es, wenn wir uns des Mörders nicht bemächtigen können? Vermutungen sind ja recht und gut...«

»Schön«, sagte Stevens. »Gestatten Sie mir noch ein paar Vermutungen, und wenn sie mich Ihrer Ansicht nach nicht weiterbringen, dann sagen Sie es mir, und ich gebe meine Methode auf und bediene mich der Ihren. Und ich vermute, Sie werden zuerst finden, daß ich mir ziemlich viel Freiheit herausnehme, selbst wo es nur um Vermutungen geht. Aber wir fanden den Richter Dukinfield hier auf diesem Stuhl hinter diesem Tisch tot auf, mit einer Schußwunde zwischen den Augen. Das ist keine Vermutung. Und Onkel Job saß den ganzen Tag auf seinem Stuhl im Durchgang, wo jeder, der dieses Zimmer betrat (falls er nicht die aus dem Gerichtssaal führende Privattreppe herunterkam und durchs Fenster stieg), auf einen Meter Abstand an ihm vorbeigehen mußte. Und uns allen ist kein Mensch bekannt, der im Verlauf von siebzehn Jahren an Onkel Job ungesehen vorbeikam. Auch das ist keine Vermutung.«

»Wie lautet dann Ihre Vermutung?«

Doch Stevens sprach schon wieder vom Tabak und vom Rauchen. »Vorige Woche war ich in Wests Drug-Store, um mir Tabak zu kaufen, und West erzählte mir von einem Mann, der auch ein heikler Raucher war. Während er meinen Tabak aus dem Kasten holte, nahm er eine Schachtel Zigaretten und reichte sie mir. Sie war verstaubt und ausgeblichen, als hätte er sie schon lange Zeit liegen gehabt, und er erzählte mir, ein Reisender habe vor Jahren zwei dieser Päckchen bei ihm gelassen. ›Schon mal diese Sorte geraucht?‹ fragte er mich. ›Nein‹, antwortete ich. ›Das müssen Großstadt-Zigaretten sein!‹ Da erzählte er mir, er habe das andere Päckchen gerade eben erst verkauft. Er sagte, er hätte hinter dem Ladentisch gestanden, auf dem er die Zeitung ausgebreitet hatte, halb lesend und halb den Laden hütend, solange sein Verkäufer zu Tisch war. Und er sagte, er hätte den Mann überhaupt nicht gesehen oder gehört, bis er zufällig aufblickte – und da stand ein Mann direkt am Ladentisch und so nah, daß er vor Schreck zusammengezuckt sei. Ein ziemlich kleiner Mann in städtischer Kleidung, erzählte West, und er wollte eine Zigarettensorte haben, von der West noch nie gehört hatte. ›Die Sorte hab ich nicht‹, hatte West erwidert. ›Ich führe sie nicht.‹ ›Warum führen Sie sie nicht?‹ hatte der Mann gefragt. ›Die kann ich hier nicht verkaufen‹, sagte West. Und dann erzählte er mir von dem Mann in der städtischen Kleidung, mit einem Gesicht wie eine rasierte Wachspuppe und Augen, die so still dreinblickten, und einer Stimme, die so stille sprach. Dann, sagte West, hätte er dem Mann in die Augen geblickt und auf seine Nasenflügel geschaut und sofort gewußt, was los sei. Der Mann war nämlich bis obenhin voll Rauschgift. ›Die Sorte wird hier nicht verlangt‹, sagte West noch. ›Was kann ich da bloß machen?‹ sagte der Mann. ›Soll ich Ihnen Fliegenpapier verkaufen?‹ Dann kaufte der Mann das eine Päckchen jener Zigaretten und ging. Und West erzählte, er sei zornig gewesen und hätte auch geschwitzt, als müsse er sich übergeben, sagte West. Und dann schloß er: ›Wenn ich etwas Schlechtes tun müßte und Angst hätte, es selber zu tun, wissen Sie, was ich dann tun würde? Ich würde dem Burschen etwa zehn Dollar geben und ihm sagen, um was es sich handelt, und ihm sagen, er solle mir nie wieder vor die Augen kommen. Als er fortging, war's mir genau so zumute. Als müßt ich mich übergeben.‹«

Stevens blickte uns der Reihe nach an; er machte eine kurze Pause. Wir sahen ihn an. »Er kam in seinem Wagen, einem großen Roadster, von irgendwoher, dieser Stadtmensch. Der Stadtmensch, dem die Zigarettensorte ausgegangen war.« Er machte wieder eine Pause, und dann wandte er langsam den Kopf und blickte Virginius Holland an. Während einer vollen Minute, so schien es uns, sahen wir, wie die beiden sich unverwandt anblickten. »Und ein Nigger erzählte mir, in der Nacht, bevor Richter Dukinfield ermordet wurde, habe der große Roadster in der Scheune von Virginius Holland gestanden.« Und wiederum beobachteten wir die beiden, wie sie einander unverwandt anblickten, ohne auch nur eine Miene zu verziehen. Stevens sprach in einem ruhigen, nachdenklichen, fast träumerischen Ton. »Jemand versuchte, ihn daran zu hindern, in jenem Wagen in unsre Stadt zu kommen, in jenem großen Roadster, den man nur ein einziges Mal zu sehen brauchte, um sich seiner zu erinnern und ihn wiederzuerkennen. Vielleicht wollte der gewisse Jemand ihm verbieten, mit dem Wagen herzukommen, und drohte ihm sogar. Doch der Mann, dem West die Zigaretten verkauft hat, sah nicht so aus, als ließe er sich Drohungen gefallen.«

»Mit dem ›Jemand‹ meinen Sie wohl mich?« sagte Virginius. Er rührte sich nicht und wandte auch nicht den Blick von Stevens' Gesicht. Doch Anselm regte sich. Er wandte den Kopf auf die Seite und blickte seinen Bruder an, ein einziges Mal. Es war ganz still, und doch – als der Vetter sprach, konnten wir ihn nicht sofort hören und verstehen; denn er hatte nur ein einziges Mal gesprochen, seit wir ins Zimmer gekommen waren und seit Stevens die Türe zugeschlossen hatte. Seine Stimme klang leise, und wieder schien er sich, ohne die geringste Bewegung zu machen, unter seinen Sachen zu krümmen und zu winden. Er sprach mit der gleichen verworrenen Scheu, mit dem qualvollen Wunsch nach Nichtvorhandensein, den wir alle so gut an ihm kannten.

»Der Mann, von dem Sie sprechen, war bei mir«, sagte Granby Dodge. »Er hielt an jenem Abend bei Anbruch der Nacht vor dem Haus und erklärte, er wolle kleingebaute Pferde aufkaufen, wie man sie für... für ein bestimmtes Spiel braucht...«

»Für Polo?« fragte Stevens. Der Vetter hatte niemanden angeblickt, während er sprach; es war, als spräche er zu seinen Händen, die auf seinen Knien sachte hin und her glitten.

»Ja, Sir. Virginius war dabei. Wir sprachen von Pferden. Am nächsten Morgen holte er seinen Wagen aus der Scheune und fuhr weiter. Ich hatte gar nichts, was ihm zusagte. Ich weiß nicht, woher er kam und wohin er wollte.«

»Oder wen er sonst noch aufsuchen wollte. Oder was er sonst noch erledigen wollte. Das können Sie nicht sagen.«

Dodge antwortete nicht. Es war nicht notwendig, und wiederum hatte er sich hinter sein zurückhaltendes Wesen geflüchtet, wie ein hilfloses Waldtier, das in seinen Bau schlüpft.

»Das ist meine Vermutung«, sagte Stevens.

Und da hätten wir es wissen sollen. Es war so offensichtlich, lag so sichtbar auf der Hand. Wir hätten ein Gespür dafür haben sollen, für den Jemand im Zimmer, der das empfand, was Stevens als Entsetzen und Empörung und als den krampfhaften Wunsch bezeichnet hatte, die Zeit auch nur um eine Sekunde zurückzudrehen, um alles ungesagt und ungeschehen zu machen. Aber vielleicht hatte es dieser Jemand noch nicht empfunden, hatte noch nicht den Schlag gespürt, den Todesstoß, wie man es zum Beispiel ein oder zwei Sekunden lang nicht spürt, wenn man von einer Kugel getroffen wurde. Denn jetzt war es Virge, der sprach, unvermittelt und schroff: »Wie wollen Sie das beweisen?«

»Was beweisen, Virge?« fragte Stevens. Wiederum blickten sie einander an, ruhig, hart, wie zwei Boxer. Nicht wie Fechter, sondern wie Boxer – oder mindestens wie Gegner in einem Pistolenduell. »Wer hat sich diesen Gorilla, diesen Gangster aus Memphis kommen lassen? Das brauche ich nicht zu beweisen. Er hat es selbst gesagt. Auf dem Rückweg nach Memphis hat er in Battenburg ein Kind überfahren (er stand unter der Einwirkung des Rauschgiftes; vielleicht hat er noch eine Prise genommen, nachdem er seine Arbeit erledigt hatte); und er wurde verhaftet und eingesperrt, und als die Wirkung des Rauschgiftes nachließ und nachdem sie ihm die Pistole mit dem Schalldämpfer darauf abgenommen hatten und er in seiner Zelle saß, erzählte er fauchend und sich sträubend, wo er gewesen war und wen er aufgesucht hatte.«

»Ah«, rief Virginius, »ist ja reizend! Jetzt bleibt Ihnen also weiter nichts zu tun, als zu beweisen, daß er an jenem Tag in dem Zimmer hier war. Und wie wollen Sie das machen? Dem alten Nigger einen Dollar geben, um ihm das Gedächtnis aufzufrischen?«

Aber Stevens schien nicht hinzuhören. Er stand an der Schmalseite des Tisches, zwischen den beiden Gruppen, und während er sprach, hielt er jetzt die Messingdose in der Hand, drehte sie um, betrachtete sie und sprach in dem alten unbeteiligten, träumerischen Ton weiter. »Sie kennen ja alle die besondere Eigenschaft dieses Zimmers. Daß hier nie ein Durchzug herrscht. Und wenn zum Beispiel an einem Samstag hier geraucht wurde, dann ist am Montagmorgen, wenn Onkel Job die Tür aufschließt, der Rauch noch immer da und liegt gewissermaßen wie ein schlafender Hund längs der Fußleiste. Das haben Sie ja alle schon gesehen.«

Wir saßen jetzt alle ein wenig vorgebeugt, wie Anse, und blickten Stevens an.

»Ja«, sagte der Obmann. »Das haben wir beobachtet.«

»Ja«, sagte Stevens (noch immer, als höre er nicht zu) und drehte die Dose in seiner Hand hin und her. »Sie wollten meine Vermutung hören. Hier ist sie! Aber sie setzt einen Täter voraus, der darin geübt ist, Vermutungen aufzustellen – einen Mann, der bis zu einem Kaufmann vordringen kann, welcher hinter seinem Ladentisch steht und mit dem einen Auge die Zeitung liest und mit dem andern die Tür für die Kunden im Auge behält und doch nicht bemerkt, daß der Mann hereingekommen ist. Ein Großstädter, der auf städtischen Zigaretten besteht. Dieser Mann verließ also den Laden und überquerte den Platz und betrat das Gerichtsgebäude und ging nach oben, wie es jedermann tun kann. Etwa ein Dutzend Menschen mögen ihn gesehen haben; zweimal soviel mögen ihn überhaupt nicht betrachtet haben, denn es gibt zwei Orte, wo man den Leuten überhaupt nicht ins Gesicht blickt: im Heiligtum des Gesetzes und in den öffentlichen Bedürfnisanstalten. Er betrat also den Gerichtssaal und ging die Privattreppe hinunter in den Durchgang, wo er Onkel Job schlafend auf seinem Stuhl sah. Vielleicht ging er nun den Durchgang bis zu Ende und kletterte durch das Fenster hinter dem Rücken des Richters Dukinfield. Oder er ging an Onkel Job vorbei, indem er sich von hinten näherte. Denn auf zweieinhalb Meter Abstand an einem Mann vorbeizugehen, der auf seinem Stuhl eingeschlafen ist, wird nicht sehr schwierig für einen Mann gewesen sein, der sich dicht an einen Kaufmann heranschleichen kann, welcher sich über seinen Ladentisch lehnt. Vielleicht hat er sich nun sogar eine Zigarette aus dem Päckchen angezündet, das West ihm verkauft hatte, ehe der Richter Dukinfield auch nur wußte, daß er im Zimmer war. Oder vielleicht war der Richter auf seinem Stuhl eingeschlafen, was manchmal vorkam. Der Mann mag also dagestanden und seine Zigarette zu Ende geraucht haben, und er mag dem Rauch nachgeblickt haben, der langsam über den Schreibtisch strich und sich an der Wand ansammelte, und er mag an das leicht verdiente Geld und an die friedlichen Provinzler gedacht haben, ehe er auch nur die Pistole zog. Und sie verursachte weniger Lärm als das Abstreichen eines Zündhölzchens, mit dem er die Zigarette angezündet hatte, denn er hatte sich so gegen Lärm vorgesehen, daß er nicht mehr wußte, was Stille ist. Und dann ging er zurück, wie er gekommen war, und das Dutzend Männer oder die zwei Dutzend Männer sahen ihn und sahen ihn doch nicht, und um fünf Uhr nachmittags trat Onkel Job in das Zimmer, um den Richter zu wecken und ihm zu sagen, es sei Zeit heimzugehen. War es nicht so, Onkel Job?«

Der alte Nigger blickte auf. »Ich hab auf ihn achtgegeben, wie ich's Mistis versprochen habe«, sagte er. »Und ich hab mir Sorgen gemacht, wenn er Sorgen hatte, wie ich's Mistis versprochen habe. Und ich kam hier rein und dachte zuerst, daß er schläft, wie er's manchmal...«

»Halt«, sagte Stevens. »Sie kamen hier rein und sahen ihn auf seinem Stuhl sitzen, wie immer, und als Sie durchs Zimmer gingen, bemerkten Sie den Rauch, der sich von der Wand hinter dem Tisch abhob. Haben Sie's mir nicht so erzählt?«

Der alte Neger auf seinem geflickten Stuhl begann zu weinen. Er sah wie ein alter Affe aus; er weinte dicke Tränen und wischte sich mit dem Rücken seiner runzligen Hand, die vor Alter – und aus einem andern Grund – zitterte, über das Gesicht. »So oft bin ich hier morgens reingekommen und hab aufgeräumt. Der Rauch lag da, und er, der seiner Lebtag nie geraucht hat, kam ins Zimmer und schnupperte mit seiner gebogenen Nase und sagte: ›Hah, Job, den Corpus-Juris-Schlaufuchs haben wir gestern abend gut hinausgeräuchert!‹«

»Nein«, sagte Stevens, »erzählen Sie uns, wie der Rauch dort hinter dem Tisch lag, an dem Nachmittag, als Sie ihn für den Heimweg wecken wollten und als den ganzen Tag niemand an Ihnen vorbeigegangen war, nur Mr. Virge Holland da drüben! Und Mr. Virge raucht nicht, und der Richter raucht nicht. Und doch war der Rauch da. Erzählen Sie, was Sie mir erzählt haben!«

»Er war da, der Rauch. Und ich dachte, daß er schläft, wie immer, und bin zu ihm gegangen, um ihn zu wecken...«

»...und die kleine Dose stand auf der Tischkante, wo er mit ihr gespielt hatte, als er mit Mr. Virge sprach. Und als Sie die Hand ausstreckten, um ihn zu wecken...«

»...ja, Sir, da sprang die Dose vom Tisch, und ich dachte, er schläft...«

»Die Dose sprang vom Tisch. Und ein Geräusch entstand, und Sie wunderten sich, daß der Richter dadurch nicht geweckt wurde, und Sie blickten auf den Fußboden hinunter, wo die Dose mitten im Rauch lag, mit offenem Deckel, und Sie glaubten, daß sie zerbrochen sei. Und deshalb streckten Sie die Hand aus, um nachzusehen, denn der Richter liebte die Dose, weil Miss Emma sie ihm von jenseits des Großen Wassers mitgebracht hatte, auch wenn er sie in seinem Büro nicht als Briefbeschwerer benötigte. Sie schlossen also den Deckel und stellten sie wieder auf den Tisch zurück. Und dann merkten sie, daß der Richter nicht nur schlief.«

Er schwieg. Wir atmeten kaum hörbar, und doch hörten wir unsern Atem. Stevens schien seine Hand zu betrachten, mit der er die Dose langsam hin und her drehte. Während er mit dem alten Neger sprach, hatte er sich ein wenig vom Tisch abgewandt, so daß er jetzt eher der Bank als den Geschworenen gegenüberstand. »Onkel Job nennt das hier eine goldene Dose. Das ist ein Name, der ebensogut paßt wie ein andrer. Besser als die meisten. Denn alles Metall ist sich ungefähr gleich, nur ziehen manche Leute das eine Metall einem andern Metall vor. Doch alle Metalle haben gewisse gemeinsame Eigenschaften und Ähnlichkeiten. Dazu gehört zum Beispiel diese, daß alles, was man in eine Metalldose einschließt, sich längere Zeit unverändert darin hält als in einer Holz- oder Papierdose. Man kann zum Beispiel in einer Metalldose mit einem so festen Deckel wie dem hier Rauch einsperren, und er wird noch eine Woche später drin sein. Und nicht nur das: Ein Chemiker oder Raucher oder Tabakverkäufer wie Doktor

West kann sagen, woher der Rauch stammt, von welcher Art Tabak, besonders, wenn es eine fremde Sorte ist, eine Sorte, die er nicht in Jefferson verkauft und von der er zufällig zwei Päckchen hatte und sich erinnert, wem er das eine verkaufte.«

Wir rührten uns nicht. Wir saßen einfach da und hörten die hastig stolpernden Schritte des Mannes, und dann sahen wir, wie er Stevens die Dose aus der Hand schlug. Doch selbst dann hefteten wir unsre Blicke nicht besonders auf ihn. Denn gleich ihm beobachteten wir, wie die Dose auseinander-sprang, als der Deckel sich öffnete, und wie sie ein leichtes Rauchwölkchen freigab, das sich träge auflöste. Dann lehnten wir uns wie auf Kommando alle gleichzeitig über den Tisch und blickten auf den faden und hoffnungslos mittelmäßigen Kopf Granby Dodges, der auf dem Fußboden kniete und mit den Händen auf den letzten vergehenden Rauch einschlug.

»Aber ich verstehe immer noch nicht...«, sagte Virginius. Wir standen jetzt draußen im Hof des Gerichtsgebäudes, unser fünf, und blinzelten uns ein wenig an, als kämen wir gerade aus einem Keller.

»Sie haben doch ein Testament gemacht, nicht wahr?« fragte Stevens.

Das verschlug Virginius fast die Sprache, und er stand regungslos da und blickte Stevens an.

»Oh«, sagte er endlich.

»Eine dieser gegenseitigen testamentarischen Schenkun-gen, wie sie zwei x-beliebige Geschäftspartner abfassen kön-nen«, sagte Stevens. »Sie und Granby wären einer des andern Erbe und Testamentsvollstrecker gewesen, zum gegenseiti-gen Schutz gemeinsamen Besitzes. Das ist durchaus ge-bräuchlich. Wahrscheinlich war Granby derjenige, der es zuerst vorschlug, indem er Ihnen sagte, er hätte Sie zu seinem Erben eingesetzt. Deshalb zerreißen Sie es jetzt lieber – Ihr Exemplar! Setzen Sie Anse als Ihren Erben ein, wenn Sie durchaus ein Testament machen wollen.«

»Darauf braucht er nicht erst zu warten«, entgegnete Virginius. »Die Hälfte der Farm gehört ihm.«

»Behandeln Sie den Boden gut, das genügt. Er weiß, daß Sie es tun werden«, sagte Stevens. »Anse braucht kein Land.«

»Ja«, sagte Virginius, »aber ich wünschte...«

»Behandeln Sie den Boden gut! Er weiß, daß Sie es tun werden.«

»Ja«, sagte Virginius. Wieder blickte er Stevens an. »Ich meine, ich glaube... wir beide schulden Ihnen...«

»...mehr als Sie ahnen!« sagte Stevens. Er sprach sehr ernst. »Oder dem Pferd. In der Woche, die auf Ihres Vaters Tod folgte, kaufte Granby so viel Rattengift, daß er damit drei Elefanten hätte umbringen können, erzählte mir West. Doch als er sich an die Sache mit dem Pferd erinnerte, die er vergessen hatte, da bekam er es mit der Angst, seine Ratten zu töten, ehe das Testament bestätigt war. Er ist nämlich ein Mann, der gleichzeitig schlau und unwissend ist: eine gefährliche Mischung. Unwissend genug, um zu glauben, das Gesetz sei eine Art Explosivstoff und der Sklave dessen, der zuerst seine Hand darauf legt, und selbst dann ein gefährlicher Sklave – und schlau genug, um zu glauben, die Leute bedienten sich seiner nur zu persönlichen Zwecken und griffen nur deshalb darauf zurück. Ich entdeckte es eines Tages im vergangenen Sommer, als er mir einen Neger schickte, der herausbringen sollte, ob die Todesart, an der ein Mann stirbt, die Bestätigung seines Testaments beeinflussen könnte. Und ich wußte, wer mir den Neger geschickt hatte, und ich wußte auch, daß – einerlei, welche Auskunft der Neger dem Mann bringen würde, der ihn geschickt hatte – jener Mann bereits entschlossen war, nicht daran zu glauben, da ich ein Diener des Sklaven, des Dynamits war. Wenn also das Pferd so normal wie andere Pferde reagiert hätte oder wenn Granby sich rechtzeitig erinnert hätte, dann lägen Sie jetzt schon unter der Erde. Granby hätte vielleicht nicht viel mehr davon profitiert als jetzt, aber Sie – wären tot.«

»Oh«, sagte Virginius ruhig und sachlich. »Da bin ich Ihnen, scheint's, zu Dank verpflichtet.«

»Ja, Sie haben sich allerlei Verpflichtungen aufgeladen. Sie sind auch Granby verpflichtet.« Wir blickten ihn an. »Sie sind ihm für die Steuern verpflichtet, die er seit nun fünfzehn Jahren alljährlich bezahlt hat.«

»Oh!« rief Virginius. »Ja. Ich dachte, daß Vater ... Jedes Jahr im November lieh sich Granby Geld von mir. Nicht viel, und nie den gleichen Betrag. Um Vieh damit zu kaufen, wie er sagte. Einen Teil zahlte er zurück. Aber er schuldet mir ... Nein. Jetzt bin ich der Schuldner.« Er war sehr ernst, sehr sachlich. »Wenn ein Mensch beginnt, Unrecht zu tun, so ist es nicht das, was er tut, sondern was er unterläßt.«

»Doch für das, was er tut, wird er von den Leuten gestraft – von denen auf der andern Seite. Denn die Leute, die geschädigt werden durch das, was er nicht tut, fügen ihm keinen Schaden zu. Deshalb ist es für uns hier gut, daß er ihren Händen entzogen ist für das, was er tut. Ich habe ihn jetzt Ihren Händen entzogen, Virge, Blutsverwandter hin oder her. Verstehen Sie es?«

»Ich verstehe«, sagte Virginius. »Ich hätte ohnehin nicht ...« Dann blickte er Stevens plötzlich an. »Gavin?« sagte er.

»Was?« fragte Stevens.

Virginius blickte ihn an. »Sie haben vorhin eine Menge Zeugs geredet über Chemie und so weiter und über den Rauch. Mir scheint, daß ich einiges davon glauben kann, und anderes konnte ich, scheint's, nicht glauben. Und ich fürchte, wenn ich Ihnen sagte, was ich glaube und was ich nicht glaube, dann würden Sie mich auslachen.« Sein Gesicht war sehr sachlich. Auch Stevens' Gesicht war sehr ernst. Und doch lag in Stevens' Augen und seinem Blick noch etwas anderes, etwas Feuriges und Rasches, aber ohne jegliche Ironie. »Es war vor einer Woche geschehen. Wenn Sie die Dose geöffnet hätten, um nachzusehen, ob der Rauch noch drin war, dann wäre er entwichen. Und wenn kein Rauch mehr in der Dose gewesen wäre, dann hätte sich Granby nicht verraten. Und das war vor einer Woche. Woher wußten Sie, daß Rauch in der Dose sein würde?«

»Ich wußte es nicht«, sagte Stevens. Er sagte es rasch und lebhaft und heiter, fast glücklich, fast strahlend. »Ich wußte es nicht. Ich habe gewartet, solange ich irgend konnte, ehe ich den Rauch in die Dose füllte. Kurz bevor Sie alle in das Zimmer kamen, füllte ich die Dose mit Pfeifenrauch und schloß den Deckel fest zu. Aber ich war nicht sicher. Ich habe viel mehr Angst ausgestanden als Granby Dodge. Doch es ging gut ab. Der Rauch ist fast eine Stunde in der Dose geblieben.«

Brandstifter

Der Laden, in dem der Friedensrichter die Verhandlung leitete, roch nach Käse. Der Junge, der im Hintergrund des überfüllten Lokals auf dem Nagelfäßchen kauerte, wußte, daß er Käse roch, und mehr noch: von dort, wo er saß, konnte er die aufgereihten Regale sehen, die vollgestopft waren mit den schweren, plumpen, wuchtigen Formen der Konservenbüchsen, deren Schildchen sein Magen lesen konnte – nicht die Buchstaben, die seinem Verstand nichts sagten, sondern die scharlachroten Gewürze und die Silberbögen der Fische; und beide – der Käse, den er tatsächlich roch, und das luftdicht abgeschlossene Fleisch, das seine Eingeweide zu riechen glaubten – mengten sich flüchtig und kurz, in unregelmäßigem Schwall, zwischen das andere, ständige: das Gespür und die Empfindung von zwar nur ein klein wenig Angst, vor allem jedoch von Verzweiflung und Kummer, der alten, wilden Stimme seines Blutes. Er konnte den Tisch nicht sehen, wo der Friedensrichter saß und vor dem sein Vater und seines Vaters Feind standen (*unser Feind*, dachte er in seiner Verzweiflung; *unsrer, meiner und seiner, beides zusammen! Er's mein Vater!*), doch er konnte sie hören, das heißt, ihrer zwei, denn sein Vater hatte bis jetzt noch kein Wort gesagt:

»Aber was für Beweise haben Sie, Mr. Harris?«

»Hab's Ihnen ja erzählt! Das Schwein ist in meinem Mais gewesen. Ich hab's eingefangen und wieder zu ihm geschickt. Er hat aber keinen guten Zaun, hinter dem's bleiben konnte. Ich hab's ihm gesagt, hab ihn gewarnt. Das nächstemal hab ich das Schwein in meinen Pferch gesperrt. Als er kam und sich's holen wollte, hab ich ihm genug Draht geschenkt, mit dem er seinen Pferch hätt ausbessern können. Das nächstemal hab ich sein Schwein eingesperrt und behalten. Bin zu seinem Haus rübergeritten und sah den Draht, den ich ihm gegeben hatte, noch immer aufgewickelt auf der Rolle in seinem Hof liegen. Ich hab ihm gesagt, er könnte sein Schwein haben, wenn er mir einen Dollar Stallgebühr zahlt. Am Abend kam ein Nigger mit dem einen Dollar und holte das Schwein ab. Es war ein fremder Nigger. Er sagte: ›Ich soll Ihn' ausrichten, Holz un' Heu könn' brennen!‹ – ›Was!‹ rief ich. – ›Das soll'ch Ihn' ausrichten‹, wiederholte der Nigger. ›Holz un' Heu könn' brennen!‹

In der Nacht brannte mein Stall ab. Ich hab das Vieh retten können, aber den Stall hab ich eingebüßt.«

»Wo ist der Nigger? Haben Sie ihn erwischt?«

»Es war ein fremder Nigger, wie ich Ihnen sagte. Ich weiß nicht, was aus ihm geworden ist.«

»Aber das ist kein Beweis! Begreifen Sie nicht, daß es kein Beweis ist?«

»Holen Sie sich den Jungen! Der weiß es!« Einen Augenblick dachte auch der Junge, der Mann meinte seinen älteren Bruder, bis dann Harris sagte: »Nicht den! Den kleinen! Den Jungen.« Geduckt und klein für sein Alter, klein und zäh wie sein Vater, in einer geflickten und verblichenen Drellhose, die selbst ihm zu klein war, mit strähnigem, ungekämmtem braunem Haar und Augen, die grau und wild wie Gewitterwolken waren, sah er, wie die Männer zwischen ihm und dem Tisch auseinanderwichen und eine Gasse ergrimmter Gesichter bildeten, an deren Ende er den Richter erblickte, einen ärmlich gekleideten, etwas angegrauten Mann ohne Kragen, aber mit Brille, der ihn zu sich heranwinkte. Er fühlte keinen Fußboden unter seinen nackten Füßen; er schien unter der spürbaren Last der grimmig ihm zugewandten Gesichter voranzugehen. Sein Vater steckte in seinem feierlichen schwarzen Sonntagsrock, den er aber nicht für die Verhandlung, sondern wegen des Umzugs angelegt hatte, und er sah ihn nicht einmal an. *Er will, daß ich lüge,* dachte er, wieder mit dem alten Kummer, der wilden Verzweiflung. *Und ich muß es tun.*

»Wie heißt du, Junge?« fragte der Richter.

»Colonel Sartoris Snopes«, flüsterte der Junge.

»Heh!« rief der Richter. »Sprich lauter! Colonel Sartoris? Ich nehme an, wenn sich in diesem Lande jemand nach dem Oberst Sartoris nennen läßt, dann muß er wohl unweigerlich die Wahrheit sagen, wie?« Der Junge sagte nichts. *Feind! Feind!* dachte er; einen kurzen Augenblick konnte er nicht einmal sehen, konnte nicht sehen, wie freundlich das Gesicht des Richters war, und merkte auch nicht, wie besorgt seine Stimme klang, als er sich an den Mann Harris wandte: »Wollen Sie, daß ich den Jungen da verhöre?« Aber hören konnte er, und während der nun folgenden trägen Sekunden, in denen kein andrer Laut in dem überfüllten Lokal zu vernehmen war als ein stilles und gespanntes Atmen, schien es ihm, wie wenn er sich am Ende einer Liane über einen Abgrund geschwungen hätte und mitten im Schwung, in einem endlosen Moment erstarrter Schwerkraft, angehalten worden wäre – schwerelos in der Zeit.

»Nein!« rief Harris heftig aufbrausend. »Nein, zum Teufel! Schicken Sie ihn hier raus!« Nun rauschte die Zeit, rauschte die veränderliche Welt wieder unter ihm dahin, Stimmen drangen durch den Geruch von Käse und Fleischkonserven und durch seine Angst und Verzweiflung und den alten Kummer seines Blutes bis zu ihm vor:

»Der Fall ist abgeschlossen. Ich kann Sie nicht für schuldig erklären, Snopes, aber ich kann Ihnen einen Rat geben. Verlassen Sie das Land hier, und kommen Sie nie wieder her!«

Sein Vater sprach zum erstenmal, und seine Stimme war kalt und rauh, unbewegt und ohne Nachdruck: »Das hab ich auch im Sinn! Habe nicht die Absicht, bei Menschen zu bleiben, die . . .« Er sagte etwas Anstößiges und Schmutziges, ohne jemand dabei anzusehen.

»Genug!« sagte der Richter. »Nehmen Sie Ihren Wagen, und verlassen Sie noch vor Dunkelwerden das Land! Der Fall ist erledigt!«

Sein Vater drehte sich um, und er folgte dem feierlichen schwarzen Rock, der zähen Gestalt, die ein bißchen steifbeinig ging (vor dreißig Jahren hatte ihn, als er auf einem gestohlenen Pferd saß, die Musketenkugel eines konföderierten Feldgendarmen in die Ferse getroffen), folgte jetzt den zwei Rücken, denn irgendwo aus der Menge war auch sein älterer Bruder aufgetaucht, der nicht größer, aber untersetzter als sein Vater war und der unentwegt Tabak kaute; folgte ihnen zwischen den beiden Reihen ergrimmter Männer, zum Laden hinaus und über die abgewetzte Veranda und die durchgesackten Stufen hinunter und zwischen die Hunde und die halbwüchsigen Jungen im sanften Maiendunst, wo ihm, als er vorbeiging, eine Stimme nachzischte:

»Brandstifter!«

Wieder konnte er nichts sehen, als er herumwirbelte: ein Gesicht war da im roten Dunstschleier, wie ein Mond, größer als der Vollmond, und der, dem es gehörte, noch um die Hälfte größer als er, und er sprang im roten Dunstschleier auf das Gesicht zu, spürte den Hieb nicht, spürte keinen Aufprall, als sein Kopf auf die Erde aufschlug, rappelte sich hoch und sprang wieder, spürte auch diesmal den Hieb nicht und schmeckte kein Blut, rappelte sich hoch und sah den andern Jungen in wilder Flucht, er selbst schon sprungbereit zur Verfolgung – als seines Vaters Hand ihn zurückriß und die schroffe, kalte Stimme über ihm sagte:

»Los, steig auf den Wagen!«

Er stand in einem Akazien- und Maulbeerwäldchen jenseits der Straße. Seine beiden unförmigen Schwestern in ihren Sonntagskleidern und seine Mutter und deren Schwester in Kattunkleidern und Sonnenhauben waren schon da, saßen auf und zwischen den kläglichen Überbleibseln von einem Dutzend und noch mehr Umzügen, an die alle sich sogar der Junge erinnern konnte – dem eingebeulten Herd, den wackligen Betten und Stühlen, der mit Perlmutt eingelegten Uhr, die nicht mehr ging, sondern vierzehn Minuten nach zwei zu irgendeiner längst vergessenen Zeit und Stunde stehengeblieben war – eine Mitgift seiner Mutter. Sie weinte, doch als sie ihn sah, wischte sie sich mit dem Ärmel übers Gesicht und wollte vom Wagen klettern. »Steig wieder auf!« sagte der Vater.

»Er hat eine Wunde! Ich hol Wasser und wasche sie.«

»Geh wieder auf den Wagen!« sagte sein Vater. Der Junge stieg auch auf, über den Rücktritt. Sein Vater stieg auf den Bock, auf dem der ältere Bruder bereits saß, und zog den hageren Maultieren zwei grausame Hiebe mit der geschälten Weidengerte über, jedoch ohne Wut. Es war nicht einmal sadistisch; es war genau der gleiche Charakterzug, der in späteren Jahren seine Nachkommen dazu brachte, den Motor aufheulen zu lassen, ehe sie mit ihrem Auto losfuhren: mit ein und derselben Bewegung anpeitschend und zügelnd. Der Wagen fuhr ab, der Laden mit seiner stummen Schar ergrimmt zuschauender Männer blieb zurück, verschwand hinter einer Biegung der Straße. *Auf immer,* dachte er. *Vielleicht ist er jetzt endlich zufrieden, jetzt nachdem ...* er brach ab, um es nicht einmal vor sich selbst in Worte zu fassen. Seine Mutter legte ihm die Hand auf die Schulter.

»Tut es weh?« fragte sie.

»Ach wo«, sagte er. »'s tut nicht weh. Laß mich in Ruh!«

»Kannst du nicht 'n bißchen Blut abwischen, eh es eintrocknet?«

»Ich wasch mich ja heut abend«, erwiderte er. »Laß mich jetzt in Ruhe, sag ich dir!«

Der Wagen fuhr weiter. Er wußte nicht, wohin sie fuhren. Keiner von ihnen wußte es je, fragte es je, denn irgendwohin ging es stets, immer wartete irgendein Haus auf sie – ein oder zwei oder sogar drei Tage weit weg. Wahrscheinlich hatte sein Vater schon abgemacht, auf einer anderen Farm bis zur Ernte zu bleiben, ehe er wieder ... Er mußte sich abermals unterbrechen. Er (sein Vater) machte es stets so. In seinem wölfischen Unabhängigkeitsdrang, ja sogar Mut, wenn der Vorteil zumindest unbestimmt war, lag etwas, das auf Fremde Eindruck machte – wie wenn sie von seiner verborgenen raubgierigen Wildheit nicht so sehr ein Gefühl seiner Zuverlässigkeit empfingen, als vielmehr die Überzeugung, daß sein eigener grimmiger Glauben an die Richtigkeit seiner Taten von Vorteil für all jene sei, deren Interessen sich mit den seinen vereinten.

Die Nacht verbrachten sie in einem Wäldchen aus Eichen und Buchen, durch das ein Bach floß. Die Nächte waren noch kühl, deshalb hatten sie mit einem Querbalken, den sie von einem nahen Zaun stibitzt und in Stücke gehackt hatten, ein Feuerchen gemacht, ein kleines, ordentliches, fast knauseriges Feuer, ein mit Überlegung gebautes Feuer; so war es von jeher bei seinem Vater Brauch und Gewohnheit gewesen, sogar bei Frost. Wäre der Junge älter gewesen, hätte er es vielleicht bemerkt und sich gewundert, weshalb sie kein großes Feuer hatten; warum sollte ein Mann, der nicht nur die Zerstörung und Vergeudung eines Krieges mit angesehen hatte, sondern dem eine angeborene, unersättliche Verschwendungssucht mit ihm nicht gehörenden Dingen im Blute steckte, nicht alles ringsum Erreichbare verbrennen? Dann wäre er vielleicht noch einen Schritt weitergegangen und hätte gedacht, daß dies der Grund sei: daß die karge Flamme die lebendige Frucht aller Nächte war, die er mit seiner Koppel Pferde (›Beutepferde‹ nannte er sie) in jenen vier Jahren, versteckt vor allen Männern, ob blau oder grau uniformiert, in den Wäldern zugebracht hatte. Und wäre er noch älter gewesen, hätte er vielleicht den wahren Grund erraten: daß das Element eine verborgene Haupttriebfeder in seines Vaters Wesen anrührte (wie das Element Stahl oder Pulver andere Männer ansprach), als die einzige Waffe zum Schutz des Ureigensten, andernfalls wäre der Atem nicht des Atmens wert, und deshalb mußte es mit Respekt betrachtet und mit Überlegung benutzt werden.

Doch jetzt dachte er das nicht, und die gleichen knauserigen Feuerchen hatte er schon sein Leben lang gesehen. Er saß bloß davor, aß sein Abendbrot und war schon halb über seinem Blechteller eingeschlafen, als sein Vater ihn rief, und wiederum folgte er dem steifen Rücken, dem steifbeinigen und erbarmungslosen Hinken, den Hang hinauf und weiter zur sternhellen Landstraße, wo er seinen Vater, als er sich umdrehte, gegen die Sterne sehen konnte, jedoch ohne Gesicht oder Tiefe, eine schwarze Gestalt, platt und blutleer und in den eisenstarren Falten des Gehrocks (der nicht für ihn geschneidert worden war) wie aus Blech gestanzt, die Stimme hart wie Blech, und ohne Wärme – wie Blech.

»Du wolltest es ihnen sagen! Du hättest es ihm gesagt!« Er antwortete nicht. Sein Vater schlug ihm mit der Hand um die Ohren, hart, aber ohne Wut, genauso, wie er die beiden Maultiere vor dem Laden geschlagen hatte, genauso, wie er sie oder ihn mit irgendeinem Stock schlagen würde, um eine Pferdebremse zu töten, die Stimme noch ohne Wut oder Ärger: »Du wirst jetzt ein Mann. Du mußt lernen. Du mußt lernen, zu deinem eigenen Blut zu halten, sonst bleibt dir keiner, der zu dir hält. Glaubst du, einer von denen heute früh, irgendeiner nur, würde es tun? Weißt du nicht, daß sie nur eine Gelegenheit wollten, über mich herzufallen, weil sie wußten, ich hatte sie besiegt? Heh?« Später einmal, zwanzig Jahre später, hätte er bei sich gedacht: ›Wenn ich ihm erwidert hätte, daß sie nur die Wahrheit, die Gerechtigkeit wollten, hätte er nochmal zugeschlagen.‹ Doch jetzt sagte er nichts. Er weinte nicht. Er stand einfach da. »Antworte!« sagte sein Vater.

»Ja«, flüsterte er. Sein Vater drehte sich um.

»Geh schlafen! Morgen sind wir da!«

Sie waren am nächsten Tag da. Am frühen Vormittag hielt der Wagen vor einem ungestrichenen, zweiräumigen Bretterhaus, das fast haargenau dem Dutzend anderer Häuser glich, vor denen sie bereits innerhalb der zehn Jahre gehalten hatten, die der Junge alt war, und wieder, wie bei dem Dutzend anderer Anlässe, stiegen seine Mutter und seine Tante aus und begannen, den Wagen abzuladen, obwohl seine beiden Schwestern und sein Vater und sein Bruder sich noch nicht gerührt hatten.

»Bestimmt ist's nicht mal für Schweine recht«, sagte die eine Schwester.

»Trotzdem wird's recht sein, und ihr werdet euch drein schicken und zufrieden sein«, entgegnete der Vater. »Runter da von euren Plätzen, und helft eurer Ma beim Abladen!«

Die beiden Schwestern stiegen ab, dick wie Kühe, von billigen Bändern umflattert; die eine zog aus dem vollgepfropften Wagenkasten eine zerbeulte Laterne, die andere einen abgewetzten Besen. Sein Vater gab dem älteren Sohn die Zügel und kletterte steifbeinig über das Rad. »Wenn abgeladen ist, führ das Gespann in den Stall und füttere sie!« Dann sagte er, und der Junge glaubte zuerst, er spräche noch mit seinem Bruder: »Komm mit!«

»Ich?« fragte er.

»Ja«, sagte sein Vater. »Du!«

»Abner!« sagte seine Mutter. Sein Vater blieb stehen und warf einen Blick über die Schulter: einen harten, undurchdringlichen Blick unter struppigen, angegrauten, reizbaren Brauen hervor.

»Mir scheint, ich muß mit dem Mann, der mich ab morgen für die nächsten acht Monate mit Leib und Seele besitzen will, noch ein Wörtchen reden!«

Sie kehrten auf die Landstraße zurück. Vor einer Woche noch – oder vielmehr vor der letzten Nacht – hätte er sicher gefragt, wohin sie gingen; doch nicht heute. Sein Vater hatte ihn auch vor der letzten Nacht schon geschlagen, doch sonst hatte er sich nie hinterher die Zeit genommen und ihm erklärt, warum; es war, als hallte die Ohrfeige und die ihr folgende ruhige, gekränkte Stimme noch wie ein Echo nach und verriete nichts außer dem schrecklichen Nachteil, jung zu sein: das Federgewicht seiner paar Jahre war gerade so schwer, um seinen ihm vorbestimmten Aufschwung über die Welt hinaus zu verhindern, jedoch nicht schwer genug, um ihn in der Welt Fuß fassen zu lassen, ihr Widerstand zu leisten und zu versuchen, den Lauf der Ereignisse zu ändern.

Bald konnte er den Park mit den Eichen und Zedern und blühenden Bäumen und Büschen sehen, in dem wohl das Haus lag, aber noch nicht das Haus selber. Sie gingen an einem Zaun entlang, der von Geißblatt und weißen Rosen überwuchert war, und kamen zu einem Tor, das zwischen zwei Backsteinpfeilern aufpendelte, und jetzt, hinter einer halbkreisförmigen Auffahrt, sah er zum erstenmal das Haus, und im gleichen Augenblick vergaß er seinen Vater und auch Entsetzen und Verzweiflung, und selbst als er sich seines Vaters (der nicht stehengeblieben war) wieder erinnerte, kehrten Entsetzen und Verzweiflung nicht zurück. Denn trotz all der zwölf Umzüge hatten sie sich bisher in einem armen Land aufgehalten, in einem Land mit kleinen Farmen und Äckern und Häusern, und nie zuvor hatte er ein Haus wie das hier gesehen. *'s ist so groß wie ein Gerichtsgebäude*, dachte er still, in einer Aufwallung von Frieden und Freude, deren Ursache er nicht hätte in Worte fassen können, weil er zu jung dafür war: *Die sind sicher vor ihm. Leute, deren Leben ein Teil dieses Friedens und dieser Würde ist, bleiben ihm unerreichbar, und er bedeutet ihnen nicht mehr als eine sirrende Wespe, die einen kleinen Augenblick fähig ist zu stechen, aber das ist auch alles; der Zauber dieses Friedens und dieser Würde macht sogar die Ställe und Scheunen und Hürden, die dazugehören, unangreifbar für die schwächliche Flamme, die er vielleicht zustande-*

bringt ... und beides, Frieden und Freude, erlosch für einen Augenblick, als er wieder auf den steifen schwarzen Rükken blickte, auf das steife und unerbittliche Hinken der Gestalt, die vor dem Haus nicht kleiner wurde, und zwar deshalb nicht, weil sie nie und nirgends groß gewirkt hatte, und die jetzt, vor dem heiteren Säulenhintergrund, mehr denn je so undurchdringlich wie etwas grausam aus Blech Geschnittenes aussah, ohne Tiefe, als würde sie keinen Schatten werfen, wenn man sie seitlich zur Sonne aufstellte. Während er ihn beobachtete, bemerkte der Junge, daß sein Vater völlig unbeirrbar die Richtung beibehielt, die er eingeschlagen hatte, und er sah den lahmen Fuß mitten in einen Haufen frischen Mists treten, der von einem wartenden Pferd dort in der Auffahrt liegengeblieben war und den sein Vater durch einen einfachen Schrittwechsel hätte vermeiden können. Doch das Gefühl erlosch nur für einen Augenblick – obwohl er auch das nicht hätte in Worte fassen können, als er beim bezaubernden Anblick des Hauses weiterging, das er sogar begehren konnte, jedoch ohne Neid, ohne Bedauern, und bestimmt nie mit der raubgierigen und eifersüchtigen Wut, die – ohne daß er es ahnte – in dem blechernen schwarzen Rock vor ihm einherschritt: *Vielleicht wird er's auch spüren. Vielleicht wird es ihn jetzt sogar abbringen von dem, was er vielleicht gegen seinen Willen sein muß.*

Sie schritten durch den Säulenvorbau. Jetzt konnte er seines Vaters steifen Fuß hören, als er mit der Endgültigkeit einer schlagenden Uhr über die Dielen hämmerte – ein Geräusch, das in keinem Verhältnis zu dem Umfang des Körpers stand, den er weitertrug, und das auch angesichts der weißen Tür nicht schwächer wurde, als hätte er eine Art böswilliges und räuberisches Minimum erreicht, das sich durch nichts schwächen ließ – der flache, breite schwarze Hut, der feierliche Tuchrock, der ehemals schwarz gewesen war, jetzt jedoch den blankpolierten grünlichen Schimmer alter Stubenfliegen aufwies, der erhobene Ärmel, der zu lang war, und die erhobene Hand, die einer gekrümmten Klaue glich. Die Tür tat sich so unverzüglich auf, daß der Junge begriff, der Neger müsse sie die ganze Zeit beobachtet haben – ein alter Mann mit kurzem grauem Kraushaar in einer Leinenjacke, der mit seinem Körper den Eingang versperrte und sagte: »Wisch dir die Füße ab, weißer Mann, eh du hier reinkommst. Der Major's nich da!«

»Geh mir aus dem Weg, Nigger!« sagte sein Vater – auch das ohne Erregung –, schleuderte die Tür und den Neger beiseite und trat ein, den Hut noch immer auf dem Kopf. Und jetzt sah der Junge die Fußspuren des lahmen Beins auf der Türschwelle und sah sie dann auf dem hellen Teppich sich abzeichnen, immer hinter dem mit maschinenhafter Präzision auftretenden Fuß, der das Gewicht des Körpers doppelt zu tragen oder zu übermitteln schien. Irgendwo hinter ihnen rief der Neger: »Miss Lula! Miss Lula!«, und dann hörte der Junge – den eine schöngeschwungene, teppichbelegte Treppe und der Glitzerbehang der Kristalleuchter und ein matter Glanz goldener Bilderrahmen wie eine warme Woge überfluteten – den flinken Schritt und sah sie auch, eine Dame (vielleicht hatte er ihresgleichen nie zuvor gesehen) in einem grauen, fließenden Gewand mit Spitzen am Halsausschnitt und einer um die Taille gebundenen Schürze und umgekrempelten Ärmeln, die sich mit einem Tuch etwas Kuchen- oder Brötchenteig von den Händen wischte, während sie durch die Halle kam, aber überhaupt nicht seinen Vater anblickte, sondern – mit dem Ausdruck ungläubiger Bestürzung – die Fußspuren auf dem sahnefarbenen Teppich.

»Ich wollt's nich«, rief der Neger, »hab ihm gesagt ...«

»Gehen Sie sofort hinaus!« rief sie mit bebender Stimme. »Major de Spain ist nicht zu Hause. Gehen Sie sofort hinaus!«

Und wieder hatte sein Vater noch nichts gesagt. Er sprach

auch nicht mehr. Er blickte sie nicht einmal an. Er stand einfach steif mitten auf dem Teppich, den Hut auf dem Kopf, und die struppigen eisengrauen Brauen über den kieselfarbenen Augen zuckten leicht, während er das Haus mit kurzen, entschlossenen Blicken abzutaxieren schien. Dann wandte er sich mit der gleichen Entschlossenheit um; der Junge sah mit an, wie der steife Fuß den Halbkreis der Drehung langsam nachzeichnete und einen langen, allmählich schwächer werdenden Schmutzstreifen hinterließ. Sein Vater blickte nicht hinunter, blickte nicht ein einziges Mal auf den Teppich. Der Neger hielt die Türe auf. Sie schloß sich zwischen ihnen und dem hysterischen und nicht mehr unterscheidbaren Frauengejammer. Sein Vater blieb oben auf der Freitreppe stehen und kratzte sich am Rand der obersten Stufe den Mist vom Stiefel. Am Tor blieb er abermals stehen. Er stand einen Augenblick da, steif auf den steifen Fuß gepflanzt, und blickte zum Haus zurück. »Hübsch weiß, was?« sagte er. »Das ist Schweiß. Niggerschweiß. Vielleicht ist's ihm noch nicht weiß genug. Vielleicht möcht er auch noch weißen Schweiß reinmischen.«

Zwei Stunden später hackte der Junge Holz hinter dem Haus, in dem seine Mutter und die Tante und die beiden Schwestern (nein, nur seine Mutter und die Tante, nicht die Schwestern, wie er merkte: selbst auf die Entfernung hin und gedämpft durch die Wände strömten die faden, lauten Stimmen der beiden Mädchen eine unausrottbare, träge Faulheit aus) den Herd aufstellten, um Essen zu kochen, als er den Hufschlag hörte und den in Leinen gekleideten Mann auf der schönen Fuchsstute erblickte, den er erkannte, noch ehe er den zusammengerollten Teppich auf dem Sattel des Negerjungen sah, der ihm auf einem dicken braunen Ackergaul folgte – ein zorngerötetes Gesicht, das, noch immer in vollem Galopp, hinter der Hausecke verschwand, wo sein Vater und sein Bruder auf den beiden hintenüber gekippten Stühlen saßen; und einen

Augenblick darauf, beinahe ehe er das Beil hinlegen konnte, hörte er wieder den Hufschlag und sah, wie die Fuchsstute, schon wieder galoppierend, den Hof verließ. Dann
rief sein Vater den Namen der einen Schwester, die bald
danach rückwärtsgehend in der Hoftür auftauchte und den
zusammengerollten Teppich an dem einen Ende über den
Boden schleifte, während die andere Schwester hinterherging.

»Wenn du'n schon nich tragen willst, dann setz wenigstens den Waschkessel auf!« schalt die erste.

»Heh, Sarty!« rief die zweite. »Setz mal den Waschkessel auf!« Sein Vater erschien in der Tür, eingerahmt von
ihrer Armseligkeit, wie ihn vorher die andere Tür in ihrer
freundlichen Makellosigkeit eingerahmt hatte, doch für beide unzugänglich. Hinter seiner Schulter das besorgte Gesicht
der Mutter.

»Los!« sagte der Vater. »Hebt ihn auf!« Die zwei Schwestern bückten sich plump und teilnahmslos; beim Bücken
bauschte sich eine unglaubliche Fülle verblaßten Stoffs und
flatternder grellbunter Bänder.

»Wenn ich'n Teppich so liebe, daß ich'n mir extra aus
Frankreich kommen lasse, dann würd ich'n nich ausgerechnet an'n Eingang hinlegen, wo alle Leute drübertram-
peln«, sagte die erste. Sie hoben den Teppich hoch.

»Abner!« sagte die Mutter. »Laß mich's machen!«

»Geh du und mach's Essen«, gebot der Vater. »Um das
hier will ich mich kümmern.«

Während des restlichen Nachmittags beobachtete der Junge sie von seinem Holzstoß aus: der Teppich lag flach ausgebreitet im Staub vor dem brodelnden Waschkessel, die
Schwestern mit ihrem maßlosen und trägen Widerwillen
kauerten darüber, und der Vater stand unerbittlich und
grimmig bald neben der einen, bald neben der andern und
trieb sie zur Arbeit an, aber ohne je die Stimme zu erheben.
Der Junge konnte die scharfe, selbstgemachte Lauge riechen,
die sie benutzten; er sah, wie seine Mutter einmal in die

Tür trat und mit einem Ausdruck zu ihnen hinüberblickte, der jetzt nicht mehr besorgt, sondern schon eher verzweifelt war; er sah, wie sein Vater sich umwandte, hob schleunigst wieder das Beil und sah aus dem Augenwinkel, wie sein Vater ein zackiges Stückchen Feldstein vom Boden aufhob und prüfte und damit zum Waschkessel zurückkehrte, und diesmal sprach seine Mutter sogar. »Abner, Abner! Bitte tu's nicht, Abner! Bitte, Abner!«

Dann war auch er fertig. Es dämmerte. Die Nachtschwalben hatten schon zu rufen begonnen. Kaffeegeruch kam aus dem einen Raum, in dem sie nun bald die kalten Reste essen würden, die von der Nachmittagsmahlzeit übriggeblieben waren; doch als er ins Haus trat, merkte er, daß sie wahrscheinlich deshalb wieder Kaffee tranken, weil ein Feuer im Kamin brannte, vor dem jetzt der Teppich über zwei Stuhllehnen ausgebreitet hing. Die Spuren von seines Vaters Tritten waren verschwunden; an ihrer Stelle waren jetzt lange, wolkige Schlieren, die von dem irren Kurs einer Liliputaner-Mähmaschine herzurühren schienen.

Der Teppich hing noch immer dort, als sie die kalten Reste aßen und sich dann schlafen legten, ohne Ordnung oder Anspruch irgendwie auf die zwei Räume verteilt, seine Mutter in dem einen Bett, in dem später auch sein Vater liegen würde, und der ältere Bruder in dem andern; er, die Tante und die beiden Schwestern auf Strohsäcken auf dem Fußboden. Doch sein Vater war noch nicht zu Bett gegangen. Das letzte, woran der Junge sich erinnerte, war die platte, scharfgeschnittene Silhouette von Hut und Gehrock, die sich über den Teppich beugte, und ihm schien es, daß er noch nicht einmal die Augen geschlossen hatte, als die Silhouette schon über ihm stand und der lahme Fuß ihn wachstieß. Dahinter das erloschene Feuer. »Hol das Maultier!« sagte sein Vater.

Als er mit dem Maultier zurückkam, stand sein Vater in der schwarzen Türöffnung und hatte sich den zusammengerollten Teppich über die Schulter gehängt. »Willst du nicht reiten?«

»Nein. Gib den Fuß her!«

Er stemmte das Knie in die Hand seines Vaters, und die zähe, überraschende Kraft setzte gleichmäßig an und hob sich, und er mit ihr, bis auf den ungesattelten Rücken des Maultiers (früher hatten sie einen Sattel besessen, der Junge konnte sich daran erinnern, jedoch nicht, wann oder wo), und ebenso mühelos warf sein Vater den Teppich hinauf und vor ihn hin. Jetzt im Sternenschimmer folgten sie wieder dem Weg, den sie schon am Nachmittag zurückgelegt hatten: die staubige Landstraße entlang, die schwer war vom Duft des Geißblatts, durch das Tor und den finsteren Tunnel der Auffahrt hinauf bis zum lichtlosen Haus; dort spürte er, auf dem Maultier sitzend, wie das rauhe Gewebe des Teppichs an seinen Schenkeln entlangglitt und verschwand.

»Soll ich dir nicht helfen?« flüsterte er. Sein Vater gab keine Antwort, und nun hörte er wieder, wie der lahme Fuß mit der gleichen uhrschlagartigen Entschlossenheit hölzern durch den leeren Säulenvorbau lärmte – das Gewicht, das er trug, unverschämt übertreibend. Der Teppich, der von seines Vaters Schulter sackte (und nicht etwa geworfen wurde – das konnte der Junge sogar im Dunkeln feststellen), polterte mit einem unvorstellbar lauten, donnernden Getöse in den Winkel zwischen Wand und Fußboden; und dann wieder der Fuß: ohne Eile, ungeheuerlich; im Haus flammte ein Licht auf, und der Junge saß aufmerksam da, atmete gleichmäßig und ruhig und nur ein klein wenig schneller, obwohl der Fuß seinen Takt nicht im geringsten beschleunigte und nun die Stufen herunterkam. Nun konnte der Junge ihn sehen.

»Willst du nicht jetzt reiten?« flüsterte er. »Wir können jetzt beide aufsitzen«, und das Licht im Haus veränderte sich jetzt, flackerte auf und wurde schwächer. *Jetzt kommt er die Treppe herunter,* dachte er. Er hatte das Maultier schon an den Aufsteigeblock herangeritten, und sofort saß sein Vater hinter ihm auf, und er zog die Zügel an und hieb dem Maultier über den Hals, doch bevor das Maultier in Trab fallen konnte, griff der harte, magere Arm an ihm vorbei, und die harte, knorrige Hand riß das Maultier in einen sachten Schritt zurück.

Bei den ersten roten Strahlen der Morgensonne waren sie auf dem Hof und schirrten die Maultiere vor den Pflug. Diesmal war die Fuchsstute auf dem Hof, ehe er sie überhaupt hören konnte, ihr Reiter ohne Kragen und sogar barhäuptig und zitternd: er sprach mit der gleichen schwankenden Stimme wie die Frau im Hause. Sein Vater blickte bloß einmal auf, ehe er sich wieder über das Kummet beugte, das er gerade festschnallte, so daß der Mann auf der Stute zu dem gebeugten Rücken hinuntersprach:

»Sie sind sich wohl im klaren, daß Sie den Teppich ruiniert haben. War denn kein Mensch da, niemand von ihren Frauensleuten ...« Er brach ab und zitterte, und der Junge beobachtete ihn. Der ältere Bruder lehnte jetzt in der Stalltür, kaute langsam und unaufhörlich und blinzelte scheinbar ins Leere. »Er hat hundert Dollar gekostet. Aber Sie hatten ja niemals hundert Dollar und werden sie auch nie haben. Deshalb ziehe ich Ihnen zwanzig Scheffel Korn von Ihrer Ernte ab. Ich schreib's zusätzlich in Ihren Vertrag, und wenn Sie mal in den Laden kommen, können Sie's unterschreiben. Damit habe ich zwar noch nicht Mrs. de Spain beruhigt, aber vielleicht ist Ihnen das eine Lehre, sich vorher die Füße abzutreten, ehe Sie in ihr Haus gehen.«

Und damit verschwand er. Der Junge sah seinen Vater an, der noch immer nicht gesprochen oder auch nur aufgeblickt hatte – undurchdringlich das Gesicht, die struppigen Brauen, unter denen die grauen Augen kalt glitzerten. Plötzlich lief der Junge auf ihn zu – rasch – und blieb ebenso plötzlich stehen. »Du hast's doch so gut gemacht, wie du konntest!« rief er. »Wenn er's anders haben wollte, warum hat er dann nicht gewartet und dir gesagt, wie? Er bekommt die zwanzig Scheffel nicht! Er bekommt gar nichts! Wir wollen's ernten und verstecken! Ich kann aufpassen!«

»Hast du das Hobelmesser wieder ins Gehäuse gesteckt, wie ich's dir gesagt habe?«

»Nein, sir«, antwortete er.

»Dann tu's jetzt!«

Das war am Mittwoch. Bis zum Ende der Woche arbeitete er fleißig an allem, was zu seinen Aufgaben gehörte, und an manchem, was darüber hinausging, und zwar mit einem Eifer, der nicht angespornt werden und dem man auch nichts zweimal sagen mußte; das hatte er von seiner Mutter, mit dem Unterschied, daß er wenigstens einiges von dem, was er tun sollte, wirklich gern tat, wie etwa das Holzspalten mit dem kleinen Beil, für das seine Mutter und seine Tante irgendwie Geld zusammengespart oder verdient hatten, um es ihm zu Weihnachten zu schenken. Gemeinsam mit den beiden älteren Frauen (und eines Nachmittags sogar mit einer Schwester) baute er Hürden für die Ferkel und die Kuh (die zum Vertrag zwischen dem Gutsherrn und seinem Vater gehörten), und eines Nachmittags, als sein Vater abwesend war, auf einem Maultier fortgeritten war, ging er auch aufs Feld hinaus.

Sie arbeiteten jetzt mit einem Streichblechpflug; sein Bruder führte den Pflug, und er hielt die Zügel, und während er neben den ziehenden Maultieren einherlief, klatschte ihm die schwere schwarze Erde kühl und feucht gegen die nackten Knöchel, und er dachte: *Damit ist's vielleicht zu Ende. Vielleicht sind sogar die zwanzig Scheffel, die bloß für'n Teppich sehr teuer erscheinen, doch noch ein billiger Preis, wenn er dadurch auf immer und ewig aufhört, das zu sein, was er bisher war;* und denkt jetzt, träumt jetzt weiter, so daß sein Bruder ihn scharf ermahnen mußte, auf die Maultiere achtzugeben: *Vielleicht erntet er ja die zwanzig Schef-*

fel überhaupt nicht. Vielleicht summiert sich's und gleicht sich aus und verschwindet — Korn, Teppich und Feuer; das Entsetzen und der Kummer, und das Hin- und Hergerissenwerden wie zwischen zwei verschiedenen Gespannen — alles vorbei und erledigt auf immer und ewig.

Dann war es Samstag; er blickte auf, unter dem Maultier hervor, das er anschirrte, und sah seinen Vater in dem schwarzen Rock und Hut. »Nicht das«, sagte sein Vater. »Das Wagengeschirr!« Und als er dann zwei Stunden später im Wagenkasten saß, hinter seinem Vater und Bruder auf dem Bock, und als der Wagen die letzte Biegung nahm, da erblickte er den vom Wetter mitgenommenen, unangestrichenen Laden mit seinen zerfetzten Reklame-Plakaten für Tabak und Patentmedizinen, und unten vor der Veranda die angepflockten Gespanne und Reittiere. Hinter seinem Vater und seinem Bruder ging er die ausgetretenen Stufen hinauf, und wieder öffnete sich die Gasse ruhiger, aufmerksamer Gesichter, um die drei hindurchzulassen. Er sah den Mann mit der Brille hinter dem Brettertisch sitzen, und man brauchte ihm nicht zu sagen, daß es der Friedensrichter war. Einen Blick voll wilden, überheblichen, herausfordernden Partisanentrotzes warf er dem jetzt mit Kragen und Krawatte geschmückten Mann zu, den er nur zweimal in seinem Leben gesehen hatte und dem jetzt ein andrer Ausdruck im Gesicht stand: nicht etwa Zorn, sondern verblüffter Unglauben ob der unerhörten Tatsache, daß einer seiner Pächter ihn verklagt hatte (was der Junge nicht ahnen konnte). Und trat vor und stellte sich neben seinen Vater und schrie den Richter an: »Er hat's nicht getan! Er hat'n nicht angezündet ...«

»Geh wieder zum Wagen!« sagte sein Vater.

»Angezündet?« fragte der Richter. »Soll das heißen, daß der Teppich auch verbrannt wurde?«

»Behauptet das jemand hier?« sagte sein Vater. »Geh wieder zum Wagen!« Aber er ging nicht — er zog sich einfach in den Hintergrund des Ladens zurück, der ebenso überfüllt war wie jener andre, doch nicht, um sich diesmal hinzusetzen, sondern statt dessen drängelte er sich zwischen die bewegungslos dastehenden Männer und hörte sich mit an, was die Stimmen sagten:

»Und Sie behaupten, zwanzig Scheffel Korn sind zuviel für den Schaden, den Sie angerichtet haben?«

»Er hat mir den Teppich gebracht und gesagt, ich soll die Fußspuren auswaschen. Das hab ich getan und ihm den Teppich wieder hingebracht.«

»Aber Sie haben ihm den Teppich nicht im gleichen Zustand zurückgebracht, in dem er war, ehe Sie die Fußspuren darauf hinterließen.«

Sein Vater gab keine Antwort, und nun war vielleicht eine Minute lang kein Laut zu hören, ausgenommen das Atmen, das schwache, gleichmäßige Atemholen bei ausschließlichem, gespanntem Lauschen.

»Verweigern Sie die Antwort, Mr. Snopes?« Wieder gab sein Vater keine Antwort. »Dann muß ich gegen Sie befinden, Mr. Snopes. Ich erkenne Sie für verantwortlich an dem Schaden an Major de Spains Teppich und mache Sie dafür haftbar. Aber daß ein Mann in Ihren Verhältnissen zwanzig Scheffel Korn dafür zahlen soll, scheint mir ein wenig zu hoch. Major de Spain behauptet, der Teppich habe hundert Dollar gekostet. Das Oktober-Korn wird ungefähr fünfzig Cents gelten. Ich glaube, wenn Major de Spain einen Fünfundneunzig-Dollar-Schaden für etwas tragen kann, das er mit barem Geld bezahlt hat, dann können Sie einen Fünf-Dollar-Verlust an etwas tragen, das Sie noch nicht geerntet haben. Ich verurteile Sie zu einem Schadenersatz von zehn Scheffeln Korn, zahlbar über Ihren Vertrag hinaus aus den Erträgnissen Ihrer Ernte. Die Sitzung ist geschlossen.«

Es hatte kaum Zeit in Anspruch genommen, der Morgen war erst zur Hälfte verstrichen. Er glaubte, sie würden nach Hause zurückkehren und vielleicht aufs Feld gehen, denn sie waren mit den Feldarbeiten im Rückstand, weit mehr als alle andern Farmer. Statt dessen ging sein Vater hinter dem Wagen weiter, gab dem älteren Bruder nur ein Zeichen mit der Hand, er solle ihm folgen, und ging quer über die Straße zum Schmied; und er drängte hinter seinem Vater her, holte ihn ein und sprach und tuschelte zu dem harten, ruhigen Gesicht unter dem verschossenen Hut: »Die zehn Scheffel bekommt er auch nicht! Nicht einen Scheffel bekommt er! Wir wollen ...«, bis sein Vater einen Augenblick auf ihn heruntersah, das Gesicht vollkommen ruhig, die grauen Augenbrauen ein Dickicht über den kalten Augen, und die Stimme beinahe freundlich, beinahe sanft:

»Meinst du? Jedenfalls wolln wir bis zum Oktober warten.«

Die Sache mit dem Wagen – das Einsetzen von ein paar Speichen und das Anziehen der Reifen – nahm auch nicht viel Zeit in Anspruch: die Reifen wurden dadurch in Ordnung gebracht, daß man den Wagen in den Graben hinter der Werkstatt führte und darin stehenließ; die Maultiere schlabberten von Zeit zu Zeit etwas Wasser auf, und der Junge auf dem Bock ließ die Zügel hängen und blickte den Hang hinan oder durch den verrußten Tunnel der Schmiede, aus dem der langsame Hammerschlag klang und wo sein Vater ungezwungen auf einem umgekehrten Zypressenstumpf saß und entweder plauderte oder zuhörte; er saß noch immer dort, als der Junge den tropfenden Wagen aus dem Graben fuhr und vor der Türe hielt.

»Fahr sie in den Schatten und mach sie fest!« sagte sein Vater. Er tat es und kehrte zurück. Sein Vater und der Schmied und ein dritter Mann, der bei der Tür auf den Fersen hockte, unterhielten sich über den Ernte-Ertrag und das Vieh; der Junge hockte sich ebenfalls in den nach Harn stinkenden Staub, in dem Abfälle von Pferdehufen und

Rostplättchen herumlagen; er hörte, wie sein Vater in aller
Ruhe eine lange Geschichte noch aus der Zeit vor der Geburt seines älteren Bruders erzählte, als er von Beruf Pfer-
dehändler gewesen war. Und dann kam sein Vater auf ihn
zu. Er stand gerade auf der andern Seite des Ladens vor
einem zerfetzten vorjährigen Zirkusplakat und starrte hin-
gerissen und stumm auf die scharlachroten Pferde, die un-
glaublichen Tüllwolken und Trikotverrenkungen und das
geschminkte Grinsen der Clowns, und sein Vater sagte:
»Wolln essen!«

Jedoch nicht zu Hause. Während er neben seinem Bruder vor der Ladenfront hockte, sah er, wie sein Vater aus
dem Laden kam und aus einer Tüte ein Stück Käse nahm
und es sorgfältig und bedächtig mit seinem Taschenmesser
in drei Teile zerlegte und aus der gleichen Tüte auch Salz-
zwieback holte. Alle drei hockten sie auf der Veranda und
aßen langsam und ohne zu sprechen; dann gingen sie wieder in den Laden, tranken aus einer Blechkelle lauwarmes
Wasser, das nach dem Zedernholzeimer und frischen Buchen schmeckte. Und sie kehrten noch immer nicht heim.
Diesmal ging's zu einer Pferdekoppel mit einem hohen
Lattenzaun, auf dem und vor dem Männer saßen und
standen, und ein Pferd nach dem andern wurde hervor-
geholt, um im Schritt und im Trab vorgeführt zu werden
und dann auf der Straße auf und ab zu galoppieren, und all
die Zeit wurde gefeilscht und gekauft, und die Sonne begann sich schon gen Westen zu neigen, während sie – alle
drei – zuschauten und zuhörten: der ältere Bruder mit
seinen stumpfen Augen und dem ewigen, unvermeidlichen
Kautabak, und der Vater, der dann und wann über einzelne Tiere sein Urteil abgab, ohne sich damit an jemand
zu wenden.

Die Sonne war schon untergegangen, als sie nach Hause
kamen. Sie aßen bei Lampenlicht Abendbrot, und während
sie nachher auf der Vordertreppe saßen und der Junge

beobachtete, wie die Nacht vollends hereinbrach, und den Nachtschwalben und den Fröschen lauschte, hörte er plötzlich die Stimme seiner Mutter: »Abner! Nein, nein! O Gott! O Gott! Abner!«, und er stand auf, flog herum und sah durch die offene Tür die veränderte Beleuchtung: auf dem Tisch brannte jetzt in einem Flaschenhals ein Kerzenstummel, und sein Vater, noch immer in Rock und Hut, gleichzeitig förmlich und grotesk, als hätte er sich für eine armselige und feierliche Gewalttat sorgfältig angekleidet, leerte den Behälter der Lampe in den Fünf-Gallonen-Kanister mit dem Petroleum, aus dem sie erst gefüllt worden war, während die Mutter ihn am Arm zog, bis er die Lampe in die andre Hand nahm und sie wegstieß, nicht wütend oder gemein, sondern einfach heftig gegen die Wand stieß; sie warf die Hände hoch, um sich an der Wand zu halten, ihr Mund stand offen, und in ihrem Gesicht lag die gleiche hoffnungslose Verzweiflung wie vorher schon in ihrer Stimme. Dann sah sein Vater ihn in der Tür stehen.

»Geh in den Stall und hol die Kanne mit Schmieröl, das wir für den Wagen gebraucht haben«, sagte er. Der Junge rührte sich nicht. Dann konnte er sprechen.

»Was . . .«, rief er. »Was willst du . . .«

»Geh und hol das Öl!« sagte sein Vater. »Geh!«

Dann rührte er sich, rannte aus dem Haus und zum Stall: es war die alte Gewohnheit, das ererbte Blut, das er sich nicht selber hatte wählen dürfen, das ihm wohl oder übel vermacht worden war und das schon so lange floß (und weiß der Himmel wo, auf welcherlei Wut und Grausamkeit und Lust schmarotzend), ehe es zu ihm gekommen war. *Ich könnte so weitermachen*, dachte er. *Ich könnte laufen und laufen und mich nie mehr umsehen und brauchte nie mehr sein Gesicht sehn. Nur kann ich's nicht. Ich kann's nicht*, und in der Hand jetzt die verrostete Kanne, darin die Flüssigkeit hin und her schwappte, lief er zum Haus zurück und hinein ins Haus, hinein in seiner Mutter

Weinen im Nebenzimmer, und händigte dem Vater die Kanne aus.

»Willst du nicht mal 'n Nigger hinschicken?« rief er. »Letztesmal hast du wenigstens 'n Nigger hingeschickt!«

Diesmal schlug sein Vater ihn nicht. Die Hand flog schneller als ein Schlag, die gleiche Hand, die mit fast qualvoller Behutsamkeit die Kanne auf den Tisch gestellt hatte, flog von der Kanne zu ihm, jedoch zu blitzschnell für ihn, als daß er ihr hätte folgen können, packte ihn hinten am Hemd und riß ihn auf die Zehenspitzen, noch ehe er gesehen hatte, daß sie die Kanne losließ; das Gesicht beugte sich in atemloser, starrer Wildheit über ihn, und die kalte, tote Stimme sprach über ihn hinweg mit dem älteren Bruder, der sich gegen den Tisch lehnte und mit der seltsam seitlichen Kieferbewegung wiederkäuender Kühe vor sich hinmalmte.

»Schütte die Kanne in den Kanister und geh los! Ich hol dich ein.«

»Bind ihn lieber am Bett fest!« sagte der Bruder.

»Tu, was ich dir gesagt habe!« entgegnete der Vater. Dann wurde der Junge in seinem zusammengewursteltem Hemd – die harte Hand zwischen den Schulterblättern – auf Zehen, die kaum den Fußboden berührten, quer durchs Zimmer befördert und weiter ins nächste, an den Schwestern vorbei, die mit gespreizten, schweren Schenkeln auf den beiden Stühlen vor dem kalten Kamin saßen, und zu seiner Mutter und Tante hinüber, die beide nebeneinander auf dem Bett kauerten, wo die Tante ihren Arm um die Schultern der Mutter gelegt hatte.

»Halt ihn fest!« sagte der Vater. Die Tante fuhr erschrocken auf. »Du nicht!« sagte der Vater. »Lennie! Halt ihn gut fest! Ich will sehen, wie du's machst!« Seine Mutter faßte ihn beim Handgelenk. »Du mußt ihn noch fester halten! Wenn er sich losreißt – weißt du nicht, was er dann macht? Dann läuft er zu denen da drüben!« Sein

Kopf deutete zur Landstraße hin. »Vielleicht bind ich ihn lieber an!«

»Ich halt ihn schon«, flüsterte die Mutter.

»Dann mach's auch richtig!« Dann ging sein Vater weg; der steife Fuß pochte seinen schweren Takt auf die Dielen und verhallte schließlich.

Dann begann er sich zu wehren. Seine Mutter hielt ihn mit beiden Armen umklammert, und er stieß und wand sich. Zu guter Letzt würde er doch der Stärkere sein, das wußte er. Aber er hatte keine Zeit, so lange zu warten. »Laß mich los!« schrie er. »Ich möchte dich doch nicht schlagen!«

»Laß ihn los!« riet die Tante. »Wenn er nicht geht, dann geh ich, bei Gott, selber hin!«

»Begreifst du's denn nicht, daß ich's nicht kann?« rief seine Mutter. »Sarty, Sarty! Nicht, nicht! Hilf mir, Lizzie!«

Dann war er frei. Die Tante haschte nach ihm, doch es war zu spät. Er flog herum und lief, und seine Mutter torkelte hinter ihm auf die Knie und rief der zunächstsitzenden Schwester zu: »Halt ihn, Net! Halt ihn!« Aber auch das war zu spät; die Schwester (es waren Zwillinge, zur gleichen Stunde geboren, und doch erweckte jede von ihnen den Eindruck, als stelle sie ebensoviel Fleisch und Umfang und Lebendgewicht dar wie zwei Familienmitglieder zusammengenommen), die Schwester hatte sich noch gar nicht vom Stuhl erhoben, einzig ihr Kopf, ihr Gesicht nur drehte sich um und zeigte ihm in dem flüchtigen Augenblick ein erstaunliches Bild junger weiblicher Gesichtszüge, auf denen sich nicht einmal Überraschung abzeichnete, sondern nur das leise Interesse einer Kuh. Dann war er aus dem Zimmer gerannt, zum Haus hinaus, in den milden Dunst der sternhellen Straße und in die vom Geißblatt geschwängerte Luft: mit entsetzlicher Langsamkeit spulte sich das bleiche Band unter seinen rennenden Füßen ab, dann endlich erreichte er das Tor und bog ein und rannte,

Herz und Lunge dröhnten, die Auffahrt hinauf zum erhellten Haus, zur erhellten Tür. Er klopfte nicht an, er platzte hinein, schluchzend vor Atemlosigkeit, im Augenblick unfähig zu sprechen; er sah das erstaunte Gesicht des Negers in der Leinenjacke, ohne zu wissen, wann der Neger erschienen war.

»De Spain!« schrie er keuchend. »Wo's ...«, dann sah er auch den weißen Mann aus einer weißen Tür hinten in der Halle auftauchen. »Der Stall!« schrie er. »Der Stall!«

»Was?« rief der Weiße. »Der Stall?«

»Ja«, schrie der Junge, »der Stall!«

»Halt ihn!« schrie der Weiße.

Aber auch diesmal war es dafür zu spät. Der Neger erwischte sein Hemd, doch nur ein ganzer Ärmel, der vom häufigen Waschen morsch war, löste sich, und er war auch hier aus der Tür hinaus und wieder in der Auffahrt, ja, er hatte eigentlich gar nicht zu rennen aufgehört, selbst während er dem weißen Mann ins Gesicht schrie.

Hinter ihm brüllte der Weiße: »Mein Pferd! Hol mein Pferd!«, und er dachte einen kleinen Augenblick daran, lieber eine Abkürzung durch den Park zu nehmen und dann über den Zaun an der Straße zu klettern, doch er kannte den Park nicht und wußte auch nicht, wie hoch der von Ranken überwucherte Zaun war, und wagte es nicht. Deshalb rannte er die Auffahrt entlang, und Blut und Atem tobten; bald war er wieder auf der Straße, obwohl er sie nicht sehen konnte. Und auch hören konnte er nicht: die galoppierende Stute hatte ihn fast eingeholt, ehe er sie hörte, und selbst dann behielt er die Richtung bei, als müsse die Gewalt seines wilden Kummers und seiner Not ihm im nächsten Augenblick Flügel verleihen, und wartete bis zur allerletzten Sekunde, ehe er sich beiseite warf, in den von Unkraut ausgefüllten Straßengraben, und das Pferd an ihm vorbei und weiterpreschte – einen Moment lang als wilde Silhouette vor den Sternen, vor dem ruhigen Frühsommer-

Nachthimmel, der sich, noch ehe die Umrisse von Pferd und Reiter verschwanden, plötzlich verfärbte und heftig aufflammte: ein lang anhaltender, wirbelnder Ausbruch, unglaublich und lautlos, der die Sterne auslöschte; und der Junge sprang hoch und wieder auf die Straße, rannte wieder, wußte, daß es zu spät war, rannte trotzdem noch, sogar, nachdem er den Schuß und, einen Augenblick später, zwei Schüsse hörte, blieb jetzt stehen, ohne zu wissen, daß er zu laufen aufgehört hatte, rief: »Pap! Pap!«, rannte wieder, ehe er wußte, daß er zu rennen begonnen hatte, stolperte, fiel über etwas, rappelte sich wieder auf, ohne im Laufen innezuhalten, blickte im Aufstehen über die Schulter zurück und auf den Schein, rannte zwischen den unsichtbaren Bäumen weiter, keuchte, schluchzte: »Vater! Vater!«

Um Mitternacht saß er auf der Kuppe eines Hügels. Er wußte nicht, daß es Mitternacht war, und er wußte nicht, wie weit er gelaufen war; doch hinter ihm war jetzt kein Lichtschein mehr; er saß jetzt und hatte den Rücken dem zugekehrt, was er, wenigstens vier Tage lang, sein Zuhause genannt hatte, und sein Gesicht war dem dunklen Wald zugewandt, in dem er untertauchen wollte, wenn sein Atem wieder stark war; saß klein und unaufhörlich zitternd in der kühlen Finsternis, schmiegte sich in den Rest seines dünnen, zerschlissenen Hemdes, und Kummer und Verzweiflung waren jetzt nicht länger Entsetzen und Angst, sondern nur noch Kummer und Verzweiflung. *Vater. Mein Vater,* dachte er. »Er war tapfer!« weinte er plötzlich auf, laut, aber nicht schreiend, nicht viel lauter als ein Murmeln: »Das war er! Er war im Krieg! Er war in Oberst Sartoris' Kavallerie!«, ohne zu wissen, daß sein Vater als Gemeiner[1] im guten alten europäischen Sinn in den Krieg gezogen war, ohne Uniform, weder einem Vorgesetzten noch einem Heer noch einer Fahne Autorität zugestehend oder Treue haltend, war in den Krieg gezogen wie Marlbrouck: um

Beute zu machen – und es bedeutete ihm nichts und weniger als nichts, ob es feindliche Beute oder die eigene war.

Die Sternbilder kreisten langsam weiter. Der Morgen würde grauen, und nach einer Weile würde die Sonne aufgehen, und er würde hungrig sein. Doch das wäre dann morgen, und jetzt fror ihn nur, und dem konnte er durch Laufen abhelfen. Das Atmen fiel ihm jetzt leichter, und er beschloß, bald aufzustehen und weiterzugehen, und dann entdeckte er, daß er geschlafen hatte, denn das Morgengrauen war beinah da, wie er wußte, und die Nacht war beinah vergangen. Er merkte es an den Nachtschwalben. Sie riefen jetzt überall in den dunklen Bäumen unter ihm, in unaufhörlichen, endlosen Abwandlungen, und schließlich war überhaupt keine Pause mehr, je näher der Augenblick rückte, da sie den Tagvögeln weichen mußten. Er stand auf. Er war ein wenig steif, doch auch dem konnte er durch Laufen abhelfen, ebenso wie dem Frieren, und bald würde die Sonne aufgehen. Er stieg den Hügel hinab, dem dunklen Wald entgegen, in dem die quecksilbrigen Stimmen der Vögel unaufhörlich riefen – im schnellen und drängenden Takt des drängenden und singenden Herzens dieser späten Frühlingsnacht. Er blickte nicht zurück.

Schindeln für den Herrn

Eine gute Stunde vor Tagesanbruch stand Pap auf, fing das Maultier ein und ritt zu Killegrews runter, um sich Spaltmesser und Holzhammer zu leihen. In vierzig Minuten hätt er wieder damit zurück sein können. Doch die Sonne war aufgegangen, und ich war fertig mit Melken und Füttern und saß schon beim Frühstück, als er zurückkam, und das Maultier war nicht bloß schweißbedeckt – es war schon kurz vorm Dämpfigwerden.

»Auf Fuchsjagd!« sagte Pap. »Auf Fuchsjagd! Ein siebzig Jahre alter Mann, bereits mit beiden Füßen, ih was, auch mit dem einen Knie schon im Grabe, und hockt die ganze Nacht auf'm Hügel und nennt's bei sich, 'ne Fuchsjagd mit anhören, die er nicht mal hören kann, falls sie nicht direkt bis zum Baumstamm raufkommen, auf dem er sitzt, und ihm in seine Ohrtrompete kläffen. Gib mir mein Frühstück!« sagt er zu Ma. »In genau dieser Minute steht Whitfield schon da, steht breitbeinig vor den Schindelklötzen, und die Uhr in der Hand!«

Und das stimmte. Wir ritten los, an der Kirche vorbei, und da war nicht bloß Solon Quicks Schulbus, sondern auch Hochwürden Whitfields alte Stute. Wir banden das Maultier an'n Baum und hängten unsern Essenträger an'n Ast, und dann – Pap trug Killegrews Spaltmesser und Holzhammer und die Spaltkeile, und ich trug unser Beil –, dann gingen wir zu den Schindelklötzen, wo Solon und Homer Bookwright mit ihren Spaltmessern und Holzhammer und Beil und Spaltkeil auf zwei hochkant gestellten Klötzen saßen, und Whitfield stand genauso da, wie's Pap gesagt hatte, in seinem gestärkten Hemd und seinem schwarzen Hut und schwarzer Hose und Krawatte und hielt seine Uhr in der

Hand. Sie war golden, und in der Morgensonne schien sie so
groß wie'n ausgewachsener Kürbis.

»Sie kommen aber spät«, sagt er.

Deshalb erzählt Pap nochmal, daß der alte Killegrew die
ganze Nacht auf der Fuchsjagd gewesen war und daß keiner
da war, der ihm das Spaltmesser hätt leihen können, bloß
Mrs. Killegrew und die Köchin. Und natürlich hätt die Köchin nie nix von Mr. Killegrews Werkzeug ausgeliehen, und
Mrs. Killegrew war sogar noch tauber als der alte Killegrew. Wenn man zu der ins Zimmer gerannt wäre und ihr
gesagt hätte, daß ihr Haus in Flammen steht, dann würde
sie sich weiter in ihrem Schaukelstuhl wiegen und sagen, das
hätt sie sich auch schon gedacht – falls sie nicht, eh man nur
ein Wort sagen konnte, der Köchin zuschrie, sie sollte die
Hunde losmachen.

»Sie hätten gestern hingehen und sich das Spaltmesser
holen können«, sagte Whitfield. »Sie wissen's seit einem Monat, daß Sie versprochen haben, an diesem einen Tag eines
ganzen, langen Sommers ein neues Dach auf das Haus Got-
tes zu setzen!«

»Wir haben uns bloß um zwei Stunden verspätet«, erwiderte Pap. »Ich glaube, das verzeiht uns der Herr. Er
interessiert sich sowieso nicht für die Zeit. Er interessiert sich
für die Erlösung.«

Whitfield wartete gar nicht erst ab, bis Pap ausgesprochen
hatte. Mir schien's, daß er noch größer wurde, als er wie
so'n Wolkenbruch auf Pap runterprasselte: »ER interessiert
sich weder für das eine noch für das andere. Warum sollte
ER auch, da ER ja bereits beides besitzt? Und ich seh nicht
ein, weshalb ER sich nach den paar armseligen, erbärmlichen
Menschenseelen umdrehen soll, die sich nicht mal rechtzeitig
das Werkzeug borgen können, um die Schindeln auf Seiner
Kirche auszuwechseln. Vielleicht macht ER's bloß deshalb,
weil ER sie nun mal erschaffen hat. Vielleicht sagt ER sich
einfach: ›Ich hab sie erschaffen, weiß selber nicht, warum.

Aber weil ich's nun mal getan hab, will ich zum Donnerwetter in die Hände spucken und sie in die Ewige Herrlichkeit zerren, ob sie's wollen oder nicht!‹«

Doch das gehörte nicht zur Sache, und ich glaub, daß er's gewußt hat, wie er ja auch gewußt haben muß, daß die Sache nicht in Gang käme, solange er dablieb. Deshalb steckte er die Uhr wieder in die Tasche und winkte sich Solon und Homer ran, und wir zogen alle den Hut ab, bloß er nicht, und stand da mit dem Gesicht zur Sonne und die Augen zu, und seine Augenbrauen sahen wie 'ne dicke graue Raupe aus, die am Rand von 'ner Klippe liegt. »Herr«, betete er, »mach, daß es gute, gerade Schindeln werden, die glatt aufliegen, und daß sie sich leicht spalten, denn die Schindeln sind für Dich, Herr«, und machte die Augen auf und sah uns wieder an, vor allem meinen Pap, und ging hin und band seine Stute los und kletterte langsam und steifbeinig rauf, wie's die alten Männer tun, und ritt weg.

Pap legte das Spaltmesser und den Holzhammer hin und stellte die drei Spaltkeile in einer ordentlichen Reihe auf die Erde und nahm das Beil auf.

»Also, Leute«, sagt er, »dann wolln wir anfangen! Wir haben uns schon verspätet.«

»Ich und Homer nich«, sagte Solon. »Wir waren hier.« Er und Homer saßen jetzt nicht mehr auf den Klötzen. Sie hockten auf den Fersen. Dann hab ich gesehn, wie Homer Kerben in einen Stock schnitzelt. Der war mir vorher nicht aufgefallen. »Ich schätze zwei Stunden und 'n bißchen mehr«, sagt Solon. »Ungefähr.«

Pap stand noch immer halb gebückt mit dem Beil in der Hand da. »Ich würde eher sagen, eine Stunde«, erwidert er. »Aber sagen wir mal, zwei Stunden – der Sache zuliebe.«

»Welcher Sache zuliebe?« fragt Homer.

»Meinetwegen«, sagt Pap. »Also zwei Stunden. Und was ist damit?«

»Das bedeutet: drei Arbeits-Einheiten die Stunde, multi-

pliziert mit zwei Stunden«, sagt Solon, »oder eine Gesamt-
summe von sechs Arbeitseinheiten.« Als die WPA [2] in den
Yoknapatawpha-Bezirk kam und anfing, Arbeitsplätze und
Essen und Matratzen auszuteilen, da ging Solon nach Jefferson, um auch davon zu profitieren. Er fuhr jeden Morgen
mit seinem Schulbus die zweiundzwanzig Meilen in die
Stadt und kam am Abend zurück. Das hatte er fast eine
Woche lang getan, als er merkte, daß er nicht nur seine
Farm auf den Namen von jemand anders würde überschrei-
ben müssen – er durfte nicht mal den Schulbus besitzen und
fahren, den er doch selber gebaut hatte. Darum kam er eines
Abends zurück und fuhr nie wieder hin, und seitdem war's
besser, wenn man die WPA nicht vor ihm erwähnte, falls
man nicht Krach mit ihm haben wollte, obwohl er hin und
wieder noch mit irgendwas ankam, das er in Arbeitseinheiten umgerechnet hatte. »Sechs Einheiten zuwenig!«

»Vier davon hättst du mit Homer schon abarbeiten können, als ihr hier rumgesessen und auf mich gewartet habt«,
sagte Pap.

»Bloß daß wir das nicht getan haben«, erwiderte Solon.
»Wir haben Whitfield zwei Einheiten von zwölf Stunden zu
je drei Einheiten versprochen, um neue Schindeln fürs Kirchendach zu spalten. Seit Sonnenaufgang sind wir ununterbrochen hier und haben gewartet, daß die dritte Einheit
auftauchen soll, damit wir anfangen können. Du bist,
scheint's, nicht auf'm laufenden mit den modernen Ideen
über Arbeit, die in den letzten paar Jahren das Land über-
schwemmt und aufgepumpt haben?«

»Was für moderne Ideen?« sagt Pap. »Ich hab immer gedacht, über Arbeit gibt's bloß eine einzige Idee: solang sie
nicht getan ist, ist sie nicht getan, und wenn sie getan ist,
dann ist sie fertig!«

Homer schnitzte eine lange, tiefe Kerbe in den Stock. Sein
Messer war so scharf wie eine Rasiermesserklinge.

Solon hatte seine Tabakdose rausgeholt und Kautabak in

den Deckel geschüttet und den Priem in seine Backentasche geschoben und Homer die Dose angeboten, und Homer hatte den Kopf geschüttelt, und Solon hat den Deckel wieder auf die Dose gedrückt und die Dose in die Tasche gesteckt.

»So«, sagte Pap, »bloß, weil ich zwei Stunden auf'n siebzigjährigen alten Mann hab warten müssen, daß der von der Fuchsjagd heimkommt, wo sich's doch ebensowenig für ihn schickt, die ganze Nacht im Wald draußen zu sitzen, als wenn er die ganze Nacht in 'nem Spielsalon an der Überlandstraße sitzen tät, bloß dadrum müssen wir nun alle drei morgen wieder herkommen, um die zwei Stunden abzuarbeiten, die du und Homer...«

»Ich nicht«, sagte Solon. »Und wie Homer drüber denkt, das weiß ich nicht. Ich hab Whitfield einen Tag versprochen. Ich war bei Sonnenaufgang hier und wollte anfangen. Und wenn die Sonne untergeht, dann taxier ich, daß ich aufhöre und fertig bin.«

»Ach so«, sagte Pap. »Ach so. Also ich soll wiederkommen. Ich allein. Ich soll mir'n vollen Vormittag zerreißen, um die zwei Stunden nachzuholen, die ihr euch beide ausgeruht habt. Ich soll zwei Stunden vom nächsten Tag drangeben, um's wiedergutzumachen für die zwei Stunden vom Tag vorher, wo du und Homer nicht mal gearbeitet habt!«

»'s ist mehr als bloß 'n zerrissener Vormittag«, sagte Solon. »'s versaut dir den ganzen Vormittag. Sechs Arbeitseinheiten bleiben noch. Sechs Ein-Mann-Arbeitseinheiten. Vielleicht kannst du doppelt so schnell arbeiten wie Homer und ich zusammengenommen, und kannst es in vier Stunden schaffen, aber ich glaube nicht, daß du dreimal so schnell arbeiten kannst und es in zwei Stunden schaffst.«

Jetzt stand Pap auf. Er schnaufte mächtig. Wir konnten es alle hören. »Ach so«, sagte er. »Ach so.« Er schwang das Beil und trieb die Schneide in den einen Klotz und riß ihn auf das platte Ende, so daß man davon abspalten konnte. »Ich soll also 'n halben Tag von meiner Zeit einbüßen, von

meiner Arbeit, die zu Hause auf mich lauert, schon jetzt in
dieser Minute, und soll sechs Stunden mehr Arbeit machen
als die zwei Stunden Arbeit, die ihr beiden Kerls überhaupt
nicht gearbeitet habt, ganz einfach und klar, weil ich bloß 'n
schwerarbeitender Durchschnittsfarmer bin, der sich Mühe
gibt, 's Beste zu tun, was er kann, anstatt so'n verflixter
spaltmesserbesitzender Millionär namens Quick oder namens Bookwright!«

Dann machten sie sich an die Arbeit, spalteten die Klötze
zu Riegeln und die Riegel zu Schindeln, gebrauchsfertig für
Tull und Snopes und die andern, die versprochen hatten,
morgen mit dem Festnageln auf'm Dach anzufangen, sobald
sie die alten Schindeln abgerissen hatten. Sie saßen beinah
im Kreis, direkt auf'm Boden, mit 'nem aufrechtstehenden
Klotz zwischen den gespreizten Beinen; und Homer und
Solon arbeiteten flott und leicht und gleichmäßig wie zwei
tickende Uhren, aber bei Pap sauste jeder Hieb so runter,
als wollt er 'ne Mokassin-Schlange totschlagen. Wenn er den
Holzhammer auch nur halb so fix geschwungen hätte, wie
er'n mit Kraft schwang, dann hätt er so viele Schindeln spalten können, wie Solon und Homer zusammengenommen,
statt dessen schwingt er den Holzhammer hoch über'n Kopf
und hält ihn da oben so lange, daß es einem manchmal wie
'ne volle Minute vorkam, und dann schwingt er'n runter auf
die Klinge vom Spaltmesser, und nicht bloß, daß bei jedem
Hieb eine Schindel abfliegt, sondern das Spaltmesser fährt
direkt in die Erde rein, ganz und gar bis zum Stielöhr, und
dann sitzt Pap da und zerrt so langsam und gleichmäßig
und kräftig dran herum, als wünscht er sich, daß es versucht
hätte, hinter 'ner Wurzel oder 'nem Stein einzuhaken und
da zu bleiben.

»Heh, heh!« rief Solon. »Wenn du nicht acht gibst, kannst
du morgen vormittag in den sechs Extra-Arbeitseinheiten
auch weiter nix machen als dich ausruhn!«

Pap sah gar nicht hoch. »Platz gemacht!« rief er. Und das

tat der Solon auch. Wenn er nicht den Wassereimer beiseite gerückt hätte, dann hätte Pap den auch noch gespalten, direkt nachdem daß er den Riegel gespalten hatte, und diesmal sauste die ganze Schindel genau wie'n Sensenblatt an Solons Schienbein vorbei.

»Am besten solltest du'n Mann anstellen, der die Extra-Überstunden-Arbeitseinheiten ausrechnet«, sagte Solon.

»Gegen was?« sagt Pap. »Ich hab keine Erfahrung mit der WPA gehabt und kann deshalb nicht mit meiner Arbeit schachern! Platz gemacht!«

Aber Solon war schon vorher beiseite gerückt. Pap hätte seine Stellung ganz und gar wechseln müssen, oder er hätt die nächste Schindel im Bogen losschicken müssen. Also traf er Solon auch mit der nicht, und Pap saß da und zerrte sein Spaltmesser schön langsam und gleichmäßig und kräftig wieder aus'm Boden raus.

»Vielleicht gibt's noch was andres außer Bargeld, wo du mit schachern könnt'st«, sagte Solon. »Du könnt'st zum Beispiel den Hund nehmen.«

Und da hörte Pap buchstäblich auf zu arbeiten. Ich hab's damals selber noch nicht gewußt, aber ich hab's 'n gutes Stück eher gemerkt als Solon. Pap saß da, mit dem Holzhammer hoch über seinem Kopf – die Klinge vom Spaltmesser hatte er für den nächsten Schlag schon auf den Block gestellt –, und blickte zu Solon auf. »Den Hund?« sagt er.

Es war eine Art Mischling, so'n bißchen Hühnerhund und etwas schott'scher Schäferhund und reichlich viel von fast allem, was es sonst noch gibt. Aber er konnte durch den Wald ziehn, ohne auch nur so viel Lärm wie'n Gespenst zu machen, und konnte die Witterung von 'nem Eichhörnchen auf'm Boden aufnehmen und bloß einmal bellen, falls er nicht wußte, daß man dort stand, wo man's sehen konnte, und dann auf Zehenspitzen der Fährte nach, genau wie'n Mensch, und macht keinen Mucks mehr, bis er das aufgebäumte Tier verbellen kann, und dann auch bloß, wenn er wußte, man hat's aus den Augen verloren. Er gehörte Pap und Vernon Tull gemeinsam. Als junges Hündchen hat's Tull von Will Varner geschenkt bekommen, und Pap hat's gegen den halben Anteil aufgezogen, und er und ich haben ihn trainiert, und er hat bei mir im Bett geschlafen, bis er so groß wurde, daß Ma ihn schließlich vor die Tür gesetzt hat, und seit 'nem halben Jahr hat Solon dauernd versucht, ihn zu kaufen. Er und Tull hatten sich auf zwei Dollar geeinigt, das heißt, für Tull seinen Anteil, aber Solon und Pap waren noch immer sechs Dollar auseinander für unsern Anteil, denn Pap sagt, er wär gut und gerne seine zehn Dollar wert, und wenn Tull schon nicht seinen vollen Anteil einkassieren wollte, dann wollt er'n jedenfalls für ihn einkassieren.

»So steht's also«, sagte Pap. »'s geht überhaupt nicht um Arbeitseinheiten. 's geht um Hundeeinheiten!«

»Bloß 'n Vorschlag«, sagt Solon. »Bloß 'n freundliches Angebot, um die rabiaten Schindeln dran zu hindern, daß sie dir morgen früh deine eigene Arbeitszeit zerreißen. Du verkaufst mir deine Hälfte von dem miserabligen Riesenkötervieh, und ich mach deine Arbeit an den Schindeln für dich fertig.«

»Aber einschließlich der sechs Extra-Arbeitseinheiten zu je einem Dollar«, sagt Pap.

»Nein, nein«, sagt Solon. »Ich zahl dir für deine Hälfte von dem Hund die gleichen zwei Dollar, auf die ich mich mit Tull für seine Hälfte geeinigt habe. Du kannst mich morgen früh hier mit dem Hund treffen, und dann kannst du wieder nach Hause gehn oder wo deine dringende Privatarbeit nun grade ist, und an das Kirchendach brauchst du keinen Gedanken mehr zu verschwenden.«

Vielleicht noch etwa zehn Sekunden länger saß Pap da, hielt den Holzhammer überm Kopf und sah Solon an. Dann saß er etwa drei Sekunden lang da und sah weder Solon noch nichts nich an. Dann sah er wieder Solon an. Es war genauso, als hätt er nach zwei und neun Zehntel-Sekunden gemerkt, daß er Solon ja gar nicht ansah, und deshalb sah er ihn so rasch wie möglich wieder an. »Haha«, sagte er. Dann fing er an zu lachen. Es war ja wohl gelacht, denn sein Mund stand offen, und es klang auch so. Aber es ging nicht weiter rein als bis zu seinen Zähnen, und es reichte auch nicht so hoch rauf wie seine Augen. Und diesmal sagte er auch nicht wieder: »Platz gemacht!« Er hob sich einfach schnell auf den Schenkeln an und ließ den Holzhammer runtersausen, und das Spaltmesser war schon durch den Riegel getrieben und in den Boden rein, während die Schindel noch fortschnellte, um Solon gegen's Schienbein zu schlagen.

Dann fingen sie wieder von vorne an. Bis dahin konnt ich Paps Schläge von Solons und Homers Schlägen unterscheiden, sogar, wenn ich ihm den Rücken kehrte – nicht, weil sie lauter oder gleichmäßiger klangen, denn Solon und Homer arbeiteten auch gleichmäßig, und das Spaltmesser machte auch kein besonderes Geräusch, wenn es in den Boden fuhr – sondern weil sie so selten zu hören waren; man hörte fünf oder sechs von Solons oder Homers höflichen kleinen Schnitzelhieben, ehe man Paps Holzhammer »Päng!« machen hörte und wußte, daß mal wieder eine Schindel irgendwohin schnellte. Doch von jetzt an klangen Paps Schläge genauso leicht und fix und manierlich wie die von Solon und Homer, sogar noch ein bißchen rascher, falls möglich, und die Schindeln häuften sich so stur an, daß ich sie kaum schnell genug aufstapeln konnte und es so aussah, als würden für morgen in Hülle und Fülle Schindeln da sein, mit denen Tull und die andern das Dach decken könnten, und so weiter bis zum Mittagessen, als wir Armstids Farmglocke hörten und Solon sein Spaltmesser hinlegte und auch auf seine Uhr sah. Und ich war gar nicht so weit hinter Pap zurückgeblieben, aber als ich ihn eingeholt hatte, da hatte er schon das Maultier vom Baum losgebunden und saß drauf. Und vielleicht glaubten Solon und Homer, sie hätten Pap reingelegt, und eine Minute hab ich's vielleicht selber geglaubt, doch dann wünschte ich bloß, sie hätten sein Gesicht sehen können. Er langte unsern Essenträger vom Ast runter und gab ihn mir.

»Fang an zu essen!« sagte er. »Warte nicht auf mich! Wenn er wissen will, wo ich hingegangen bin, sag ihm, ich hätt was vergessen und wär nach Haus gegangen, um's zu holen. Sag ihm, ich hätt nach Haus gehen müssen, um zwei Löffel zu holen, womit wir unser Mittag auflöffeln können. Aber nein, sag ihm das nicht! Wenn er hört, daß ich irgendwohin gegangen bin, um was zu holen, das ich brauche, und wenn's auch bloß 'n Löffel zum Essen wär, dann würd er nicht im Traum dran denken, dir zu glauben, daß ich einfach nach Hause gegangen bin, weil daß ich da nämlich überhaupt nix besitze, was nicht mal einer wie ich sich borgen würde.« Er holte das Maultier herum und stieß ihm die Absätze in die Flanken. Dann zügelte er es noch mal. »Und wenn ich zurück bin, dann mußt du nicht drauf hinhören, ganz egal, was ich sage. Und ganz egal, was passiert, sag du kein Wort nicht! Mach deinen Mund überhaupt nicht auf, hörst du?«

Dann ritt er weg, und ich ging wieder dahin, wo Solon und Homer auf'm Trittbrett von Solons Schulbus saßen und aßen, und tatsächlich sagt Solon genau das, was Pap gesagt hatte, daß er sagen würde:

»Ich bewundere seinen Optimismus, aber er irrt sich. Wenn's was ist, was er haben muß und wofür er nicht seine angeborenen Hände und Füße brauchen kann, dann geht er woandershin und nicht zu sich nach Haus.«

Wir waren gerade wieder bei der Arbeit, als Pap angeritten kommt und absteigt und das Maultier wieder an den Baum bindet und zu uns kommt und das Beil nimmt und das Messer in die nächste Kerbe jagt.

»Also Leute«, sagt er, »ich hab dadrüber nachgedacht. Ich finde immer noch nicht, daß es recht ist, aber mir ist noch immer nix eingefallen, was ich dagegen tun kann. Aber schließlich muß jemand herhalten für die zwei Stunden heute früh, als keiner gearbeitet hat, und weil ihr beiden Leutchen zwei zu eins gegen mich seid, sieht's ganz so aus, als müßt ich derjenige sein, der dafür herhalten muß. Aber bei mir zu Haus, da wartet die Arbeit auf mich. Ich hab Mais liegen, der schreit lauthals nach mir, und jetzt schon. Oder vielleicht ist das auch bloß 'n Schwindel. Vielleicht ist's einfach so, daß es mir nichts ausmacht, wenn ich hier unter uns zugebe, daß ihr mich reingelegt habt, aber der Teufel hol mich, wenn ich morgen früh hier ganz allein sitze und 's auch noch offiziell zugebe. Ich mal bestimmt nicht! Deshalb will ich auf deinen Handel eingehen, Solon. Du kannst den Hund haben.«

Solon sah Pap an. »Ich weiß aber nicht, ob ich jetzt noch schachern möcht.«

»Ach so«, sagt Pap. Das Beil steckte noch fest im Klotz. Er fing an, mit dem Stiel auf und ab zu pumpen, um's rauszuzerren.

»Wart«, sagte Solon. »Leg das verflixte Beil hin!« Aber Pap hielt das Beil schon hoch, bereit für den nächsten Hieb, und sieht Solon an und wartet. »Du willst mir'n halben Hund gegen 'n halben Tag Arbeit eintauschen«, sagt Solon. »Deinen halben Hund für den halben Tag Arbeit mit den Schindeln, die du noch schuldig bist.«

»Und die zwei Dollar!« sagte Pap. »Über die du mit Tull schon einig geworden bist. Ich verkauf dir den halben Hund für zwei Dollar, und du kommst morgen her und machst die Schindeln zu Ende. Die zwei Dollar gibst du mir jetzt, und morgen früh komm ich mit dem Hund hierher zu dir, und dann kannst du mir die Quittung von Tull für seine Hälfte zeigen.«

»Tull und ich sind uns schon einig geworden«, sagte Solon.

»Schön«, sagte Pap. »Dem kannst du ja seine zwei Dollar zahlen und mir dann ohne weiteres die Quittung zeigen.«

»Tull ist morgen früh sicher bei der Kirche und reißt die schlechten Schindeln ab«, sagte Solon.

»Schön«, sagte Pap. »Dann ist's ja erst recht nicht schwierig für dich, die Quittung von ihm zu bekommen. Du kannst bei der Kirche haltmachen, wenn du dadran vorbeikommst. Tull heißt ja nicht Grier. Der braucht ja nirgends nich hin, um sich irgendwo 'n Brecheisen zu borgen.«

Solon holte also seine Geldtasche raus und bezahlte Pap die zwei Dollar, und dann machten sie sich wieder an die Arbeit. Und jetzt sah's so aus, als wollten sie wirklich versuchen, noch diesen Nachmittag fertig zu werden, nicht bloß Solon, sondern sogar Homer, den ja die ganze Geschichte gar nix anging, und Pap, der schon 'n halben Hund verhökert hatte, um 'ne Arbeit loszuwerden, die, wie Solon behauptete, noch übrigbleiben würde. Ich gab's auf, mit ihnen Schritt zu halten: hab einfach weiter meine Schindeln aufgestapelt.

Dann legte Solon sein Spaltmesser und seinen Holzhammer hin. »Also Leute«, sagt er, »ich weiß ja nicht, wie ihr darüber denkt, aber meiner Ansicht nach ist jetzt Feierabend.«

»Schön«, sagte Pap. »Du bist ja wohl derjenige, der bestimmt, wann wir Schluß machen, weil's ja deine Muskelschmalz-Einheiten sind, die deiner Ansicht nach morgen etwa noch im Rückstand sind.«

»Das stimmt!« sagte Solon. »Und weil ich der Kirche anderthalb Tage schenke anstatt bloß einen, wie ich's im Anfang vorhatte, halt ich's für richtiger, jetzt nach Hause zu gehn und mich 'n bißchen um meine eigene Arbeit zu kümmern.« Er hob sein Spaltmesser und seinen Holzhammer und sein Beil auf, ging zu seinem Schulbus und stand da und wartete, daß Homer einsteigen sollte.

»Ich bin also morgen früh mit dem Hund hier«, sagte Pap.

»Ist recht«, sagte Solon. Es klang so, als hätt er den Hund

schon vergessen oder als wär's nicht länger wichtig. Aber er blieb doch stehn und blickte Pap etwa 'ne Sekunde lang scharf und ruhig an. »Und 'ne Quittung von Tull für seine Hälfte. Hast ja vorhin selbst gesagt, daß es gar nicht schwierig ist, die von ihm zu bekommen.« Er und Homer stiegen in den Wagen, und er ließ den Motor an. Man konnte nicht sagen, was es eigentlich war, aber es war beinah so, als beeilte sich Solon, schnell wegzukommen, damit Pap keine Entschuldigung oder Ausrede vorbringen konnte, was er tun oder nicht tun wollte. »Ich hab bis jetzt immer geglaubt, die Tatsache, daß der Blitz nicht zweimal hintereinander einschlagen muß, wär der Grund, weshalb er Blitz genannt wird. Vom Blitz erschlagen werden ist also 'n Pech, das jedem Menschen passieren kann. Und mein Pech scheint's zu sein, daß ich nicht rechtzeitig begreifen konnte, daß ich 'ne Wolke vor Augen hab. Bis morgen früh dann!«

»Mit dem Hund!« sagte Pap.

»Klar«, sagte Solon, und wieder so, als wär's ihm gänzlich aus dem Sinn gekommen. »Mit dem Hund!«

Dann fuhr er mit Homer weg. Dann stand Pap auf.

»Was?« rief ich. »Was? Du hast ihm für die Halbtagsarbeit morgen deine Hälfte an Tulls Hund geschenkt? Ist ja nicht möglich!«

»Doch«, sagte Pap. »Eben weil ich schon vorher Tulls Halbtagsarbeit – morgen die alten Schindeln abzureißen – gegen Tulls halben Anteil an dem Hund eingetauscht hatte. Bloß daß wir nicht bis morgen warten. Wir wollen die Schindeln heut nacht runterreißen, und wolln nicht mehr Krakeel drum machen, als unbedingt nötig ist. Denn morgen möcht ich gern nichts andres vorhaben, als beobachten, wie Mr. Solon-Arbeitseinheit-Quick versucht, 'ne Quittung über zwei Dollar (oder meinetwegen auch zehn Dollar) für die andre Hälfte von dem Hund zu bekommen. Und dadrum machen wir die Arbeit heut nacht. Ich möcht nicht nur, daß er morgen früh bei Sonnenaufgang merkt, daß er zu spät dran ist. Ich möcht, daß er merkt, er war bereits zu spät dran, als er sich schlafen gelegt hat.«

Wir gingen also nach Hause und haben die Kuh gemolken, und Pap ging zu Killegrew, um ihm das Spaltmesser und den Holzhammer wiederzubringen und sich 'n Brecheisen zu borgen. Aber der alte Killegrew hatte ja nichts Verrückteres unter der Sonne tun können, als sein Brecheisen aus'm Boot fallen lassen, und ausgerechnet in vierzig Fuß tiefes Wasser. Und Pap sagte, da wär er drauf und dran gewesen und wär zu Solon gegangen und hätt sich dem sein Brecheisen geborgt, rein aus poetischer Gerechtigkeit, nur hätte Solon schon rein beim Gedanken an das Brecheisen vielleicht Lunte gerochen. Dadrum ging Pap zu Armstid und borgte sich dem seins und kam wieder, und wir aßen Abendbrot und putzten und füllten die Laterne, während Ma noch immer versuchte, herauszubekommen, was wir vorhatten und was nicht bis zum andern Morgen warten konnte.

Als wir gingen, redete sie immer noch, sogar bis zum vorderen Tor noch, und dann kehrten wir zur Kirche zurück, diesmal zu Fuß, und hatten das Seil und das Brecheisen mit und für mich einen Hammer, und die Laterne brannte immer noch nicht. Whitfield und Snopes hatten gerade von Snopes' Wagen eine Leiter abgeladen, als wir auf dem Heimweg vor Anbruch der Dunkelheit an der Kirche vorbeiritten, daher brauchten wir die Leiter jetzt nur noch an die Kirche anzulehnen. Dann kletterte Pap mit der Laterne in der Hand aufs Dach und brach Schindeln raus, bis er die Laterne innen hinter der Lattung aufhängen konnte, wo ihr Licht zwar durch die Ritzen zwischen den Latten hervorschimmern konnte, aber man sah es nicht, nur, wenn man auf der Straße unten vorbeiging, und mittlerweile hätt uns schon jeder hören müssen, wenn überhaupt. Dann bin ich mit dem Seil raufgeklettert, und Pap holte es durch die Lattung und schlang es um einen Sparren und wieder zurück und knüpfte uns die beiden Enden um den Leib, und wir fingen an. Und wie! Wir ließen die alten Schindeln nur so runterregnen: ich hab den Splitthammer benutzt und Pap das Brecheisen. Er hat's Brecheisen immer unter 'ne große Stelle mit Schindeln gestoßen und hat sich dann auf den Griff gelegt, als wollt er mit dem nächsten Stoß – oder wenn das Brecheisen zufällig auch bloß mal 'ne Sekunde festen Halt finden sollte – gleich das ganze Dach auf einmal hochkippen, gerade wie 'n Kistendeckel, der an Scharnieren festsitzt.

Und genau das hat er schließlich auch getan. Er lehnte sich wieder aufs Brecheisen, und diesmal hatte es 'n Halt gefunden. Es war nicht bloß 'ne Stelle mit Schindeln, es war 'n ganzes Stück von der Lattung, und als er sich daher hintenüber legte, riß er das ganze Stück vom Dach rings um die Laterne runter, als wollt man 'n Maiskolben aushülsen. Die Laterne hing an 'nem Nagel. Doch den Nagel rührte er gar nicht an: er zerrte einfach die Latte mitsamt dem Nagel weg, und es kam mir wie 'ne volle Minute vor, daß ich die Laterne und auch das Brecheisen sah, wie sie in der leeren Luft in einem Durcheinander von fliegenden Schindeln schwebten, während der leere Nagel noch immer unter dem Laternenhenkel hervorschaute, ehe die ganze Geschichte in die Kirche runterkrachte. Alles schlug auf den Fußboden und schnellte hoch. Dann schlug es nochmal auf, und nun loderte die ganze Kirche und war eine Grube mit lauter gelbem, züngelndem Feuer, und Pap und ich baumelten an unsern beiden Seilenden oben drüber.

Ich weiß nicht, was aus dem Seil wurde oder wie wir uns frei machen konnten. Ich kann mich nicht erinnern, daß wir runterkletterten, bloß, daß Pap hinter mir schrie und mich halbwegs die Leiter runterstieß und mich dann, die Hand an meinem Hosenboden, das letzte Stück runterwarf. Und dann standen wir beide auf der Erde und rannten zur Wassertonne. Sie stand an der Seite unter der Regenrinne, und

Armstid war schon da; er war zufällig vor einer Stunde zu seinem Land gegangen und hatte die Laterne im Dachstuhl gesehen, und das Bild hatte ihn verfolgt, bis er schließlich herkam, um nachzusehen, was da vor sich ging, und er kam gerade rechtzeitig und stand und stritt sich kreischend mit Pap über die Wassertonne weg. Und ich glaube bestimmt, daß wir's da noch hätten löschen können. Pap drehte sich um und hockte sich mit dem Rücken gegen die Tonne und bekam sie über seine Schulter zu packen und stand mit der Tonne auf, die fast voll war, und lief um die Ecke und die Stufen zum Eingang rauf und blieb mit der Zehenspitze an der obersten Stufe hängen und fiel mit der Tonne hin, die ihn so k.o. schlug, daß er die Besinnung verlor.

Also mußten wir zuerst ihn beiseite schleppen, und inzwischen war auch Ma gekommen, ungefähr gleichzeitig mit Mrs. Armstid, und ich und Armstid rannten mit den beiden Feuereimern zum Brunnen, und als wir zurückkamen, waren viele Leute, auch Whitfield, mit noch mehr Eimern da, und wir haben getan, was wir konnten, doch bis zum Brunnen waren's zweihundert Meter, und nach zehn Eimern war er leer, und es dauerte fünf Minuten, bis der Trog wieder vollgelaufen war, und darum standen wir schließlich alle bloß da, wo Pap mit 'ner tiefen Wunde am Kopf mittlerweile wieder zu sich gekommen war, und sahen, wie sie runterbrannte. 's war 'ne alte Kirche, längst so trocken wie Zunder, und stoppevoll mit alten bunten Wandkarten, die Whitfield seit über fünfzig Jahren gesammelt hatte und in deren Mitte die Laterne schließlich explodiert war und sie in Brand gesetzt hatte. Und da war ein Nagel, an dem er ein altes, langes Nachthemd hängen hatte, das er immer trug, wenn er taufte. Beim Kindergottesdienst, und wenn Kirche war, hatte ich's dauernd angestarrt, und ich und die andern Jungen, wir gingen manchmal an der Kirche vorbei, nur um reinzublinzeln, denn für 'n zehnjährigen Jungen war's nicht bloß 'n Stoffhemd und auch nicht 'ne eiserne Rüstung: es war der alte starke Erzengel Michael persönlich und hatte so lange gegen die Sünde gekämpft und gestritten und gerungen, daß es schließlich den Menschen gegenüber, die immer wieder wie Schweine und Hunde in Sünde verfielen, die gleiche Verachtung gespürt haben muß, wie der alte starke Erzengel selber.

Lange Zeit wollt es nicht brennen, nicht mal, nachdem alles andere in der Kirche brannte. Wir konnten es sehen, wie's da mitten im Feuer hing, nicht, als ob's zu seinen Lebzeiten zuviel Wasser abgekriegt hätte, um leicht brennen zu können, sondern als ob's zu lange mit dem Teufel und all seinen höllischen Dienern gerungen und gekämpft hatte, um in weiter nichts als einem Feuerchen zu brennen, das Res Grier angezündet hatte, als er versuchte, Solon Quick um 'n halben Hund zu prellen. Doch endlich brannte es auch, noch immer nicht in Eile, sondern einfach in einem Nu: flammte sofort auf und empor zu den Sternen und den fernen dunklen Räumen. Und dann war nix weiter übrig als Pap, der durch und durch naß und beduselt auf der Erde saß, und wir andern alle standen um ihn rum; und Whitfield, wie immer mit seinem gestärkten Hemd und dem schwarzen Hut und der schwarzen Hose, stand da und hatte den Hut wieder auf'm Kopf, als hätt er schon zu lange gekämpft, um das, was gar nicht erst hätte erschaffen werden sollen, von der Verdammnis zu erretten, der es gar nicht mal entrinnen wollte – zu lange schon, als daß er sich noch die Mühe machen mußte, den Hut abzunehmen, einerlei, in wessen Gegenwart. Unter der Krempe hervor blickte er uns der Reihe nach an; wir waren jetzt alle da, alle, die zu seiner Kirche gehörten und sie benutzt hatten, um von dort weg geboren und getraut und begraben zu werden – wir und die Armstids und die Tulls, und Bookwright und Quick und Snopes.

»Ich habe mich falsch ausgedrückt«, sagte Whitfield. »Ich hatte euch gesagt, wir wollten uns morgen hier einfinden, um eine Kirche mit neuen Schindeln zu decken. Wir werden uns jedoch hier einfinden, um eine Kirche zu bauen!«

»Natürlich müssen wir 'ne Kirche haben«, sagte Pap. »Wir werden auch eine haben. Und zwar bald werden wir sie haben. Aber ein paar von uns haben schon einen Tag oder so von ihrer Woche geopfert, auf Kosten von ihrer eigenen Arbeit. Und das ist recht und gut, und wir wollen noch mehr opfern, und gerne. Aber ich glaube nicht, daß der Herr ...«

Whitfield ließ ihn aussprechen. Er rührte sich nicht. Er stand einfach da, bis Pap von selber der Atem ausging und er verstummte und auf dem Boden saß und Ma meistenteils nicht ansah, ehe Whitfield wieder den Mund aufmachte.

»Sie nicht!« sagte Whitfield. »Brandstifter!«

»Brandstifter?« sagte Pap.

»Ja«, sagte Whitfield. »Wenn es irgendeine Beschäftigung gibt, die Sie erledigen können, ohne Wassersnot und Feuer und Zerstörung und Tod heraufzubeschwören, dann gehen Sie ihr nach! Doch Sie dürfen keinen Finger auf dieses neue Haus des HERRN legen, bis Sie uns bewiesen haben, daß man Ihnen wieder männliche Arbeit und Verantwortung zutrauen kann.« Er blickte uns wieder der Reihe nach an. »Tull und Snopes und Armstid haben mir bereits für morgen ihr Versprechen gegeben. Ich hörte, daß Quick noch einen halben Tag zu geben beabsichtigte ...«

»Ich kann einen ganzen Tag drangeben«, sagte Solon.

»Und ich den Rest von der Woche«, sagte Homer.

»Ich bin auch nicht unter Druck«, sagte Snopes.

»Das wäre dann genug für den Anfang«, sagte Whitfield. »Jetzt ist es spät. Wir wollen alle nach Hause gehen.«

Er ging als erster. Er blickte kein einziges Mal zurück, weder auf die Kirche noch auf uns. Er ging zu der alten Stute und kletterte rauf, langsam und steifbeinig und großartig, und dann war er fort, und wir gingen auch und liefen auseinander. Aber ich hab zurückgeblickt. Jetzt war sie nur noch eine leere Schale mit einem roten, blasser werdenden Kern, und manchmal hatte ich sie gehaßt, und zu andern Zeiten hatte ich sie gefürchtet, und nun hätt ich froh sein sollen. Aber es war was geblieben, das nicht mal das Feuer auch nur angerührt hatte. Vielleicht ist's weiter nichts als das – bloß Unzerstörbarkeit, Dauerhaftigkeit –, und der alte Mann, der planen konnte, sie wiederaufzubauen, während ihre Mauern noch feurig glühten, und der ihr dann ruhig den Rücken drehen und weggehen konnte, weil er wußte, daß die Männer, die der neuen Kirche nie nix andres geben konnten als ihre Arbeit, daß die morgen früh bei Sonnenaufgang dasein würden, und den Tag danach, und den Tag danach auch, so lange wie's nötig war, und daß sie ihre Arbeit hergeben würden, um sie wiederaufzubauen. Darum war sie eigentlich überhaupt nicht verschwunden; sie machte sich so wenig aus dem kleinen Feuer- und Wasserschaden, wie es Whitfields altes Taufhemd getan hatte. Dann waren wir zu Hause. Ma war so schnell weggerannt, daß die Lampe noch brannte, und wir konnten Pa jetzt sehen, der noch immer Pfützen hinterließ, wo er ging und stand, und der eine Wunde quer über 'n Hinterkopf hatte, wo das Faß aufgeschlagen war, und den das Wasser in blutigen Schlieren bis zum Gürtel durchnäßte.

»Zieh dir die nassen Sachen aus!« sagte Ma.

»Ich weiß noch gar nicht, ob ich das möchte«, sagte Pa. »Mir ist offiziell mitgeteilt worden, daß ich nicht tauglich bin, mich unter weiße Leute zu mengen, darum teile ich den gleichen weißen Leuten und auch den Methodisten offiziell mit, sie sollen sich nicht mit mir bemengen, oder sonst holt sie allesamt der Teufel!«

Aber Ma hatte gar nicht hingehört. Als sie mit 'nem Bekken voll Wasser und 'nem Handtuch und der Einreibeflasche ankam, war Pap schon im Nachthemd.

»Und das Zeugs da will ich auch nicht!« sagte er. »Wenn mein Kopf nicht wert war zu platzen, dann ist er's auch nicht wert, geflickt zu werden!« Aber darauf achtete sie ebenfalls nicht. Sie badete ihm den Kopf und trocknete ihn und legte den Verband an und ging wieder raus, und Pap stieg ins Bett.

»Gib mir meinen Kautabak, und dann scher dich raus und bleib draußen!« sagte er.

Aber noch ehe ich es tun konnte, kam Ma wieder. Sie hatte ein Glas mit heißem Toddy, und sie trat ans Bett und stand mit dem Glas da, und Pap drehte den Kopf um und sah es an.

»Was 'n das?« fragte er.

Aber Ma gab ihm keine Antwort, und er richtete sich im Bett auf und holte lange und keuchend Atem – wir konnten es hören –, und nach einer Minute streckte er die Hand nach dem Toddy aus und saß da und holte Luft, und dann trank er 'n Schlückchen.

»Daß mich der Teufel, wenn der und alle übrigen zusammengenommen sich einbilden, sie könnten mich dran hindern, an meiner eigenen Kirche mitzuarbeiten wie jeder andre auch, dann muß er schon ein ganzer Kerl sein, wenn er das versuchen will!« Er trank noch ein Schlückchen Toddy. Dann nahm er einen langen Zug. »Brandstifter«, sagte er. »Arbeitseinheiten! Hundeeinheiten! Und jetzt Brandstifter! Daß mich der Teufel, was für 'n Tag!«

Crevasse

Die Abteilung zieht am Rande des Sperrfeuers entlang, schlängelt sich in alte und neue Granattrichter hinunter und kriecht wieder heraus. Zwei Männer führen einen dritten mit – halb zerren, halb schleppen sie ihn –, während zwei andere die drei Gewehre tragen. Ein blutiger Lappen ist um den Kopf des dritten Mannes gewickelt; er stolpert auf unsicheren Beinen weiter, mit baumelndem Kopf, und der Schweiß rinnt ihm langsam über das schlammverkrustete Gesicht.

Das Sperrfeuer erstreckt sich weit, weit über die Ebene hin, undeutlich, undurchdringlich. Hin und wieder springt irgendwo ein leichter Wind auf und lüftet für einen Augenblick die düstere Rauchdecke über den Gruppen verstümmelter Pappeln. Die Abteilung betritt einen Acker und überquert ihn – einen Acker, der vor einem Monat mit Weizen bestellt wurde und aus dem noch vereinzelte Spieße der jungen Saat hervorstoßen und sich zwischen Stahlsplittern und aufgeweichten Tuchlumpen zäh an den zerwühlten Boden klammern.

Sie überqueren den Acker und gelangen zu einem Kanal; er ist mit Baumstümpfen besäumt, die alle in der gleichen Höhe, etwa fünf Fuß über dem Boden, brutal abrasiert wurden. Die Männer werfen sich hin und trinken von dem verseuchten Wasser und füllen ihre Feldflaschen. Die beiden Träger lassen den Verwundeten zu Boden gleiten. Er hängt schlaff über dem Ufer, beide Arme im Wasser – und beinahe auch den Kopf, hätten ihn die andern nicht gestützt. Der eine schöpft Wasser in einem Helm, doch der Verwundete kann nicht schlucken. Deshalb setzen sie ihn aufrecht hin, und der andere hält ihm den Rand des Helms an die Lippen und füllt den Helm wieder mit Wasser und gießt es 'dem Verwundeten über den Kopf, um den Verband anzufeuchten. Dann zieht er einen schmutzigen Lappen aus der Tasche und trocknet dem Verwundeten sanft und unbeholfen das Gesicht ab.

Der Hauptmann, der Unteroffizier und der Sergeant stehen immer noch da und sind in eine schmutzige Landkarte vertieft. Jenseits des Kanals steigt das Gelände allmählich an. Der Kanaldurchstich läßt mit seinen hellen Gesteinsschichten die Kalkformation des Bodens erkennen. Der Hauptmann steckt die Karte ein, und mit halblauter Stimme befiehlt der Sergeant den Leuten, aufzustehen. Die beiden Träger richten den Verwundeten auf. Die Abteilung folgt dem Kanalufer und kommt nach einem Weilchen zu einer Art Brücke, die aus dem mit Wasser vollgesogenen Schiffsrumpf eines Schleppkahns gebildet wird, dessen Bug und Heck jeweils an den beiden Ufern festgemacht sind. Sie gehen hinüber. Drüben machen sie wieder halt, während der Hauptmann und der Unteroffizier noch einmal die Landkarte studieren.

Durch den bleichen Frühlingsmittag dringt Gewehrfeuer – wie langanhaltendes Hagelprasseln auf einem riesigen Blechdach. Je weiter sie gehen, desto mehr steigt der Kalkboden unter ihren Füßen an: die Erde ist ausgetrocknet, uneben und bröckelig, und die beiden, die den Verwundeten schleppen, kommen jetzt noch schlechter voran. Doch als sie stehenbleiben, kämpft und reißt sich der Verwundete los und wankt allein weiter, die Hände am Kopf, und stolpert und fällt. Die Träger erwischen ihn, richten ihn auf und halten ihn fest, während er vor sich hinbrummelt und die Arme verrenkt. Er brummelt: »... Kappe ...« und befreit seine Hände und zerrt wieder an seinem Verband. Die Störung pflanzt sich bis nach vorne fort. Der Hauptmann sieht sich um und bleibt stehen; unaufgefordert hält auch die ganze Abteilung und senkt die Gewehre.

»Er zerrt an seinem Verband, sir«, berichtet der eine

Träger dem Hauptmann. Sie helfen dem Verwundeten, sich zwischen ihnen hinzusetzen; der Hauptmann kniet neben ihm nieder. »... Kappe ... Kappe ...« murmelt der Mann. Der Hauptmann lockert den Verband. Der Sergeant reicht ihm eine Feldflasche, und der Hauptmann befeuchtet den Verband und legt dem Verwundeten die Hand auf die Stirn. Die andern stehen ringsherum und schauen mit ernstem, sachlichem Interesse zu. Der Hauptmann erhebt sich. Die Träger richten den Verwundeten wieder auf. Der Sergeant befiehlt der Abteilung, weiterzumarschieren.

Sie erreichen den Kamm des Höhenrückens. Der Höhenrücken fällt im Westen zu einer leicht gewellten Hochebene ab. Im Süden tobt noch immer das Sperrfeuer unter seinem düsteren Leichentuch. Im Westen und im Norden steigt da und dort in der glänzenden Ebene bei vereinzelten Baumgruppen Rauch auf. Aber das ist nicht Pulverqualm, sondern der Rauch von Bränden, von brennendem Holz, und die beiden Offiziere halten Ausschau, die Hand über den Augen, während die Soldaten wieder ohne Befehl stehenbleiben und die Waffen senken.

»Herrje, sir«, sagt der Unteroffizier plötzlich mit hoher, schwacher Stimme, »'s sind brennende Häuser! Sie ziehn sich zurück! Die Biester! Die Biester!«

»Möglich«, erwidert der Hauptmann und starrt immer noch mit abschirmender Hand in die Ferne. »Jetzt können wir das Sperrfeuer umgehen! Da drüben sollte eine Landstraße sein.« Er schreitet aus.

»Vorwärts – marrrsch!« befiehlt der Sergeant – stets mit der gleichen halblauten Stimme. Die Männer schultern wieder ihre Gewehre, gefügig und ohne Zaudern.

Der Höhenrücken ist mit zähem, ginsterhartem Gras bedeckt. Insekten zirpen darin, schwirren vor ihren Füßen auf und setzen im flimmernden Mittagslicht ihr Gezirpe fort. Der Verwundete plappert wieder. Sie bleiben von Zeit zu Zeit stehen, geben ihm wieder zu trinken und befeuchten seinen Verband, dann lösen zwei andere die beiden Träger ab, treiben den Verwundeten zur Eile an und schließen wieder auf.

Die Spitze des Zuges macht unversehens halt; die Männer stoßen torkelnd einer gegen den andern, wie wenn ein Zug mit Güterwagen zum Stehen kommt. Zu Füßen des Hauptmanns liegt eine weite, flache Mulde, in der karges, aschfahl aussehendes Gras wächst und sich wie Bajonettbündel durch den Boden bohrt. Die Mulde ist zu groß, um von einer kleinen Granate, und zu flach, um von einer großen Granate herzurühren. Sie weist keinerlei Spuren auf, die andeuten, wodurch sie entstanden sein könnte. Sie blicken stumm hinunter. »Seltsam«, sagt der Unteroffizier. »Was meinen Sie, wodurch sie entstanden sein könnte?«

Der Hauptmann antwortet nicht. Er wendet sich ab. Sie umgehen die Mulde und blicken, während sie daran vorbeiziehen, stumm hinunter. Doch sie haben sie gerade eben umgangen, als sie schon auf eine zweite, vielleicht nicht ganz so große Mulde stoßen. »Hab nicht gewußt, daß sie 'ne Waffe haben, die so was machen kann«, sagt der Unteroffizier. Wieder gibt der Hauptmann keine Antwort. Sie umgehen auch die zweite Mulde und ziehen auf dem Kamm des Höhenrückens weiter. Auf der andern Seite fällt der Höhenrücken in vielen hellen Schichten ausgewaschenen Kalksteins steil ab.

Plötzlich schneidet ihnen eine nicht sehr tiefe Schlucht mit bröckeligen Steilhängen den Weg ab. Der Hauptmann wechselt abermals die Richtung und marschiert parallel zur Schlucht, bis die Schlucht bald danach rechtwinkelig abbiegt und sich nun in der gleichen Richtung erstreckt, die sie eingeschlagen haben. Der Boden der Schlucht ist schattig; deshalb führt der Hauptmann sie über die abschüssige Wand in den Schatten. Sie lassen den Verwundeten vorsichtig hinunter und gehen weiter.

Nach einiger Zeit öffnet sich die Schlucht. Sie entdecken,

daß sie in noch eine von den flachen Mulden einmarschiert sind. Diese hier ist jedoch nicht so deutlich ausgeprägt, und die gegenüberliegende Wand ist unterbrochen, anscheinend durch eine weitere Mulde, wie bei zwei sich überschneidenden Scheiben. Sie durchqueren die erste Mulde, in der auch wieder die aschfahlen Grasbajonette gegen ihre Beine säbeln, und gelangen durch die Bresche in die nächste Mulde.

Sie gleicht einem Miniaturtal zwischen Miniaturfelswänden. Zu Häupten sehen sie nichts weiter als die lastende, leere Himmelskuppe mit ein paar blassen Rauchfetzen im Nordwesten. Der Lärm des Sperrfeuers klingt hier schwächer – eine Erschütterung des Bodens, die man eher spürt als hört. Hier sehen Sie überhaupt keinen neuen Granattrichter oder andere Kriegsspuren. Es ist gerade so, als wären sie auf einmal in ein anderes Land geraten, in eine Welt, wohin der Krieg nicht kam, wohin nichts kam, wo es kein Leben gibt und wo sogar die Stille ohne Leben ist. Sie geben dem Verwundeten Wasser und gehen weiter.

Das Tal, die Mulde, dehnt sich unbestimmt vor ihnen aus. Sie können erkennen, daß es eine Reihe von übereinandergreifenden, beinahe kreisrunden Becken ist, die nicht durch irgendeine sichtbare oder einleuchtende Ursache hervorgerufen wurden. Bleiche Grasbajonette säbeln gegen ihre Beine, und nach einiger Zeit befinden sie sich wieder zwischen alten, vernarbten Bauminvaliden, an denen ein paar spärliche Blätter kleben, weder grün noch welk, als wären auch sie von einem Stillstand der Zeit überrascht und festgehalten worden – dürr miteinander schwatzend, obwohl kein Wind weht. Die Talsohle ist nicht eben. Sie sinkt selber in verschiedenen unscharfen Mulden ab, um dann genauso unscharf zwischen abschüssigen Wänden wieder anzusteigen. Im Mittelpunkt dieser kleineren Mulden drängen sich weißliche Kalkknubben durch die dünne Oberflächenkrume. Der Boden hat etwas Federndes; es ist, als ginge man auf Kork;

die Schritte sind lautlos. »Hier geht sich's lustig«, sagt der Unteroffizier. Obwohl er die Stimme nicht hebt, füllt sie das kleine Tal jäh wie ein Donnerschlag, füllt das Schweigen aus, und die Worte scheinen die Männer zu umschweben, als wäre das Schweigen schon so lange nicht verletzt worden, daß es seinen Sinn vergessen hat. Wie ein Mann blicken alle ruhig und ernst umher, auf die abschüssigen Wände, die standhaften Baumgespenster, den milden, stillen Himmel. »'n erstklassiges Loch für Drückeberger und ähnliche Vögel!« sagt der Unteroffizier.

»Ay«, sagt der Hauptmann. Auch sein Wort hängt träge in der Luft und verhallt. Die Männer von der Nachhut holen auf, die Bewegung pflanzt sich bis nach vorne weiter, und die Männer blicken sich ruhig und ernst um.

»Aber 's sind gar keine Vögel hier«, fährt der Unteroffizier fort. »Nicht mal Käfer!«

»Ay«, sagt der Hauptmann. Das Wort verhallt, das Schweigen senkt sich von neuem nieder, durchsonntes, unendlich tiefes Schweigen. Der Unteroffizier bleibt stehen und stochert mit dem Fuß an etwas herum. Auch die Männer bleiben stehen, und der Unteroffizier und der Hauptmann betrachten – ohne es anzufassen – das halb im Boden vergrabene, vermodernde Gewehr. Der Verwundete plappert wieder.

»Was ist's, sir?« fragt der Unteroffizier. »Sieht so aus wie eins von den Dingern, das die Kanadier hatten. 'n Ross! Stimmt's?«

»Französisch«, antwortet der Hauptmann. »Aus dem Jahre 1914.«

»Aha«, sagt der Unteroffizier. Er schiebt das Gewehr mit der Zehenspitze beiseite. Das Bajonett ist noch mit dem Lauf verbunden, aber der Schaft ist längst vermodert. Sie marschieren weiter über unebenen Boden und zwischen Kalkknubben, die sich durch die Erdkrume drängen. Das Licht, ein bleicher, stumpfer Sonnenschein, liegt eigentüm-

pelt im Tal – flau, kraftlos, ohne Wärme. Das dolchartige Gras stößt spärlich und starr in die Luft. Sie blicken wieder ringsum auf die abschüssigen Wände; dann sehen die Männer an der Spitze des Zuges, wie der Unteroffizier stehenbleibt und mit seinem Stock in einen von den Kalkknubben sticht und ihn umdreht und plötzlich die mit Erde angefüllten Augenhöhlen und ein abgründiges Grinsen entdeckt.

»Vorwärts!« befiehlt der Hauptmann schroff. Die Abteilung setzt sich in Bewegung; im Vorbeigehen blicken die Männer in stiller Neugier auf den Schädel. Sie ziehen weiter, an andern weißlichen Knubben vorbei, die wie Murmeln wahllos verstreut in der dünnen Erdkrume stecken.

»Alle in der gleichen Stellung – ist Ihnen das auch aufgefallen, sir?« fragt der Unteroffizier mit schwatzhaft munterer Stimme. »Alle aufrecht! Merkwürdige Art, die Menschen zu begraben – im Sitzen!«

»Ay«, sagt der Hauptmann. Der Verwundete plappert ununterbrochen weiter. Die beiden Träger bleiben stehen, als er zusammensinkt, doch die andern drängen den Offizieren nach und überholen den Verwundeten und die beiden Träger. »Bleib nich stehn, um ihm Wasser zu geben!« sagt der eine. »Er kann im Gehn trinken!« Sie richten den Verwundeten auf und hasten voran mit ihm, während der eine versucht, ihm den Hals der Feldflasche an den Mund zu halten, doch sie schlägt ihm klappernd gegen die Zähne, und das Wasser wird verschüttet und läuft ihm über den Rock. Der Hauptmann sieht sich um.

»Was ist?« fragt er scharf. Die Männer scharen sich um ihn. Ihre Augen sind ernst und weit offen; er schaut all die ruhigen, gespannten Gesichter an. »Was ist da hinten los, Sergeant?«

»Bammel!« sagt der Unteroffizier. Er blickt ringsum auf die ausgewaschenen Felswände und die weißlichen Knubben, die still aus der Erde sprießen. »Ich spür's auch«, sagt er.

Er lacht, und sein Lachen klingt ein wenig hohl und bricht ab. »Woll'n hier raus, sir«, sagt er. »Woll'n lieber wieder in die Sonne!«

»Wir sind ja hier in der Sonne«, sagt der Hauptmann. »Ruhig Blut, Leute! Drängt euch nicht so dicht zusammen! Bald sind wir draußen. Dann finden wir die Landstraße und können Fühlung nehmen.« Er dreht sich um und geht weiter. Die Abteilung setzt sich wieder in Bewegung.

Dann bleiben alle auf einen Schlag stehen – den Fuß noch halb in der Luft, und in äußerster Spannung – und starren sich an. Wieder bewegt sich die Erde unter ihren Füßen. Ein Mann schreit mit hoher Stimme, wie eine Frau oder ein Pferd. Als der feste Boden unter ihren Füßen sich zum drittenmal verschiebt, wirbeln die Offiziere herum und erblicken hinter dem versinkenden Mann ein gähnendes Loch, an dessen klaffenden Rändern noch trockner Staub abbröckelt, während die Öffnung auch schon unter einem zweiten Mann zerbröckelt. Dann reißt wie durch einen Schwerthieb eine Spalte unter der ganzen Abteilung auf. Der Boden bricht unter ihren Füßen und stellt sich schräg, wie zackige Vierecke aus blassem Karamel, und ein schwarzes Maul öffnet sich, aus dem wie in lautloser Explosion der unverkennbare Geruch von verwestem Fleisch quillt. Während sie kraxeln und (jetzt in aller Stille: seit der erste Mann aufschrie, war kein Laut mehr zu hören gewesen) von einer Scholle zur nächsten springen, stellt sich jede Scholle hochkant und schlittert weg, bis die ganze Talsohle langsam unter ihnen einstürzt und sie ins Dunkel hinunterschleudert. Ein dumpfes Poltern quillt auf einer Wolke von Verwesungsluft und bleichem Staub ans Tageslicht empor, und Staub schwebt und treibt in der dünnen Luft über dem schwarzen Maul.

Der Hauptmann spürt, wie er auf einem steilen, unter den Füßen nachgebenden Geröllhang inmitten von Entsetzensrufen und verzweifeltem Ringen in die pechschwarze

Finsternis stürzt. Wieder stößt jemand einen Schrei aus. Das Schreien bricht ab; er hört die Stimme des Verwundeten, die schwächlich und unaufhörlich aus der rutschenden Moderhöhle empordringt: »Ich bin nicht tot! Ich bin nich tot!« und dann jäh verstummt, als hätte ihm jemand die Hand über den Mund gelegt.

Der rutschende Hang, über den der Hauptmann abstürzt, dacht sich allmählich ab und schleudert ihn unverletzt auf harten Boden, wo er eine Weile auf dem Rücken liegenbleibt, während über sein Gesicht der nach Licht und Luft strebende Todeshauch und Verwesungsgeruch hinwegbläst. Irgend etwas hat ihn aufgehalten: es sinkt schwerelos auf ihn nieder und klappert hohl, als wäre es in Stücke zersprungen.

Dann bemerkt er einen Lichtschimmer: den zackigen Umriß der Höhlenöffnung ganz hoch oben, und dann beugt sich der Sergeant mit einer Taschenlampe über ihn. »McKie?« fragt der Hauptmann.

Statt einer Antwort richtet der Sergeant den Lichtstrahl auf sein eigenes Gesicht. »Wo ist Mr. McKie?« fragt der Hauptmann.

»Verschwunden, sir-r«, flüstert der Sergeant heiser. Der Hauptmann setzt sich auf.

»Wieviel sind übriggeblieben?« fragt er.

»Vierzehn, sir-r«, flüstert der Sergeant.

»Vierzehn? Dann fehlen zwölf. Wir müssen schnell graben!« Er rappelt sich auf die Füße. Das schwache Licht ihm zu Häupten fällt kalt über den aufgestauten Erdrutsch und über die dreizehn Helme und den weißen Verband des Verwundeten, der sich an den Fuß der Felswand duckt. »Wo sind wir?«

Ohne zu antworten, bewegt der Sergeant die Taschenlampe. Ihr Strahl streicht seitwärts ins Dunkel, über eine Wand, einen Tunnel, in gähnende Finsternis hinein, über Wände mit blassen, glitzernden Kalksplittern. Im Tunnel sitzen oder stehen Skelette, an die Wände angelehnt, in dunklem

Waffenrock und schlotternden Zuavenhosen, neben ihnen ihre vermodernden Waffen; der Hauptmann erkennt in ihnen senegalesische Truppen aus der Maischlacht des Jahres 1915, die wahrscheinlich vom Giftgas überrascht und in der Stellung getötet wurden, in der sie in den Kalksteinhöhlen Schutz gesucht hatten. Er nimmt dem Sergeanten die Taschenlampe aus der Hand.

»Wollen sehn, ob sonst noch jemand da ist!« sagt er. »Die Spaten raus!« Er strahlt die Steilwand an. Sie steigt in Dämmer und Dunkelheit aufwärts und endet oben im schwachen Schimmer des Tageslichts. Zusammen mit dem Sergeanten klettert er über das nachgebende Geröll, und die Erde seufzt unter ihren Füßen und schlittert bergab. Der Verwundete beginnt wieder mit seinem Gejammer: »Ich bin nich tot! Ich bin nich tot!« bis seine Stimme in ein ununterbrochenes schrilles Geschrei übergeht. Jemand legt ihm die Hand auf den Mund. Die Stimme klingt erstickt, dann wird daraus ein kreischendes Gelächter, wird abermals Geschrei und wird wieder zum Schweigen gebracht.

Der Hauptmann und der Sergeant steigen so hoch, wie sie es nur wagen, und stechen in den Boden, der mit langen, zischenden Seufzern unter ihren Füßen abgleitet. Am Fuße der Steilwand kauern die Männer und heben die verschwommenen Gesichter bleich und geduldig ins Licht empor. Der Hauptmann läßt den Strahl der Taschenlampe über die Steilwand spielen, auf und ab. Es ist nichts zu sehen, kein Arm und keine Hand. Die Luft wird langsam klarer. »Also weiter«, sagt der Hauptmann.

»Ay, sir-r«, erwidert der Sergeant.

Die Höhle verliert sich in beiden Richtungen in einer unergründlichen, tiefen Dunkelheit, die angefüllt ist von stillen, sitzenden und an die Wände gelehnten Skeletten, neben ihnen ihre Waffen.

»Der Erdrutsch hat uns vorwärts geschleudert«, sagt der Hauptmann.

»Ay, sir-r«, flüstert der Sergeant.

»Sprechen Sie lauter!« sagt der Hauptmann. »Es ist bloß eine kleine Höhle. Wenn Menschen hineinkamen, können wir auch rauskommen.«

»Ay, sir-r«, flüstert der Sergeant.

»Wenn der Erdrutsch uns vorwärts geschleudert hat, dann müßte der Eingang dort drüben sein!«

»Ay, sir-r«, flüstert der Sergeant.

Der Hauptmann richtet den Strahl der Taschenlampe nach vorn. Die Männer stehen auf und scharen sich hinter ihnen zusammen, zwischen ihnen der Verwundete. Er wimmert. Die Höhle setzt sich fort und entfaltet in der Finsternis ihre glitzernden Wände; die sitzenden Skelette grinsen stumm ins Licht, als die Männer an ihnen vorbeigehen. Die Luft wird dicker; bald stapfen sie keuchend weiter; dann wird die Luft leichter, und der Lichtstrahl fällt auf eine andere Geröllhalde, die den Tunnel abriegelt. Die Männer bleiben stehen und drängen sich zusammen. Der Hauptmann steigt den Hang der Halde hinan. Er knipst die Lampe aus und kriecht langsam und schnuppernd den Kamm der Erdlawine entlang, bis an die Stelle, wo sie an die Decke der Höhle stößt. Das Licht flammt wieder auf.

»Zwei Mann mit Spaten!« befiehlt er.

Zwei Männer klettern zu ihm hinauf. Er zeigt ihnen den Spalt, durch den die Luft spärlich, aber gleichmäßig stark eindringt. Sie beginnen wie rasend zu graben und schleudern die Erde hinter sich. Bald werden sie durch zwei andere abgelöst, und bald wird aus dem Spalt ein Tunnel, in dem gleichzeitig vier Männer arbeiten können. Die Luft wird frischer. Sie graben wütend und winseln dabei leise wie Hunde. Der Verwundete, der sie vielleicht hört und ihre Erregung vielleicht spürt, fängt wieder an zu lachen – ein sinnloses, schrilles Gelächter ist es. Dann stößt der vorderste Mann durch die Erdmassen. Licht umflutet ihn wie Wasser; er gräbt ungestüm; sie sehen im Gegenlicht, wie sich sein Gesäß vorschiebt und plötzlich aus ihrem Blickfeld verschwindet: das Tageslicht strömt herein.

Die andern lassen den verwundeten Mann im Stich und stürmen den Hang hinauf: sie kämpfen fluchend um die Öffnung. Der Sergeant springt ihnen nach und treibt sie mit Spatenschlägen und heiseren Flüchen von der Öffnung weg. »Lassen Sie sie nur, Sergeant«, sagt der Hauptmann. Der Sergeant gehorcht. Er tritt beiseite und beobachtet, wie die Männer in den Tunnel krabbeln. Dann steigt er hinunter, und er und der Hauptmann helfen dem Verwundeten den Hang hinauf. Vor dem Tunneleingang streikt der Verwundete.

»Ich bin nich tot! Ich bin nich tot!« jammert er und wehrt sich. Mit gutem Zureden und mit Gewalt stoßen sie den noch immer jammernden und sich wehrenden Mann in den Tunnel, wo er wieder gefügig wird und hindurchschusselt.

»Raus mit Ihnen, Sergeant!« befiehlt der Hauptmann.

»Nach Ihnen, sir-r!« flüstert der Sergeant.

»Los, Mann! Raus!« befiehlt der Hauptmann. Der Sergeant betritt den Tunnel. Der Hauptmann folgt ihm. Er gelangt auf den Außenhang der Erdlawine, der die Höhle abgeriegelt hat und an deren Fuß die vierzehn Männer in einer Gruppe niederknien. Auf Händen und Knien, wie ein Tier, saugt der Hauptmann die Luft ein, und sein Atem klingt harsch. ›Bald haben wir Sommer‹, denkt er und saugt die Luft schneller ein, als er die Lunge leeren kann, um wieder einzuatmen. ›Bald haben wir Sommer – und die Zeit der langen Tage!‹ Am Fuße des Abhangs knien die vierzehn Männer. Der eine in der Mitte hat eine Bibel in der Hand, aus der er mit eintöniger Stimme vorliest. Lauter als seine Stimme klingt das Geschwätz des Verwundeten: sinnlos, monoton und unaufhörlich.

Mississippi

Die fette, fruchtbare schwarze Schwemmland-Erde, die einmal Baumwolle hervorbringen sollte, höher als der Kopf eines Mannes zu Pferde, bereits ein Dschungel, ein Dickicht, eine undurchdringliche Wildnis aus Dornen und Schilf und Lianen, die das Gewucher von Amberbäumen und Zypressen und Hickory und Sumpfeiche und Esche miteinander verflochten, jetzt von den Fährten einheimischer Geschöpfe gezeichnet – von Bären und Hirschen und Silberlöwen und Bisons und Wölfen und Alligatoren und den Myriaden kleinerer Tiere, und von einheimischen Menschen, um vielleicht auch sie zu nennen – jenen (selber) namenlosen, jedoch nachgewiesenen Ureinwohnern, welche die Schanzhügel bauten, um dem Frühjahrshochwasser zu entrinnen, und ihre dürftigen Artefakte hinterließen: die überalterten und enteigneten, enteignet von denen, die dann ihrerseits enteignet wurden, weil auch sie überaltert waren: der wilde Algonquin und Chickasaw und Choctaw und Natchez und Pascagoula, von den hohen Steilufern in naivem Staunen niederspähend auf ein Chippeway-Kanu mit drei Franzosen – und hatte kaum Zeit, herumzuwirbeln und hinter sich auf die zehn und dann hundert und dann tausend Spanier zu blicken, die über Land vom Atlantischen Ozean hergekommen waren: eine Flut, ein Schwall, ein dreimaliges Fluten und Ebben, eine Bewegung, die sich so rasch, so reißend über die langsame Schwemmland-Chronik ergoß, daß es dem gewandten Spiel der einen Hand des Zauberkünstlers vor dem unbeständigen Kartenblatt glich, das seine andere Hand hält: der Franzose einen Augenblick, dann der Spanier vielleicht deren zwei, dann der Franzose nochmals zwei, und dann der Spanier wieder einen – und dann der Franzose jene eine letzte Sekunde lang, halben Atems; dann nämlich kam der Angel-

sachse, der Pionier, der Lange, brüllend vor lauter protestanti-
scher Bibel und selbstgebrautem Whisky, in der einen Hand
Bibel und Krug und in der andern (höchstwahrscheinlich)
einen Indianer-Tomahawk, lärmend, ungestüm nicht aus
Böswilligkeit, sondern einfach wegen seiner überreizten Drü-
sen: Pantoffelheld und polygam: ein verheirateter, unüber-
windlicher Junggeselle, der eine schwangere Frau und fast alle
übrigen Lebewesen der Familie seiner Schwiegermutter hinter
sich her in den unwegsamen, feindseligen Urwald schleppte,
nachdem er das Kind höchstwahrscheinlich uneingezeichnete
Meilen hinter Nirgendwo im Schutz eines flintenumstellten
Baumstammes gezeugt hatte und sie dann später mit einem
andern schwängerte, ehe er sein endgültiges, wanderfiebriges
Ziel erreichte – und gleichzeitig in einer Tausend-Meilen-
Wildnis seinen überschäumenden Samen in hundert dunkle
Bäuche streuend; ahnungslos und leichtgläubig, ohne Sinn
sowohl für Geiz wie für Erbarmen noch für Vorsorge, das
Antlitz der Erde verändernd: einen Baum, der zum Heran-
wachsen zweihundert Jahre gebraucht hatte, fällte er, um
einen Bären oder eine Mütze voll Wildhonig herauszuholen.

Ebenfalls überaltert: noch immer den zweihundert Jahre
alten Baum fällend, als Bär und Wildhonig verschwunden
waren und nichts mehr darinnen als ein Waschbär oder ein
Opossum, deren Fell höchstens zwei Dollar wert war – das
Land in eine trübe Einöde verwandelnd, aus der er als erster
verschwinden würde, nicht einmal dicht auf den Fersen der
ein wenig dunkleren Wilden, sondern zur selben Zeit wie sie,
die er enteignet hatte, denn gleich ihnen konnte nur die
Wildnis ihn nähren und erhalten; und entschwand so, stol-
zierte lärmend durch seine rasch verdaute Stunde und war
nicht mehr, hinterließ seinen Geist, geächtet und ausgestoßen,
jetzt ohne Bibel und nur bewaffnet mit der Pistole des
Straßenräubers und Mörders, den Saum der Wildnis heimsu-
chend, die zu zerstören er mitgeholfen hatte, denn die Städte

am Strom traten jetzt Süden um Süden den Rückzug längs der Prozession seiner Steilufer an: St. Louis, Paducah, Memphis, Helena, Vicksburg, Natchez, Baton Rouge, bewohnt von Menschen, die das Gesetz im Munde führten, gekleidet in feinstes Tuch und geblümte Westen, Menschen, denen Negersklaven und Empire-Betten und eingelegte Schränkchen und Goldbronze-Uhren gehörten und die, ihre Zigarre rauchend, längs der Steilufer promenierten, unterhalb deren er in Elendsvierteln aus Bretterbuden und Flachkähnen den letzten Rest seiner dem Untergang bestimmten Abendstunde verpraßte, sein wertloses Leben wieder und immer wieder unter den hitzigen Messern seiner betrunkenen und wertlosen Gattung verlierend – und all das zwischendurch, während er in seinen immer mehr verschwindenden Inkarnationen eines Harpe und Hare und Mason und Murrel entweder augenblicklich erschossen oder aus dem herausgerissen und herausgeschleppt wurde, was noch übriggeblieben von seinem heimlichen Waldversteck längs der Überland-Natchez-Route (eines Tages brachte jemand einen merkwürdigen Samen ins Land und steckte ihn in den Boden, und nun bedeckten endlose weiße Felder nicht nur die Einöden, die er mit seiner leichtfertigen und unbedachten Art geschaffen hatte, sondern von ihnen wurde die Wildnis sogar noch schneller vernichtet und verdrängt, als er es je vermocht hatte, so daß ihm kaum ein Schutz für seinen Rücken blieb, wenn er, im Dickicht kauernd, in ohnmächtiger und ungläubiger und verständnisloser Wut auf seinen Enteigner stierte), heraus und in die Städte zu seiner formellen Apotheose im Gerichtssaal und dann am Galgen oder am Ast eines Baumes.

Denn jene Tage waren dahin, die alten wackeren, ahnungslosen, ungestümen und rasch verdauten Tage ohne ein Morgen; das letzte Flachboot und das letzte Kielboot (Mike Fink war Legende; bald würden selbst die Großväter nicht mehr behaupten, sich an ihn zu erinnern, und als Flußheld galt jetzt der Glücksspieler auf dem Dampfer, der von dem steckenge-

bliebenen Baumstumpf, auf den ihn der Kapitän ausgesetzt hatte, in all seinem Staat durchnäßt ans Ufer waten mußte) waren in einzelnen Teilen als Feuerholz in Chartres und Toulouse und in der Dauphine Street verkauft worden, und Choctaw- und Chickasaw-Krieger in kurzem Haar und Overall, bewaffnet mit Maultierpeitschen anstatt mit Kriegskeulen und schon reisefertig, um gen Westen nach Oklahoma zu ziehen, beobachteten die Dampfer, die sogar noch die flachsten und entlegensten Flüßchen der Wildnis durchfurchten, wo die ausgehöhlten, mit Steinen beschwerten Skelette der Opfer Hares und Masons beim Drehen der Schaufelräder sachte hin und her schwankten; eine neue Zeit, ein neues Zeitalter, Beginn eines Millenniums; ein einziges großes Handelsnetz überspann und durchäderte den von Flüssen umfangenen Mittelkontinent; Städte wie New Orleans, Pittsburgh und Fort Bridger, Wyoming, bildeten jede den Vorort der andern, in ihrem Geschick unlöslich miteinander verstrickt; die Männer führten Gesetz und Ordnung im Mund, und aller Menschen Mund war rund vom Klang des Geldes; ein einstimmiges goldenes Versprechen kündete heulend den grenzenlosen, unermeßlichen Morgen der Nation an: Profit plus Staatsverwaltung gleich Sicherheit: eine Nation von Freistaaten; der Krümel, die Kuppel, der vergoldete Eiter-Pickel, die jetzt geborene Idee schwebte wie ein Ballon oder ein Unheilszeichen oder eine Gewitterwolke über dem, was einstens Wildnis war und aller Blicke auf sich gezogen hatte und in Bann hielt: Mississippi.

Nachwort

William Faulkner, Amerikas genialster Erzähler, geboren 1897 in New Albany, aber aufgewachsen, beheimatet und gestorben in Oxford im Staate Mississippi, konnte – sehr zum Erstaunen seiner drei kleinen Brüder – nie dem Drang widerstehen, etwas »zu erschaffen« – sei's eine (im elterlichen Korridor explodierende) Dampfmaschine aus Blech oder ein (mit ihm in die Sandgrube abstürzendes) Flugzeug aus Papier und Bohnenstangen oder – später dann – ein elegantes Hausboot aus Mahagoniholz.

Als er – noch später – eine Familie zu ernähren hatte und um des Geldes willen Kurzgeschichten schreiben und an Zeitschriften verhökern mußte, trieb ihn auch wieder der schöpferische Impuls, etwas zu *gestalten:* Menschen einer Welt, wie er sie sah oder – beflügelt von seiner Phantasie – zu sehen vermeinte.

Seine Welt: Mississippi. In einem mitreißenden, atemberaubenden Stil erfaßt, so daß der Leser kaum gewahr wird, mit welcher Könnerschaft hier in einem einzigen Satz ein ganzes Land heraufbeschworen wird. Der Staat: Mississippi. Der Bezirk: Lafayette. Die Stadt: Oxford – so sehr von schöpferischer Phantasie durchtränkt, daß Faulkner dieses Land besitzergreifend Yoknapatawpha-County tauft und eine Skizze davon anfertigt, die er seinem von Malcolm Cowley betreuten Auswahlband *The Portable Faulkner* (Viking Press) beifügte – mitsamt allen, von ihm selbst eingetragenen Namen der Schauplätze seiner Erzählungen und Romane: hoch im Norden das Land Issetibbehas, also der Indianer in den weiten, in *Rotem Laub* prangenden Wäldern und dem fischreichen Tallahatchie, schilfbestandenes Altwasser, wo der sechzehnjährige Knabe den Kapitalhirsch sichtete und verfolgte *(Hetzjagd in der Frühe),* als er, vom Camp der älteren Jäger aus, auch in der Groteske *Bärenjagd* mitmachte – grotesk, aber doch auch eine unheimliche Atmosphäre andeutend. Ebenfalls auf seiner Skizze, ganz im Süden ist der Ole Man River eingezeichnet (wie er den Mississippi taufte) und – kräftig und unübersehbar in die Mitte gesetzt – die Stadt, die er Jefferson nannte und in der er die Familie seiner Phantasie, die Compsons, ansiedelte, dem Faulkner-Leser unvergeßlich in der Humoreske *Zwei Soldaten* vorgestellt. Noch berühmter wurde die (auch in der Familie Compson geschilderte) Negerin Nancy mit ihren Ängsten: *Wenn die Sonne untergeht.* In Faulkners Städtchen Jefferson lebte und starb die Heldin seiner makabren Erzählung *Eine Rose für Emily.*

Faulkners Skizze, das heißt, »sein Land«, ist also besiedelt mit den Gestalten seiner Phantasie. Als ihn bei seinem letzten öffentlichen Auftreten ein Student fragte, weshalb seine »Helden« so oft in einer heillosen Welt leben müßten, da er doch in seiner glänzenden Nobelpreis-Rede beglückende Aussichten für die Menschheit prophezeit habe, antwortete Faulkner, der Impuls zum schöpferischen Schreiben komme nicht aus einem sich selbst beschauenden Ich, sondern nur aus der Phantasie, und diesem Drang müsse der Schriftsteller gehorchen.

Folglich: William Faulkner, Eigentümer, Schöpfer und Erhalter seiner vielfarbigen Yoknapatawpha-Welt, oft einer heillosen Welt, wo aus jeder Zeile (wie in der Erzählung *Die Brandstifter*) Bedrohung atmet – und dann wieder einer Welt bizarrer Komik, wie in der Humoreske *Schindeln für den Herrn.* Ebenso skurril ist die Farce *Eine Bärenjagd,* aber auch da schwingen wieder drohende Untertöne mit, die am Schluß eine unheimliche Welt erahnen lassen.

Andere Erlebnisse Faulkners versetzen den Leser mit der Krimi-Geschichte *Rauch* in eine völlig glaubwürdige Realität, denn der junge Rechtsanwalt Onkel Gavin könnte sehr wohl auf eine Jugenderinnerung Faulkners zurückgehen, der als Knabe oft seinen vereinsamten Großvater in der Anwaltspraxis besuchte und sich derartige Ereignisse erzählen ließ.

Noch mehr Realität scheint die Erzählung *Crevasse* zu bieten: ein Fronterlebnis Faulkners etwa im Ersten Weltkrieg?, an dem er aber zu seinem Leidwesen *nicht* teilgenommen, sondern nur mit erfundenen Erlebnissen geprahlt hat. Denn die Heldentaten der deutschen Flieger ließen ihm keine Ruhe: auch er strebte nach Ruhm, um so mehr, als er die geliebte Jugendfreundin Estelle an einen tüchtigen Übersee-Kaufmann verloren hatte. Doch im amerikanischen Rekrutierungsbüro wurde er abgewiesen und wandte sich erbost den Engländern in Kanada zu: im Royal Flying Corps wurde er angenommen und in der Fliegerschule der Universität Toronto ausgebildet. Vielleicht überstand er sogar fliegerische Abenteuer, wie es manche Erzählungen vermuten lassen. Noch vor dem Ende seiner Ausbildung »brach der Frieden aus« (wieder zu seinem Leidwesen). Er erhielt aber trotzdem das Brevet als Militärpilot und kehrte nach Oxford zurück, wo er sich in eleganter Uniform vorstellte und fotografieren ließ. Da er auch weiterhin elegante, teure Kleider trug, wurde er als Graf (Count) Faulkner oder sogar als »Count no count« verspottet. Ende 1918 trat er in die dortige Universität, Ole Miss genannt, ein, fertigte glänzende Karikaturen für die College-Zeitung an, langweilte sich und trat Anfang 1919 wieder aus, weil er es vorzog, durch emsige Privatlektüre seinen Wissensdurst und Lesehunger zu stillen. Bücher standen ihm in der väterlichen Bibliothek seines Freundes (und Förderers) Phil Stone zur Verfügung, der sich auch seine Gedichte vorlesen ließ und die Herausgabe eines Gedichtbandes ermöglichte. 1921 erschien sein Gedicht *The Marble Faun* in einer New Yorker Zeitschrift. Er arbeitete kurz in einer New Yorker Buchhandlung und nahm im Dezember 1921 die Stelle als Posthalter der Universität in Oxford an, die er trotz ständiger

Beschwerden der Briefempfänger vier Jahre lang innehatte. Auf Anraten seines Freundes Phil Stone ging er nach New Orleans, einem damaligen Zentrum für alle, die in der Literatur einen Namen hatten, so auch Sherwood Anderson, Verfasser des berühmten Buches *Winesburg, Ohio,* der sein Freund wurde. Faulkner schrieb für die dortigen Zeitungen und sammelte Stoff für die *New Orleans Sketches* und zwei seiner ersten Romane, die er später am Meer, am Golf von Mexico, schreiben sollte: *Soldier's Pay* (1926) und *Sartoris* (1927). Doch vorerst verließ er New Orleans, um mit einem Frachter nach Europa zu fahren. Kurze Aufenthalte in Italien und Paris brachten ihn bald nach Oxford zurück, wo er an Romanen weiterarbeitete und 1928 *The Sound and the Fury* herausgeben konnte, auf den 1929 *Sanctuary* folgte und einen Skandal-Erfolg erntete, der ihn nun weltweit bekannt machte. Im gleichen Jahr kehrte Estelle als geschiedene Frau zurück: Faulkner machte ihr einen Antrag, und sie heirateten sofort und bezogen eine kleine, etwas enge Wohnung. Faulkner schrieb seinen Roman *As I Lay Dying,* während er als Nachtheizer im Kraftwerk der Universität arbeitete. Dann entdeckte er ein schönes altes Herrenhaus im Kolonialstil, das mit seiner prächtigen Zedernallee fortan als Rowanoak ein begehrtes Ziel von Faulkner-Verehrern wurde. Doch zuerst machte er sich (alter Bastler, der er war) an die Renovierung, und seine Hammerschläge hallten, wie sein Bruder Bill erzählt, noch spätabends durch das von mehreren Falkner-Familien bewohnte Oxford. (Das »u« in seinem Namen hatte sich der Autor schon vor einigen Jahren zugelegt.) Die Familie, vor allem seine Mutter, nahm Anteil an seiner wachsenden Berühmtheit, denn Faulkner war durch die günstigen Verkäufe von dreißig Erzählungen an die Saturday Evening Post allgemein bekannt geworden. Trotzdem war nie genug Geld da, um die Familie so freigebig zu unterstützen, wie er es so gerne tat: sogar die alte Kinderfrau der ehemaligen vier Faulkner-Buben wurde unterstützt und erhielt bei ihrem Tod eine Trauerfeier in seinem Haus. Besonders erschüttert hatte ihn der Flieger-Tod seines jüngsten Bruders Dean, den er selbst mit seiner Fliegerei angesteckt hatte: jetzt sorgte er für Deans Witwe und Töchterchen. Wegen einer Frühgeburt Estelles verloren sie ihr Kind Alabama, auf das sich Faulkner so gefreut hatte, daß er den kleinen Sarg allein auf den Familienfriedhof brachte. Doch 1933 wurde seine Tochter Jill geboren, die er abgöttisch liebte und von der er sich kaum trennen mochte – was aber wiederholt und auf Monate hinaus notwendig wurde (wegen ständigen Geldmangels) –, als er einen Vertrag mit einer Filmgesellschaft in Hollywood als Script-Schreiber abschließen mußte, eine Arbeit, die ihm ohnehin verhaßt war. Er hatte einen Vertrag mit dem Film-regisseur Howard Hawks abgeschlossen, bei dem er viel lernte und auch sehr viel verdiente. Hawks hatte eine schöne Sekretärin, Meta Carpenter, in die sich Faulkner leidenschaft-lich verliebte. Die Beziehung wurde so stark, daß Faulkner ernstlich an eine Heirat dachte, doch bei einer Scheidung würde Jill, seine innigstgeliebte Tochter, unweigerlich der Mutter zugesprochen werden – und das war ein unüberwind-liches Hindernis, weil Estelle, die sich durch seine langen Abwesenheiten vernachlässigt fühlte, stark zu rauchen und zu trinken begonnen hatte, so daß er befürchtete, Rowanoak könne in Brand geraten und Jills Leben bedrohen.

Wenn Faulkner wieder in Oxford war, begann auch er zu trinken: Die ständigen Streitereien rieben ihn auf. Seine Verleger und Agenten – denn inzwischen hatte er noch mehr Romane und Erzählbände herausgegeben – waren ernstlich um ihn besorgt und standen ihm wie treue Freunde bei, wenn er durch Exzesse im Trinken oder beim Reiten in Lebens-gefahr geriet. (Faulkner hatte sich Pferde gekauft, weil er von klein auf durch seinen Vater, der einen Mietstall besaß, ans Reiten gewöhnt war. Nun hatte er sich auf dem weiten Gartengelände um Rowanoak eine Reitbahn und Hürden angelegt.) Er hatte mit dem Geld aus Hollywood auch eine

Farm kaufen können (1938), die zwar sein Bruder für ihn bewirtschaftete, aber Faulkner gab sich gern vor den Reportern als »Farmer« aus.

Im gleichen Jahr 1938 war sein Doppelroman *The Wild Palms* erschienen, und er wurde mit der Ernennung zum Mitglied des Institute of Arts and Letters geehrt. 1940 erschien der aufsehenerregende erste Band der Snopes-Trilogie *(The Hamlet)*, die den Einbruch des Bösen in eine bis dahin heile Welt plastisch darstellt. Von 1945 an wurde er weltweit bekannt durch den Auswahlband *The Portable Faulkner* mit seiner eigenen Kartenskizze von »seinem« Yoknapatawpha-Land sowie den Roman *Intruder in the Dust* (1949), den Band mit Detektiv-Geschichten *Knight's Gambit* (1949) und den prachtvollen Sammelband mit 42 seiner schönsten Erzählungen. Im folgenden Jahr kam die Nachricht, er solle im Dezember 1950 in Stockholm den Nobelpreis in Empfang nehmen. Zuerst gänzlich ablehnend, dann widerstrebend zwängte sich der preisgekrönte Dichter in einen Frack, den ihm seine ihn begleitende Tochter Jill aufnötigte. Im Flugzeug formulierte er (nach Bemühungen seiner New Yorker Verleger nüchtern geworden) die Rede, die am 10. Dezember 1950 – dank der so optimistisch prophezeiten Aussichten für die Menschheit – jedermann verblüffte und beglückte.

Von jetzt an wurde Faulkner mit Ehrungen überschüttet und vom amerikanischen Außenministerium gebeten, überall in Europa Vorträge zu halten, was er bereitwilligst tat. In Paris wurde er 1952 begeistert aufgenommen und gefeiert. In São Paulo (Brasilien) sprach er auf dem Internationalen Schriftsteller-Kongreß, und er folgte dem Ruf einer japanischen Universität in Tokio als Gastprofessor und lernte so 1955 auch den Fernen Osten kennen. Es waren die Jahre, in denen er heftig zur Frage der Integration Stellung nahm und sich deshalb mit seinem Bruder John und den meisten seiner Landsleute verfeindete, da sie – als Südstaatler – die erlaubte

Aufnahme von »schwarzen Kindern« in »weißen« Schulen empört ablehnten.

Die University of Virginia in Charlottesville ehrte ihn mit der Berufung als Gastprofessor für die Semester 1957 und 1958, so daß er nun öfters und auch mit Estelle in Charlottesville weilte, wohin sich 1954 seine Tochter Jill verheiratet hatte und ihm mit ihren Söhnen, den kleinen Faulkner-Enkeln, die größte Freude machte. Weil er dort auch an den Fuchsjagden (gemäß englischer Tradition im roten Frack) teilnahm und ihnen die Gegend gefiel, kaufte er ein kleines Haus, das sie nun ständig bewohnten.

Aber seine Gedanken schweiften immer wieder zu den Gestalten seiner Phantasie zurück, wie es der 1957 erschienene zweite Band seiner Snopes-Trilogie, *The Town*, bewies. Er sah die »Snopes« als Heuschreckenschwärme, die seine Stadt überfielen, in Besitz nahmen und wie Termiten ein älteres soziales System unterminierten. Auch sein Bruder John fand, daß die Snopes Oxford veränderten. Schon im November 1957 ließ Faulkner den dritten Band der Trilogie, *The Mansion*, folgen. Aber er selbst kehrte erst im Juni 1962 nach Oxford zurück. Vorher hatte er noch – im April 1962 – in Westpoint die Kadetten mit einer Lesung aus dem (damals noch nicht erschienenen) Roman *The Reivers* unterhalten und ihre Fragen über sein Schriftsteller-Handwerk beantwortet. Der lustige Spitzbuben-Roman erschien erst im Juni 1962, also kurz vor seinem unerwarteten Tod. Er hatte ein junges, störrisches Pferd geritten, das bockte und ihn abwarf. Innere Verletzungen bedingten seine Einlieferung ins Spital Byhalia (Juli 1962), wo er nach einigen Wochen als geheilt entlassen wurde. Dorthin mußte er dann doch noch einmal zurückkehren. Bei diesem zweiten Aufenthalt im Spital richtete er sich in der Nacht plötzlich auf und verschied an einer Herz-Okklusion.

Elisabeth Schnack

Editorischer Nachweis

Die Erzählungen wurden auf der Grundlage der 1982 im Diogenes Verlag, Zürich, erschienenen ersten deutschen Gesamtausgabe von William Faulkner in 29 Bänden zusammengestellt. Im einzelnen sind die Erzählungen folgenden Bänden entnommen:

›Rotes Laub‹ und ›Crevasse‹ dem Band ›Rotes Laub‹ (detebe 20042), Diogenes 1972, ›Eine Bärenjagd‹, ›Eine Hetzjagd in der Frühe‹ und ›Mississippi‹ dem Band ›Der große Wald‹ (detebe 20150), Diogenes 1974, ›Zwei Soldaten‹ und ›Brandstifter‹ dem gleichnamigen Band ›Brandstifter‹ (detebe 20040), Diogenes 1972, ›Wenn die Sonne untergeht‹ und ›Eine Rose für Emily‹ dem gleichnamigen Band ›Eine Rose für Emily‹ (detebe 20041), Diogenes 1972, und ›Rauch‹ dem Band ›Der Springer greift an‹ (detebe 20152), Diogenes 1975

Stephen B. Oates
William Faulkner
Sein Leben. Sein Werk

Aus dem Amerikanischen von
Matthias Müller. Leinen

Mit dieser ersten umfassenden Lebensbeschreibung
William Faulkners, die für einen breiten Leserkreis ge-
schrieben ist, hat der preisgekrönte Autor Stephen B.
Oates ein biographisches Meisterwerk vorgelegt: ein
sorgfältig recherchiertes, brillant geschriebenes Buch,
auf dessen Seiten sich das außergewöhnliche und bewegte Leben dieses Riesen der amerikanischen Literatur entfaltet.

Oates' eindringliches Porträt fängt Faulkner mit all seiner Komplexität und Widersprüchlichkeit ein. *William
Faulkner* ist eine mitreißend und virtuos erzählte Bio-
graphie. Wir erleben Faulkners Seelenqualen, seine
Wut, seinen Kummer, seinen Humor, seine Einsamkeit
und seine künstlerische Entwicklung vom jungen
Dichter zum Träger des Nobelpreises und zu einem
der größten amerikanischen Dichter.

»Sehr zufriedenstellend, sogar romantisch und sehr
spannend.« *The New York Times*

»Mit beträchtlichem erzählerischem Können ortet
Oates die finsteren turbulenten Strömungen in Faulkners Leben, und sein detailgetreuer Bericht dieses
großen und tragischen Lebens läßt keinen Leser unge-
rührt.« *Chicago Tribune*